COLLECTION
COMPLETE
DES ŒUVRES
de Monsieur
DE VOLTAIRE,
NOUVELLE ÉDITION,

Augmentée de ses dernieres Pieces de Théâtre, & enrichie de 61 Figures en taille-douce.

TOME DOUZIEME.

A AMSTERDAM,
Aux Dépens de la Compagnie.

M. DCC. LXIV.

ÉTRENNES
A FEU
MONSEIGNEUR
LE DAUPHIN,

Par M. DE VOLTAIRE,

OBLE Sang du plus grand des Rois,
Son amour & notre espérance,
Vous, qui sans régner sur la France,
Régnez sur les cœurs des Français !
Pourrez-vous souffrir que ma veine
Par un effort ambitieux,
Ose vous donner une Etrenne ?
Vous qui n'en recevez que de la main des Dieux !
La Nature, en vous faisant naître,
Vous étrenna de ses plus beaux attraits,
Et fit voir dans vos premiers traits
Que le Fils de Louis étoit digne de l'être.
Tous les Dieux à l'envi vous firent leur present.
Mars vous donna la force & le courage ;
Minerve, dès vos jeunes ans,

ETREN. A FEU M. LE DAUPHIN.

Ajoûta la sagesse au feu bouillant de l'âge.
L'immortel Apollon vous donna la beauté ;
Mais un Dieu plus puissant que j'implore à mes pei-
 nes,
 Voulut aussi me donner des Etrennes,
 En vous donnant la libéralité.

LE LOUP

LE LOUP MORALISTE.
FABLE.
Par M. DE VOLTAIRE.

N Loup (à ce que dit l'hiftoire)
Voulut donner un jour des leçons à fon fils,
Et lui graver dans la mémoire,
Pour être honnête Loup, de beaux & bons avis.
Mon fils, lui difoit-il, dans ce défert fauvage,
A l'ombre des Forêts, vous paſſerez vos jours;
Vous pourrez cependant avec les petits Ours
Goûter les doux plaifirs qu'on permet à votre âge;
Contentez-vous du peu que j'amaſſe pour vous;
Point de larcin; menez une innocente vie,
    Point de mauvaife compagnie.
Choififfez pour amis les plus honnêtes Loups,
Ne vous démentez point, foïés toûjours le même,
Ne fatisfaites point vos apétis gloutons.
Mon fils, jeunez plûtôt l'Avent & le Carême,

A 2   Que

Que de sucer le sang des malheureux moutons;
　　Car enfin, quelle barbarie !
Quels crimes ont-ils commis, ces innocens Agneaux!
Au reste, vous savez qu'il y va de la vie,
D'énormes Chiens défendent les troupeaux.
Hélas ! je m'en souviens, un jour votre grand-Pere,
Pour apaiser sa faim, entra dans un hameau;
Dès qu'on s'en aperçut, ô bête carnassiére,
Au loup s'écria-t'on; l'un s'arme d'un hoïau,
L'autre prend une fourche, & mon pere eut beau faire,
　　Hélas, il y laissa sa peau !
　　De sa témérité ce fut-là le salaire.
Sois sage à ses dépens, ne suis que la vertu,
Et ne sois point battant, de peur d'être battu, *
Si tu m'aimes, déteste un crime que j'abhorre.
Le petit vit alors, dans la gueule du Loup,
De la laine & du sang qui dégoûtoit encore;
　　Il se mit à rire à ce coup.
Comment, petit fripon, dit le Loup en colére,
　　Comment, vous vous riez des avis
　　Que vous donne ici votre Pere !
Tu seras un vaurien, va, je te le prédis:
Quoi, se moquer déja d'un conseil salutaire ?
　　L'autre répondit en riant,
Mon Pere, je ferai ce que je vous vois faire,
　　　　　　　　　　　　　　　Vo

* *Moliére.*

PAR M. DE VOLTAIRE.

Votre exemple est un bon garant.
Tel un Prédicateur, sortant d'un bon repas,
   Monte dévotement en chaire,
   Et vient bien fourré, gros & gras,
   Prêcher contre la bonne chére.

RÉFLEXIONS
DE MONSIEUR
DE LA ROQUE,
AUTEUR DU MERCURE
Du Mois d'Avril 1736.

Sur une Brochure, portant pour titre : M. DE VOLTAIRE TRAITÉ COMME IL LE MÉRITE.*

IL paroît depuis peu une nouvelle Brochure en Vers, sous ce titre : *Mr. de Voltaire traité comme il le mérite.* L'équivoque que laissent ces derniers mots a excité la curiosité du Public ; on a cru du premier coup d'œil y entrevoir l'annonce

---

* Cette Piéce est au *Tome VI.* pag. 209. des Œuvres de l'Auteur, sous le titre D'EPITRE A M. DE VOLTAIRE, par M. Nesle, *en Mars* 1736. extraite des nouveaux Amusemens du Cœur & de l'Esprit. *Tome I.* pag. 399.

ce d'une Critique mordante & détaillée, & l'on s'eſt fait un plaiſir d'examiner comment il étoit poſſible de ravaler des talens preſque univerſels, & qui ſe font admirer au-delà même des bornes de la France.

Ceux qui n'ont lû cette Brochure que par un eſprit de malignité, qui n'eſt que trop à la mode, ont été trompés (nous n'oſons dire agréablement, car chaque Lecteur a ſon goût particulier, duquel il ne faut point conteſter.)

Quoiqu'il en ſoit, il n'eſt ici queſtion que d'éloges bien mérités, & d'admiration pouſſée quelquefois bien loin; les ſuccès de la nouvelle Tragédie d'Alzire en fourniſſent le principal ſujet. Pour nous, qui, ſuivant l'uſage que nous avons contracté depuis tant d'années, rendons compte plus volontiers des Ouvrages où le vrai mérite eſt reconnu, que de ceux où l'on s'éforce de lui porter quelque atteinte ; nous croïons ne pouvoir nous diſpenſer de raporter quelques traits de celui-ci, quoiqu'il ſoit entre les mains de tout le monde.

SUR ALZIRE.

Un Peuple entier dans la divine Alzire,
Vient d'aplaudir à l'Auteur de Zaïre.
Qui mieux que lui ſçait avec dignité
Faire parler la magnanimité?

Mettre

Mettre en son jour avec plus de nobleſſe,
Du vrai Héros la ſublime ſageſſe ?
Héros païen devant cette grandeur
Abaiſſe ici ta ſuperbe hauteur.....
Il n'apartient qu'au ſeul Chriſtianiſme
De nous montrer le parfait héroïſme......
Antiquité, ne t'enorgueillis plus ;
Tu n'eus chés toi que l'ombre des vertus,
Ceux que nous peint ta plume menſongére,
Qu'ont-ils été, qu'une ébauche legére
De ce Héros, dont la Religion
Nous trace ici le fidèle craïon ?
Quels ſont les noms qui brillent ſur la Scène ?
De fiers mortels, dont l'ame altiére & vaine,
D'un fol orgueil reçut de juſtes fers.
Après avoir enchaîné l'Univers ;
Que leur ſervoient de pompeux Diadêmes,
S'ils ont été vils eſclaves d'eux-mêmes ?
Dompter ſon cœur, pardonner en mourant,
C'eſt-là le ſeul & le vrai Conquérant :
Vien comparer avec cette nobleſſe
De tes Héros l'orgueilleuſe baſſeſſe.

SUR LA HENRIADE.

Mais non moins grand que dans le Dramatique,
Fais-tu parler la Poëſie épique,
On voit de près les horreurs des combats,

Et la discorde ébranlant les Etats.....
Mille Héros entrent dans la carriére,
Couverts de feu, de sang, & de poussiére,
Et la trompette aux accens belliqueux,
Jette la crainte & l'allarme en tous lieux.
Plus d'un Guerrier ardent & magnanime,
De sa valeur est déja la victime;
Et de sa faulx, conduite par le sort,
Par tout sévit l'impitoïable mort.....
Est-ce un Mortel, ou le Dieu Mars lui-même?
Est-ce des Dieux le Monarque suprême
Qui vient sans crainte affronter les hazards?
Non, c'est Henri... Henri, dont les regards,
Etincelans de l'amour de la gloire,
A ses côtés font marcher la victoire.....
Par ses regards soutenus, aguerris,
Tous nos Soldats sont autant de Henris....
Mais vainement mon audace s'allume,
Ces traits sont-ils pour une foible plume?
Héros François, tous vos Exploits fameux
Seront transmis à nos derniers neveux;
Et vous vivrés dans votre Henriade
Aussi long-tems que ceux de l'Iliade....

Les Lecteurs jugeront par cet Extrait de notre impartialité & de notre amour pour la justice; car il est bon de remarquer que nous la rendons d'autant plus librement à l'Auteur de ce petit Ouvrage, que nous pourions, fans trop de chagrin, foupçonner notre Journal d'être amené fur la Scène affés hors de propos, dans ces deux Vers, où après avoir loué la Profe de Mr. de Voltaire, on s'écrie :

» Mais ce n'eft pas comme un Ecrit galand,
» Que tous les mois à coup fûr on attend...

Mr. de Voltaire n'avoit pas befoin de cette comparaifon ironique pour relever fes talens en qualité d'Hiftorien ; l'Auteur modefte du Mercure ne s'eft jamais mis en parallele avec perfonne, encore moins avec les Grands-Maîtres, & nous croïons, en particulier, n'avoir donné lieu par aucun endroit à cette citation déplacée.

L'Auteur paroît trop plein d'équité pour n'en pas convenir dans le fond de l'ame ; mais il faut paffer quelque chofe à l'entoufiafme, c'eft un privilége accordé de tout tems à la Poëfie, & par cet aveu défintéreffé, nous comptons que c'eft concourir de notre part à traiter chacun *comme il le mérite.*

ODE
DE MONSIEUR
LINANT
A MONSIEUR
DE VOLTAIRE,
SUR LE SUCCÈS
D'ALZIRE.*

ERE d'Œdipe & de Zaïre,
Et de tant d'immortels Enfans,
Tu joüis du succès d'Alzire,
 Que peu de jours ont vû produire
Et qui triomphera des tems.

Aux

* Extraite du Mercure du Mois d'Avril 1736.

Aux traits divins de cet Ouvrage,
Le froid Critique est confondu;
Il déride son front sauvage,
Et t'accorde enfin son hommage,
Surpris de se sentir émû.

Ta Muse enrichit notre Scêne,
Des mœurs d'un nouvel Univers,
Et tout l'or que l'avare améne
Du Potoze au bord de la Seine,
Ne vaut pas celui de tes Vers.

Poursuis ta nouvelle carriére :
Rend nous heureux par tes travaux ;
Poursuis, échauffe, amuse, éclaire
Le sage, ainsi que le vulgaire,
La Cour, & même tes Rivaux.

Vainqueurs de ces foibles nuages,
Des raïons d'immortalité
Couronnent déja tes Ouvrages
De l'honneur du siécle, heureux gages,
Trésor de la Postérité.

Le tems dans sa course rapide,
Loin d'avoir altéré le prix
Des grands Tableaux de l'Enéïde,
Et du doux Pinceau d'Euripide,
Leur donne un nouveau coloris.

Tandis

> Tandis, que Tyran inflexible,
> Il anéantit nos momens.
> Que d'un coup secret & terrible,
> Des Palais, destructeur paisible,
> Il ébranle leurs fondemens.

Nous ne pouvons nous empêcher de remarquer deux choses dans cette Ode, la facilité des Vers, qui fait espérer que le jeune Auteur ira loin, & la reconnoissance qu'il témoigne à son Bienfaiteur. Il est au nombre des jeunes gens dont Mr. de Voltaire a encouragé les talens, & il semble que les Gens de Lettres doivent savoir gré à Mr. de Voltaire, de ce que non-seulement il contribuë à l'honneur de la Patrie par ses Ouvrages, mais encore de ce qu'il fait des Eleves; il avoit retiré chez lui, il y a quelques années, un jeune homme, nommé M. le Févre, Auteur de plusieurs Ouvrages pleins de grace, qui feront bien-tôt rendus publics.

EXTRAIT

EXTRAIT
D'UNE LETTRE
DE MONSIEUR
DE VOLTAIRE
A MONSIEUR
DE LA MARE,
ÉDITEUR
DE LA
TRAGÉDIE
DE
JULES-CÉZAR.

JE me flâte, mon cher Monsieur, que quand vous ferez imprimer quelqu'un de vos Ouvrages, vous le ferez avec plus d'exactitude que vous n'en avez eu dans l'Edition de Jules-Cézar. Permettez que mon amitié se plaigne de ce que vous avez hazardé dans votre Préface des choses sur lesquelles vous deviés auparavant me consulter.

Vous dites, par exemple, que dans de certaines circonstances le Parricide étoit regardé comme une action de courage, & même de vertu chez les Romains : ce sont de ces propositions qui auroient grand besoin d'être prouvées.

Il n'y a aucun exemple de Fils qui ait assassiné son Pere pour le salut de la Patrie; Brutus est le seul, encore n'est-il pas absolument sûr qu'il fut le fils de César. Je croi que vous deviés vous contenter de dire que Brutus étoit Stoïcien, & presque fanatique, féroce dans la vertu, & incapable d'écouter la nature, quand il s'agissoit de la Patrie, comme sa Lettre à Cicéron le prouve.

Il est assez vrai-semblable qu'il savoit que César étoit son Pere, & que cette considération ne le retint pas. C'est même cette circonstance terrible, & ce combat singulier entre la tendresse & la fureur de la liberté, qui seul pouvoit rendre la Piéce intéressante ; car de representer des Romains nés libres, des Sénateurs oprimés par leur égal, qui conjurent contre un Tyran, & qui exécutent de leurs mains la vengeance publique ; il n'y a rien là que de simple ; & Aristote (qui après tout étoit un très-grand génie) a remarqué

avec

avec beaucoup de pénétration & de connoissance du cœur humain, que cette espéce de Tragédie est languissante & insipide; il l'apelle la plus vicieuse de toutes, tant l'insipidité est un poison qui tuë tous les plaisirs.

Vous auriez donc pû dire, que César est un grand homme, ambitieux jusqu'à la tyrannie; & Brutus, un Héros d'un autre genre, qui pousse l'amour de la liberté jusqu'à la fureur.

Vous pourriez remarquer qu'ils sont representés tous deux condannables, mais à plaindre, & que c'est en quoi consiste l'artifice de cette Piéce.

Vous paroissez sur-tout avoir d'autant plus de tort de dire que les Romains aprouvoient le parricide de Brutus, qu'à la fin de la Piéce les Romains ne se soulevent contre les Conjurés, que lorsqu'ils aprennent que Brutus a tué son Pere; ils s'écrient:

O monstre! que les Dieux devoient exterminer,

ils font donc précisément ce que vous avez avancé.

Je vous avois dit, à la vérité, qu'il y avoit parmi les Lettres de Cicéron une Lettre de Brutus, par laquelle on peut inférer qu'il auroit tué son Pere pour la cause de la liberté.

Il me semble que vous assurez la chose trop positivement.

Celui qui a traduit la Lettre Italienne de Mr. le Marquis Algaroti, semble être tombé dans une méprise à l'endroit où vous dites que c'est un de ceux qu'on apelle *Doctores Umbratici*, qui a fait la premiére Edition fautive de cette Piéce. Je me souviens que quand Mr. Algaroti me lut sa Lettre en Italien, il y désignoit un Précepteur, * qui aïant volé cet Ouvrage, le fit imprimer. Cet homme a même été puni. Mais par la Traduction, il me semble qu'on ait voulu désigner les Professeurs de l'Université.

L'Auteur de la Brochure qu'on donne toutes les semaines, sous le titre d'Observations, a pris ocasion de cette méprise, pour insinuer que Mr. le Marquis Algaroti avoit prétendu attaquer les Professeurs de Paris. Mais cet Etranger respectable, qui a fait tant d'honneur à l'Université de Padouë, est bien loin de ne pas estimer celle de Paris, dans laquelle on peut dire qu'il n'y a jamais eu tant de probité & tant de goût qu'à present. Si vous m'aviez envoïé votre Préface, je vous aurois prié de corriger ces bagatelles. Mais vos
fau-

* Ce Précepteur n'étoit pas dans l'Université.

fautes font fi peu de chofes, en comparaifon des miennes, que je ne fonge qu'à ces derniéres. J'en ferois une fort grande de ne vous point aimer, & vous pouvez compter toujours fur moi.

A Cirey, *le* 15. *Mars* 1736. & *extraite du Mercure du Mois d'Avril enfuivant.*

LETTRE

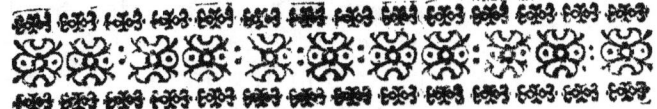

LETTRE
A MONSIEUR
L'ABBÉ PHILIPPE,
AU SUJET DES
TRAGÉDIES
DE MONSIEUR
DE VOLTAIRE.*

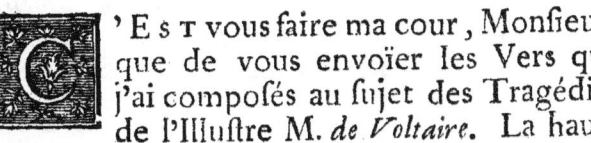'EST vous faire ma cour, Monsieur, que de vous envoïer les Vers que j'ai composés au sujet des Tragédies de l'Illustre M. *de Voltaire*. La haute estime que vous avez pour les Ouvrages d'un homme qui fait tant d'honneur à sa Patrie par ses talens universels, vous rendra peut-être agréa-

* Cette Lettre, l'Avertissement, & les Vers du 30. Janvier 1736. sont extraits du Mercure du Mois d'Avril ensuivant.

agréable la lecture des foibles essais d'une Muse naissante : heureux, s'ils méritoient l'aprobation des personnes qui ont le goût aussi délicat que le vôtre ! Il se répand dans le Public depuis quelques semaines, une Epitre adressée au brillant Auteur d'Alzire : elle commence par ces mots :

Rare génie, ornement de la France.

On me l'a attribuée sans fondement : je n'y ai aucune part. Cela me feroit souhaiter de mettre au jour mes Vers tels qu'ils sont, si vous le jugez à propos. Soumis de bon cœur à votre décision, j'atends tout de votre indulgence. Si c'est mon destin d'être imprimé, faites-moi grace de la Prose, qui faisoit partie des Lettres que j'ai eu l'honneur d'écrire au Poëte incomparable de notre siécle. Je finis par ce proverbe, *Ne mihi sis Patruus*, en vous assurant que je suis dans les sentimens d'une sincére & tendre vénération, M. &c.

BA... D'ARNAUD.

A Paris ce 22. *Mars* 1736.

AVER-

AVERTISSEMENT.

É JA plus d'un rimeur
Se déchaînant contre l'Ouvrage,
Me donne le Pont-Neuf & les Quais
 en partage;
Que répondrai-je à ce facheux Censeur,
 Dont le ton critique m'outrage?
 Si Damon, ce vieil Orateur,
 Peut, sans reproche à l'audience,
 Faire ronfler son Auditeur;
Pourquoi ne pas user de la même licence?
Je puis à dix-sept ans endormir mon Lecteur.

VERS
ENVOÏEZ
A MONSIEUR
DE VOLTAIRE,
Le 30. Janvier 1736.

Toi, qui de l'amour empruntant le pinceau,
   Trace des passions une vive peinture :
Toi, qui conduit par l'Art, formé de la Nature,
Retire les Héros de la nuit du tombeau,
Et possédes si bien l'heureux talent de plaire;
Voltaire, qu'Apollon adopte pour son fils,
Daigne accepter l'essai d'une Muse sincére,
Dont la vérité fait l'ornement & le prix :
Tandis que tout Paris te donne son suffrage;
Reçois ces Vers, reçois mon foible hommage;
La raison vainement condamne ces transports,
   Sans écouter d'inutiles caprices,

Je

VERS ENVOYEZ A M. DE VOLT.

Je veux te consacrer mes timides accords,
D'une Muse au berceau te vouer les prémices;
Que vois je? La critique abattue à tes piés,
Ose encore contre toi lever sa tête altiére,
Des Censeurs odieux les fronts humiliés,
Portent leur haine écrite au sein de la poussiére.
   En vain ces Typhons condamnés,
   Bravent la main qui les tient enchainés;
   En vain l'envieuse cabale
Désaprouve l'honneur qu'ont mérité tes Vers;
   Parle, & soudain cette fiere rivale,
Confondue à ta voix rentrera dans ses fers;
   Virgile, Milton & le Tasse,
   Dont les Ecrits presque divins
Les placent au dessus du reste des humains,
Partagent avec toi notre encens au Parnasse.
Que ne puis je exprimer ces charmes séducteurs
Qui touchent à ton gré les esprits & les cœurs?
   Quand tu peins, je vois la Nature
   Brillante de nouveaux attraits;
   Quand tu feins, l'aimable imposture
   De la vérité prend les traits.

SUR ŒDIPE.

Par un assemblage exécrable,
Mere, Epouse à la fois,
Jocaste est d'autant moins coupable,
Qu'elle obéït aux Loix.

D'O.

D'Oedipe infortuné je plains le fort funeste,
J'estime sa vertu, j'abhorre ses forfaits,
  C'est le crime que je déteste,
  Non le Criminel que je hais.

SUR HÉRODE & MARIAMNE.

Hérode en proie à mille allarmes,
Tout injuste qu'il est nous arrache des larmes,
J'admire de Varus la générosité,
J'aime dans Mariamne une pudeur si rare;
Avec l'Epoux, je sens l'amour, la cruauté,
Et j'accuse, avec lui, le Ciel d'être barbare,
Lorsqu'il connoît le crime où son cœur l'a porté.

SUR BRUTUS.

Du courageux Brutus la fermeté stoïque
Inspire au Spectateur de nobles sentimens;
  Sa constance héroïque
Fait taire la nature en ces tristes momens,
S'il veut être Romain, il cesse d'être Pere;
L'un & l'autre a ses droits, il veut les satisfaire.
Rome exige du sang, l'amour retient son bras;
Mais bientôt du Consul il prend le caractere,
Et sort toujours vainqueur de ces rudes combats;
Rien ne peut révoquer l'Arrêt inexorable,
Le devoir a parlé, sa voix seule suffit
Pour armer ce Héros du foudre inévitable;

Et sans gémir du joug où Rome le réduit,
Il ne voit en Titus qu'un Citoïen coupable.

SUR ZAÏRE.

Entre l'amour & la Religion,
 Zaïre irrésoluë
Jusqu'à la fin de l'action,
Tient mon ame tremblante & toujours suspenduë.
Lusignan, ce vieillard, ce Pere malheureux,
Fixe des Spectateurs & le cœur & les yeux.
 Son destin seul nous intéresse,
On partage avec lui sa joïe & sa tristesse.
Orosmane est cruel, mais il est généreux;
Dans Nérestan je vois un Chrétien plein de zèle,
Dans son aimable Sœur, une amante fidèle,
 Ainsi mon ame tour à tour
Va de l'amour au trouble, & du trouble à l'amour.

SUR CESAR

César est bien-faisant, vertueux, magnanime,
Et s'il n'étoit Tiran, César seroit sans crime.
Brutus semble aux François un traître, un inhumain;
Mais Rome dans Brutus reconnoît un Romain.

SUR ALZIRE.

D'un devoir odieux victime infortunée,
Alzire a deux Tirans, l'Amour & l'Hymenée,

L'un grave dans son cœur les traits d'un tendre Amant,
L'autre opose à ses feux la rigueur d'un serment,
Elle ne peut aimer sans se rendre infidelle.
Elle ne peut haïr sans être criminelle,
L'Amant a sa tendresse, & l'Epoux a sa foi,
Qui des deux doit donner ou recevoir la Loi ?
L'estime, la nature & la reconnoissance,
  Tiennent Alvarès incertain ;
Il veut d'un bienfaiteur embrasser la défense,
Et maintenir d'un fils le glorieux destin.
  Zamore aux yeux du Catholique,
  Est un Païen séditieux ;
  Zamore aux rives du Mexique
Est le libérateur d'un Peuple malheureux,
Plus grand que ses Dieux même, il joüit de sa gloire,
Le cœur fait le Héros, & non pas la victoire.
En vain le fier Gusman attaque son orgueil,
Ce vengeur de l'Etat, seul apui de l'Empire,
Sans trembler sur son sort, ne craint que pour Alzire,
Et voit d'un œil serain les horreurs du cercueil,
Prétextant ses forfaits du titre de courage,
De sang toujours avide, enivré de carnage,
Gusman vit en Tiran & meurt en vrai Chrétien,
Aux portes du tombeau le Ciel est son soutien ;
  A son Rival céder le Diadême,
  C'est l'éfort d'un grand cœur ;
  Lui céder ce qu'on aime,
          C'est

C'est de soi-même être vainqueur.
Dans Alzire chacun croit voir une Maîtresse.
L'on ressent tour à tour la haine & la tendresse,
Un Epoux plaint l'Epoux, un Amant plaint l'Amant,
Plût au Ciel qu'on aimât aussi fidèlement!
  Poursuis, ingénieux Voltaire,
  A ce prix fais couler nos pleurs :
  Poursuis ta brillante carriére,
  Et régne à jamais sur nos cœurs.
  Que ton nom, que ta gloire,
Perce de l'avenir l'épaisse obscurité ;
Puisses-tu remporter victoire sur victoire,
Et de mille Rivaux confondre la fierté !
Et toi jeune Gossin, dont les yeux pleins de charmes,
  Te donnent tant d'admirateurs,
  Tu n'as qu'à répandre des larmes ;
Et Voltaire bien-tôt par tes attraits vainqueurs,
  A la Critique arrachera les armes.
       BA**.

Laudare parùm est, laudemur & ipsi.
   OVID.

INPROMPTU,
SUR UNE
TABATIÉRE
CONFISQUÉE,
PAR MONSIEUR
DE VOLTAIRE.

Dieu, ma pauvre Tabatiére:
Adieu, je ne te verrai plus!
Ni foins, ni larmes, ni priéres,
Ne te rendront à moi : mes éforts font perdus!
Adieu, ma pauvre Tabatiére!
Adieu, doux fruit de mes écus!
S'il faut à prix d'argent, te racheter encore,
J'irai plutôt vuider les trefors de Plutus.
Mais ce n'eft pas ce Dieu que l'on veut que j'implore;

Pour

INPROMPTU, PAR M. DE VOLTAIRE.

Pour te revoir, hélas ! il faut prier Phébus.
Qu'on opose entre nous une forte barriére !
Me demander des Vers, hélas ! je n'en puis plus,
 Adieu, ma pauvre Tabatiére,
 Adieu, je ne te verrai plus.

ODE
DE MONSIEUR
DUFAU,
ETUDIANT EN THE'OLOGIE,
A MONSIEUR
DE VOLTAIRE.

Extraite du Mercure du Mois d'Août 1736.

SPRIT dont la verve se joüe
Dans ses audacieux éforts,
Toi, qui du Cigne de Mantoüe
Imites si bien les accords.
Qui t'instruit de cet Art sublime,
Par qui la raison & la rime
Brillent dans tes doctes Ecrits ?
Je brûle de suivre tes traces.
Dis-moi donc comment tu surpasses
L'essor des plus rares esprits ?

LE

LE POEME DE LA HENRIADE.

Quand de la Trompette héroïque
Tu nous fais entendre les sons,
Le sublime, le magnifique,
Vont se placer dans tes Chansons.
Contre une Ligue téméraire,
On te voit armer la colére
D'un Roi, le modèle des Rois;
Et dans cet immortel ouvrage
Achille admire son courage;
Homére reconnoît sa voix.

Dans une agréable peinture,
Ta main par-tout seme les fleurs.
Ce n'est qu'au sein de la Nature
Qu'on te voit puiser tes couleurs.
Comme l'Aigle fuïant la Terre,
Tu vas au-dessus du Tonnerre
Chercher la source des Bourbons.
Moins habile, dans l'Elisée,
Le Chantre du pieux Enée
Plaça la source des Nérons.

TRAGEDIE D'ESCHILE.

Des éfraïantes Euménides
Qu'on vante le Spectacle affreux.
Des Yons & des Euripides,

Qu'on célébre les noms fameux.
France, tu produis chaque année
Tout ce que l'Attique étonnée
Admira dans leurs fictions.
Pour toi Voltaire est au Permesse
Ce qu'étoient jadis pour la Gréce,
Les Euripides, les Yons.

ZAÏRE, TRAGEDIE.

Où suis-je, de Sion vaincuë,
Je vois les Tyrans inhumains :
Quel triste objet s'offre à ma vûë !
Un Roi joüet des Sarrazins !
Quelle est cette jeune Princesse ?
Que de vertu ! que de tendresse !
Je ne puis retenir mes pleurs.
Fui, Zaïre, ce lieu profane...
Que fais-tu, jaloux Orosmane ?...
Acheve ; puni tes fureurs.

ALZIRE, TRAGEDIE.

Qu'entens-je aux rives de la Seine ?
Accourez, François, accourez.
Alzire paroît sur la Scène ;
Ecoutez, Savans, admirez.
J'aime cette vertu farouche....
Hélas ! que votre sort me touche,
Tendres & malheureux Amans !....

Voltaire

A M. DE VOLTAIRE.

Voltaire a vengé la Nature.
Des hommes sans loi, sans culture,
Font révérer leurs sentimens.

OEDIPE, TRAGEDIE.

Quels nouveaux concerts retentissent!
Quelle soudaine illusion!
Les murs Thébains se rebâtissent
Aux chants d'un nouvel Amphion
Je vois des infernales rives,
Paroître les Ombres plaintives
D'Œdipe & de Jocaste en pleurs;
Et mes yeux, qui pourra le croire?
Sont témoins de ce que l'Histoire
Nous raconte de leurs malheurs.

HERODE ET MARIAMNE.

Est-ce Voltaire, ou Melpomène,
Qui de cet Epoux furieux
Ressuscite?... je perds haleine.
Le Pinde est offert à mes yeux.
Phébus paroît; il me menace.
» Quel orgueil, dit-il, quelle audace!
» Tu fais des éforts impuissans.
» Cesse de fatiguer ta Lyre,
» Phébus méprise ton délire;
» Voltaire rit de tes accens.

» Laisse

» Laisse à mes soins, laisse la gloire
» Du plus cher de mes nourrissons.
» Maître du Temple de Mémoire,
» Je veux y graver ses Chansons.
» Tandis que cet heureux génie,
» Par une douce simphonie,
» Charmera l'oreille des Rois.
» Cher aux Pâtres des Pyrénées,
» Coule d'inutiles journées
» A leur faire admirer ta voix.

Non, non, cet Oracle terrible
N'a rien qui puisse m'allarmer ;
Si je te plais, tout m'est possible.
Voltaire, je vais tout charmer ;
Je vais par des routes nouvelles,
Cueillir les Palmes immortelles
Que produit le sacré Vallon.
Je vais à la France étonnée
Offrir ma tête couronnée
De la main même d'Apollon.

DUFAU.

A Bordeaux, en Août 1736.

ODE

ODE
A MONSIEUR
DE VOLTAIRE.

Extraite du Mercure du Mois d'Octobre 1736.

TOI dont l'heureux génie, aux rives du Mexique,
 Conduisant un adroit pinceau,
 Revient sur la Scène tragique
M'offrir un chef-d'œuvre nouveau. *
Quelle est de ton sçavoir la sublime étenduë !
 Ici Melpomène éperduë
Contemple tes progrès avec des yeux rivaux ;
 Là, je vois sous ta main fertile,
 Newton, Quinte-Curce & Virgile,
Renaître tour-à-tour dans tes doctes travaux.

Viens ; je veux, de tes coups rassemblant les prodiges,
 Les remettre ici sous tes yeux.
 Quoi ? déja mon sang ! tu te figes,

Aux

* *Alzire.*

Aux traits d'un fils * incestueux :
Mais en vain la nature en rougit, en frissonne,
    Ce Fils que le crime environne,
En vain d'un parricide augmente ma terreur ;
    Tu me fais chérir ses allarmes,
    Et même en m'arrachant des larmes,
Ton art sçait en plaisir transformer ma douleur.

De Mariamne en pleurs la vertu soupçonnée,
    M'entraîne aux sources du Jourdain,
    Tu meurs, Epouse infortunée,
    Ainsi l'ordonne un inhumain. †
Quel retour imprévû dans lui se manifeste !
    Soudain après ce coup funeste,
Je vois ce Prince en proïe aux plus cruels transports.
    Joüet d'un art qui m'intéresse,
    Tantôt je pleure une Princesse,
Tantôt son Meurtrier me transmet ses remords.

Bientôt ta Muse § en feu, par un noble caprice,
    Sur la Seine, entre mille objets,
    Me montre un Roi que la justice
    Contraint d'assiéger ses sujets ;
Que tu sais bien, Voltaire, au milieu de l'orage
    Guider un conquérant si sage !
                                     Je

* *Oedipe.*
† *Hérode.*
§ *La Henriade.*

Je retrouve en tes Vers sa valeur, ses Exploits,
  Ainsi donc le Poëme Epique,
  Malgré les cris de la Critique,
S'éléve par tes soins sur l'horison François.

Où va ce jeune Alcide ? * ô Ciel ! sur quel rivage
  Court-il porter l'horreur, l'éfroi ?
  Son cœur altéré de carnage
  L'emporte déja loin de moi.
Arrête... mais en vain on l'apelle, on s'écrie,
  Un feu qui part avec furie
L'atteint, le frape, il tombe, il expire... il est mort.
  Telle ta Muse patétique,
  Chantant sur le ton historique,
Célèbre avec succès l'Aléxandre du Nord.

Est-ce assés? mais où suis-je? & quel pouvoir magique
  Enfante un Palais † en ces lieux ?
  Vit-on dans tes Murs, Rome antique,
  Un monument si précieux ?
Le Dieu § tant recherché dans le siécle où nous sommes,
  Y reçoit l'encens des Grands-Hommes ?
Voltaire à ses côtés prononce ses Arrêts.
  En vain de nombreuses cohortes
  De son Temple assiégent les portes,

Peu

---

* *Charles XII.*
† *Le Temple du Goût.*
§ *Le Goût.*

Peu de ses Assiégeans deviennent ses Sujets.

D'un Spectacle * inconnu que mon ame est émuë !
    Ici, pour la première fois,
    Melpomène expose à ma vûë
    Des Rois, des Chevaliers François.
Tout me plaît dans Zaïre, amour, vertu, silence,
    Dans toi † que l'honneur de la France
Fit voler dans Solime au signe de la Croix,
    J'admire ta vigueur première,
    Qui près de son heure dernière,
Veut renaître à l'aspect d'un Fils § que tu revois.

Et toi jaloux ‡ Soudan, lorsque tes coups m'irritent,
    Il s'élève au fond de mon cœur,
    Une voix dont les cris m'excitent
    A te pardonner ta fureur.
D'une autre ** illusion que j'aime l'artifice !
    Ce Héros ¶ qui court au suplice,
D'un Pere inexorable étonne le courroux ;
    Héros rebelle à ta Patrie,
    Ta mort est aujourd'hui chérie,

                                     Sur

* *Zaïre.*
† *Lusignan.*
§ *Nérestan.*
‡ *Orosmane.*
** *Brutus.*
¶ *Le Fils de Brutus.*

ODE A M. DE VOLTAIRE.

Sur le Théâtre Anglois,* plus encor que chés nous,
Quel autre objet† encor m'atendrit & m'étonne!
  Vendôme, Nemours & Coucy,
   Est-ce vous Enfans de Bellonne,
   Qu'Aroüet fait paroître ici ?
Pour toi, pour ton Amant, je tremble, Adelaïde,
   J'entends le signal homicide,
Dieux ! c'en est fait... Vendôme est-il assés vengé ?
   Mais non, l'Auteur avec adresse
   Ecarte bien-tôt ma tristesse
Par un coup de Théâtre avec art ménagé.

Alzire enfin paroît sous un simple plumage,
   Elle entraîne à soi tous les cœurs,
   La Cabale par son hommage,
   Prévient celui des Spectateurs.
Poursuis, cher Aroüet, ta brillante carriére,
   Pour moi tranquille à la barriére,
Je ne puis qu'admirer tes triomphes divers;
   Heureux si ma plume novice
   A pû dans cette foible exquisse,
Te rendre le tribut que je dois à tes Vers.

*Le Brutus de M. de Voltaire se trouve traduit en Anglois, & s'est fait admirer sur leur Théâtre.
† Adelaïde.

EPITRE

EPITRE
A MONSIEUR
DE VOLTAIRE;
SUR
LES ÉLÉMENS
DE LA
PHILOSOPHIE DE NEWTON,

Par M. de C. Conseiller au Parlement de ✶✶✶.

'A M I des Muses , quoi ! Voltaire ,
Quoi ! le Grand-Prêtre d'Apollon,
Déserteur de son Sanctuaire ,
Trahit les Dieux de l'Hélicon?

Sur les débris de leurs images
Une nouvelle Déïté,
A réüni tous les hommages;
C'est la sévére vérité.

L'Elo-

L'Eloquence, & ses tours frivoles;
Les Graces, leur naïveté;
Les Muses & leurs hyperboles
S'éclipsent devant sa clarté.

A sa voix, la Fable éplorée
Rentre au néant avec ses Dieux;
Un plus merveilleux Empirée
Vient nous étaler d'autres Cieux.

Mais d'un nuage qui s'entr'ouvre,
Quel éclat chasse les Pasteurs?
Le Soleil luit, Newton découvre,
Et la lumière & les couleurs.

Un verre en triangle, analise
Les couleurs en l'ordre éternel;
Et ma main tient, range & divise
Les prodiges de l'Arc-en-Ciel.

L'accord des raïons, ô merveille!
Forme un concert harmonieux.
Ce que les tons sont à l'oreille,
Les couleurs le sont à mes yeux.

C'est son secret que la Nature
A Newton avoit révélé,
Mais l'énigme restoit obscure,
Si Voltaire n'avoit parlé.

Aveç

Avec les graces du langage,
Voltaire enfin a pénétré
Dans le climat le plus sauvage,
Menant les Muses à son gré.

Rimeur & Philosophe aimable,
Ecris pour la Postérité;
Tes Vers embellissent la Fable,
Et ta Prose la vérité.

En Juillet 1738.

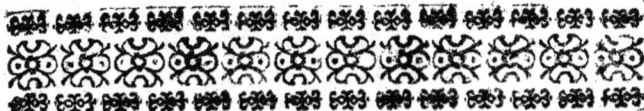

EPITRE
A MONSIEUR
DE VOLTAIRE,
SUR
LE PARNASSE,

Pour le remercier d'un Exemplaire de sa Henriade, qu'il a envoïé à l'Auteur.

RRANT ces jours passés au pié du double Mont.
Ainsi que par hazard beaucoup de rimeurs font,
Je contemplois l'admirable Fontaine,
Dont la liqueur divine échauffe nos esprits,
Et dont jamais ne furent bien épris
Des Chapelains, le cerveau, ni la veine ;
D'Instrumens & de voix un bruit mélodieux,
M'éveillant tout à coup, me fit croire sans peine
Que je n'étois pas loin de l'Empire des Dieux ;
Je prêtai, tout surpris, une oreille atentive,

Et

Et du docte bassin abandonnant la rive,
Je gagnai le Vallon, puis d'un pié chancelant,
Je grimpai le Côteau, doucement, sans mot dire;
 Et bien m'en prit, car l'auſtére Satyre
 Qui fait ſa ronde en ce Païs charmant,
 Eût à coup ſûr puni mon inſolence.
Sur le Côteau voiſin, je vis prendre ſéance
Aux..... aux...... aux......
 Et ces Meſſieurs, malgré leur ſuffiſance,
 Loin du ſommet ſe trouvoient rejettés;
 Je me plaçai, pour oüir l'harmonie;
 Bien-tôt après j'entrevis Apollon,
  Qui mêloit à la *Symphonie*
  Les accords de ſon *Violon*,
 Et tel qu'un Dieu qui dicte ſes Oracles,
Du Parnaſſe François exaltoit les Miracles.
 J'étois ravi, quand j'aperçus ſoudain,
 A ſes côtés les Muſes & les Graces,
 Faire Chorus; Melpomène à la main
 Tenoit Cinna, Zaïre, les Horaces,
 Le Cid, Oedipe, Athalie & Brutus,
 Maximien, Phédre, Eſſex, Manlius,
 Et ſur chacun de ces fameux Volumes
Entonnoit à ſon gré mille éloges divers;
Les Pinceaux les plus fins, les plus ſavantes plumes,
  N'ont jamais ſurpris l'Univers
Par de ſi beaux Portraits, par de ſi doctes Vers;
Chacune des neuf Sœurs y tenoit ſa partie,

Cha-

SUR LE PARNASSE.

Chacune y triomphoit, & toutes en ce jour
Voïoient leurs Favoris couronnés tour-à-tour.
   A la divine mélodie
Le Pinde entier joignit sa voix & ses accens;
  Etoit-ce trop pour une telle Fête?
   Apollon lui-même à leur tête,
  Les animoit par ses tons ravissans;
Mais ce Dieu, dans l'éclat de sa magnificence,
Quelque-tems par ces mots leur imposa silence;
   Chers habitans de ces beaux lieux,
   C'est assés chanter la victoire
   De tant d'Ecrits si précieux,
   Gravés au Temple de Mémoire;
   Préparez vos craïons fameux,
   Pour immortaliser la gloire
   D'un Ouvrage plus merveilleux.
France, que ton bonheur sera digne d'envie!
De ton sein est sorti ce chef-d'œuvre étonnant,
  Je vois un Soleil éclatant,
De ta stérilité réparer l'infamie.
Respectables Auteurs de Gréce & d'Italie,
Milton, le Tasse, & vous, Virgile Portugais, *
Dont par tout l'Univers la gloire se publie,
 De son génie admirez tous les traits.
Et toi, de tes Sujets le Vainqueur & le Pere,
  Henri, l'honneur & l'exemple des Rois,
L'Histoire, en recueillant tes célèbres Exploits,
           Ne

* *Le Camouëns.*

Ne rendoit à ton nom qu'un hommage vulgaire;
  Il lui manquoit un plus brillant honneur.
Déformais un Homére à nos vœux favorable,
  Par un prodige auſſi grand que flâteur,
Rendra de tes vertus la mémoire adorable,
Et par lui ſeul enfin tes auguſtes bienfaits
Seront dans tous les cœurs ſûrs de vivre à jamais,
C'eſt lui-même, c'eſt lui, dont la divine audace
En tous genres d'Ecrits va bien-tôt exceller;
Trop digne de ces tems, où ſur notre Parnaſſe
L o u i s fait la faveur au mérite égaler.
Il dit; de ſes accens les Vallons retentirent;
Les Inſtrumens divins tout à coup s'entendirent,
Aux éloges du Dieu le Pinde répondit,
Et Pégaſe joïeux par ſon vol aplaudit.

En Octobre 1738.

VERS
DE MONSIEUR
DE GOUVE,
SUR
A HENRIADE
DE MONSIEUR
DE VOLTAIRE.

Es maux sont adoucis, un raïon d'espérance,
Fait briller à mes yeux un riant avenir;
Destin cruel! qui depuis ma naissance
Obscurcis mes beaux jours, ta rage va finir;
C'est ton Ouvrage, adorable Voltaire,
En toi je trouve enfin un Mortel vertueux,
Un Mortel, qui doué d'un penchant salutaire,

Semble

Semble ne s'occuper qu'à faire des heureux :
Je le dis, en dépit de la jalouse envie ;
Qu'elle fasse siffler ses Serpens en fureur ;
Non, quelque grand qu'il soit, ton immortel génie
    N'égale point la bonté de ton cœur.
Conserve-moi des soins que mon malheur fit naître,
    Ne laisse pas un miracle imparfait,
    N'est-ce donc point mériter un bienfait
    Que de savoir le reconnoître ?

DE GOUVE.

D'Arras, en Mars 1739.

ODE
DE M. F***,
A MONSIEUR
DE VOLTAIRE.
En May 1742.

UE de beautés & de merveilles,
Heureux *Voltaire*, tu produis !
Avec quel charme de tes veilles
Nous goûtons les aimables fruits !
Aisé, délicat & sublime,
Volant de la Prose à la Rime,
Par tout tu nous instruis, tu plais,
Toujours Apollon & les Graces
S'empressent à suivre tes traces
Et te prodiguent leurs bienfaits.

Un Ecrivain trouve sa gloire
Souvent dans celle des Guerriers.
CHARLES, * pour prix de son Histoire,

* Histoire de Charles XII. Roi de Suéde.

Te ceint le front de ses lauriers.
L'Aléxandre de la Suéde
Par toi, du tems à qui tout céde,
Bravera la fatalité.
Tel en ses Portraits, noble & juste,
Quinte-Curce d'un Prince Auguste
Assûra l'immortalité.

Cependant mon ame saisie
Ne peut exprimer ses transports,
C'est toi, sublime Poësie,
Dont je sens les divins accords.
Un Chantre ingénieux, unique,
Prenant la Trompette Héroïque,*
De ses sons pénétre les Cieux.
Qu'entens-je? La Nature entiére
Lui fournit la vaste matiére
De ses Concerts mélodieux.

Ici, d'une sanglante Ligue
Sa voix entonne les combats,
Et d'une formidable intrigue
Dévelope les attentats.
Là, plein de force & d'industrie,
Il peint sans fiel, sans flaterie,
Les vices, les vertus des Grands,
Des Peuples l'inconstance extrême,
D'un vainqueur la bonté suprême,

Et

* La Henriade, Poëme Epique.

Et les cruautés des Tyrans.

Figures doctes & brillantes,
Ordre, ſtile, ſolidité,
Sentimens, Images riantes;
Quel feu! quelle variété!
Lui ſeul, Virgile de la France,
Devoit réparer l'indigence
Dont elle a gémi tant de fois,
Et d'un Pinceau riche & fidèle
Dans HENRI tracer le modèle
Du plus parfait de tous les Rois.

Mais tandis que ton Enéïde,
Voltaire, enchante le Lecteur,
Je te vois, nouvel Euripide,
Toucher, ravir le Spectateur.
La Scène devient ton Empire;
Tu ſais dans un heureux délire
Soûmettre nos cœurs à ta loi,
Et bien qu'à te nuire obſtinée,
Souvent la Critique entraînée,
T'aplaudit même malgré ſoi.

Œdipe, * alors digne préſage
De tes plus célèbres travaux,
Fit la gloire de ton jeune âge
Et la honte de ſes Rivaux;

* Tragédie, par M. de Voltaire.

Ainſi dans ſa verve féconde
Ta Muſe en tout genre profonde,
Unit mille talens divers.
Ainſi le feu qui te conſume,
Dans plus d'un immortel volume
Eclaire, embraſe l'Univers.

Le principe qui nous anime
Fait nos crimes où nos vertus.
J'admire l'éfort magnanime
Et la fermeté de Brutus; *
Quand tu nous montres ce grand homme,
Immolant au ſalut de Rome
Un Fils qu'il condanne à périr;
Si le Conſul me ſemble auſtére,
Dans ſa douleur je trouve un Pere,
Et je ne puis que m'attendrir.

De quel ſpectacle Melpomène
Vient-elle fraper mes eſprits ?
Quelle eſt cette tragique Scène †
Où court en foule tout Paris ?
J'aperçois une jeune Amante,
Dont la candeur noble, touchante,
Eprouve les rigueurs du ſort;
Son cœur vertueux ſe déploïe,

Aux

* Héros d'une Tragédie qui porte ce titre.
† Zaïre, Tragédie du même Auteur.

A M. DE VOLTAIRE.

Aux plus triftes combats en proïe,
Il céde à la voix du remord.

Chére *Zaïre*, que tes larmes
Font aifément couler nos pleurs !
Nous nous fentons à tes allarmes
Agités des mêmes terreurs.
Si dans l'horreur qui le dévore,
Le jaloux Sultan qui t'adore,
Te rend victime de fes feux,
Son propre fang qu'il va répandre,
Nous prouve qu'il n'eft que trop tendre
Et moins cruel que malheureux.

Céfar, Alzire, Mariamne....*
Mufe, arrête, c'en eft affés,
Ofes-tu d'une main profane
Flétrir cent lauriers entaffés ?
Refpecte un Héros du Parnaffe,
Qui plein d'une divine audace,
Et de favoir comme de goût,
Par tant d'endroits a fait connoître
Qu'il eft toujours ce qu'il veut être,
Qu'en éfet il eft prefque tout.

Achéve, admirable *Voltaire*,

De

---

* Autres Piéces tragiques du même Auteur, lequel a compofé quantité d'Ouvrages eftimés, fur toutes fortes de matiéres.

ODE DE M. F***, A M. DE VOLT.

De nouveau charme tous les cœurs.
Ce n'est qu'au bout de la carriére
Que l'on couronne les Vainqueurs.
Achéve, & tandis que ma lyre
Du zèle brûlant qui l'inspire
T'offre ici de foibles essais,
Songe qu'au Temple de Mémoire
La plus ample moisson de gloire
Mettra le comble à tes succès.

EPITRE

EPITRE

DE MONSIEUR
DE LA SORINIÉRE,
A MONSIEUR
DE VOLTAIRE,
SUR SA
TRAGÉDIE DE MÉROPE.

SAVANT Voltaire, aimable Auteur,
Rival d'Homére & de Virgile,
Restaurateur de l'art d'Eschile,
Dis-nous par quel art enchanteur,
Enlevant par-tout les suffrages,
Tu sais mêler en tes ouvrages
Tant de force & tant de douceur?

Tu viens, en nous donnant *Mérope*,
De ravir, d'étonner l'Europe,
Qui se rassemble sur nos bords,
Et déja tes divins accords,

Par un pouvoir doux, sympathique,
Ont charmé jusqu'à la critique.
   Soit que tu sois imitateur,
En suivant les routes vulgaires,
Ou que devenu créateur,
Les sujets les moins ordinaires
Te doivent leur invention,
L'impression la plus charmante,
Soutient l'intrigue & l'action,
Et chaque trait que l'art enfante,
Pour aller nous fraper au cœur,
Emploïe un prestige vainqueur,
Tiré du sein de la nature.
   Vénus te prête sa ceinture,
Et dirige le sentiment.
Quand tu fais parler un Amant,
Tu dis ce qu'eût dit Euripide,
Et si toujours l'Amour préside,
Le Héros n'en est pas moins grand.

A la Sorinière, le 10. Mars 1743.

EPITRE

EPITRE
DE MONSIEUR
DE VOLTAIRE,
A MONSIEUR
ALGAROTI.*

A Cirey, près Vassi, le 15. Octobre 1735.

Orsque ce grand Courier de la Philo-
sophie,
  Condamine l'Observateur,
 De l'Afrique au Pérou conduit par Ura-
nie.
Par la gloire & par la manie,

S'en

* Messieurs *Godin*, *Boughuier* & *de la Condamine* étoient partis alors pour faire leurs Observations en Amérique, dans des Contrées voisines de
l'Equateur. Mrs. *de Mauperiuis*, *Clairault* & *le
Monnier*, devoient dans la même vuë partir pour le
Nord, & M. *Algaroti* étoit du voïage. Il s'agissoit
de décider si la Terre est un Sphéroïde aplati ou
alongé.

S'en va griller sous l'Equateur,
Maupertuis & *Clairault*, dans leur docte fureur,
Vont geler au Pole du Monde.
Je les vois d'un degré mesurer la longueur,
Pour ôter au Peuple rimeur
Ce beau nom de *machine ronde*,
Que nos flasques Auteurs, en chevillant leurs Vers,
Donnoient à l'avanture à ce plat Univers.

Les Astres étonnés dans leur oblique course,
Le grand, le petit chien, & le cheval & l'Ourse,
Se disent l'un à l'autre, en langage des Cieux:
Certes, ces gens sont fous, ou ces gens sont des Dieux.

Et vous, *Algaroti*, vous, cigne de Padouë, *
Eléve harmonieux du cigne de Mantouë,
Vous allez donc aussi sous le Ciel des frimats,
Porter, en grelotant, la lyre & le compas,
Et sur des monts glacés traçant des paralelles,
Faire entendre aux Lapons vos chansons immortelles?

Allez donc, & du Pole, observé, mesuré,
Revenez aux Français raporter des nouvelles.
Cependant je vous atendrai,
Tranquile admirateur de votre astronomie,
Sous

* M. *Algaroti* fait très-bien des Vers en sa langue, & est un bon Géomètre.

Sous mon Méridien, dans les champs de Cirey,
N'obfervant déformais que l'Aftre d'Emilie.
Echauffé par le feu de fon puiffant génie,
  Et par fa lumiére éclairé,
  Sur la lyre je chanterai
Son ame univerfelle autant qu'elle eft unique;
Et j'atefte les Cieux mefurés par vos mains,
Que j'abandonnerois, pour fes charmes divins,
L'Equateur & le Pole Arctique.

LETTRE FAMILIERE
A MADEMOISELLE ***,
Sur ce qu'on la soupçonnoit de n'avoir point de Corps.

PAR M. DE V***.

IL court un bruit sur ton compte,
Qu'il faut que je te raconte :
On dit que ce mêlange exquis
De douceur & de finesse,
Cette fraîcheur de jeunesse,
Ce chignon blanc, ce beau souris,
Cette noblesse qui nous frape,
Et tant d'autres apas dont nos cœurs sont épris,
Tout cela n'est qu'une atrape,
Où nous avons tous été pris ;
Et qu'au fonds, tu n'es qu'une essence,
Une espéce d'intelligence,
Qui n'a des sens que l'aparence,
Et ne connoît, ni les desirs,

Ni

Ni les foins, ni les plaifirs.
Cette hiftoire, dont on m'abreuve,
M'a paru fi fole & fi neuve,
Que j'en aurois tenté l'épreuve:
Sur ta bouche, un baifer furpris,
M'en auroit bien donné la preuve;
Mais, ma foi, j'ai peur des Efprits.

MADRIGAL

MADRIGAL
DE MONSIEUR
DE VOLTAIRE.

N difoit que l'Hymen a l'intérêt pour frére,
Qu'il eſt traître, ſans choix, aveugle & mercenaire;
Ce n'eſt point-là l'Hymen, on le connaît bien mal;
Ce Dieu des cœurs heureux eſt chez vous, d'ARGENTAL;
La vertu le conduit, la tendreſſe l'anime,
Le bonheur ſur ſes pas eſt fixé ſans retour;
Le véritable Hymen eſt le fils de l'eſtime
Et le frére du tendre amour.

LETTRE

LETTRE
DE MONSIEUR
D'ARNAUD,
SUR
LES OUVRAGES
DE MONSIEUR
DE VOLTAIRE.

MONSIEUR,

L'INDULGENCE que vous avez pour les qualités de l'esprit, lorsqu'elles sont rélevées par celles du cœur, m'a engagé à vous envoïer les deux Epîtres composées sur les Ouvrages de M. *de Voltaire*. La seconde fut imprimée en mil sept cens trente-six, mais avec tant de fautes, que celles de l'Imprimeur eussent sufi pour la rendre mauvaise. Tout le monde connoît mon amitié,

amitié, & en même-tems mon admiration pour Mr. *de Voltaire.*

"Je l'ai aimé dans un âge où l'on ne s'aime pas foi-même, & je l'ai estimé dans un tems où tout ce qui annonce la raison est presque sûr de déplaire. Mon penchant s'est fortifié avec mes années. J'ai trouvé dans Mr. *de Voltaire* le sublime Auteur, & le bon Citoïen, autant Philosophe que grand Poëte, & ne sacrifiant jamais le cœur à l'esprit.

Si je ne consultois ici que mon amitié, on pourroit m'acuser d'aveuglement; mais je ne suis que l'organe du Public éclairé, & du Public honnête-homme. J'ai saisi cette ocasion pour vous donner une legére ébauche de mes sentimens. Je vous prie, Mr. d'inférer ces deux Epîtres dans votre Recueil; elles recévront de justes aplaudissemens, si elles peuvent laisser à la Postérité des marques éternelles de mon atachement pour Mr. *de Voltaire*, & de l'estime parfaite avec laquelle je suis, &c.

I. EPITRE
A MONSIEUR
DE VOLTAIRE.

Toi qui dès le berceau, tendre amant d'E-
rycine
Bégaïas de molles chansons;
O toi, dont la Muse divine
Nous enchante aujourd'hui par de plus nobles sons,
Sublime Auteur, que Corneille & Racine
Placent au rang de leurs chers nourrissons,
Que j'aime à te voir au Parnasse,
Plein d'une généreuse ardeur,
D'Anacréon, de Sophocle, du Tasse,
Egaler déja la splendeur !

Enfans de la simple Nature,
Tes Vers, par l'Amour embellis,
De la séduisante imposture
Rejettent le faux coloris.

Cipris

Cipris * t'a cédé sa ceinture,
Cet ornement travaillé par les ris,
Qui, sous l'éclat d'une riche parure,
Laisse entrevoir, à nos regards surpris,
Les vœux secrets, la flâteuse espérance,
L'ocasion, les soupirs, la constance,
Les tendres soins, les précieux loisirs,
Les doux combats, la molle résistance,
Qui mieux que tout irrite les desirs,
 Et fait, par la moindre défense,
 Ranimer les mourans plaisirs.

Jusqu'ici de l'Amour j'avois bravé les charmes,
Et prêt à renverser son Temple & ses Autels,
J'allois briser les fers des malheureux mortels,
 Je vis ZAÏRE, ô moment plein d'allarmes!

Zaïre

* Voici les Vers d'Homére sur la Ceinture de Vénus.

Ἦ, ἐ ἀπὸ στήθεσφιν ἐλύσατο κεστὸν ἱμάντα.
Ποικίλον, ἔνθα δέ οἱ θελκτήρια πάντα τέτυκτο
Ἔνθ' ἔνι μὲν φιλότης, ἐν δ' ἵμερος, ἐν δ' ὀαριστὺς
Πάρφασις, ἥτ' ἔκλεψε νόον πύκα περ φρονεόντων.

Dixit, & *à pectoribus solvit acu pictum Cingulum varium : in eo autem ei omnes illecebræ factæ erant. Ibi inerat amor, inerat desiderium, inerat colloquium, blandiloquentia quæ decipit mentem valdè etiam prudentium*, &c.

A M. DE VOLTAIRE.

Zaïre, hélas, sçut m'arracher les armes !
Elle vangea l'Amour de mes dédains cruels,
Un seul instant m'aprit à répandre des larmes.
En vain de ma raison j'implorai le secours :
A mes gémissemens tous les Dieux furent sourds.
Sous les traits de Gaussin que Zaïre étoit belle !
Un seul regard troubla le repos de mes jours.
  Hélas, comment se défendre contr'elle ?
Comment lui résister, quand mon cœur infidelle,
En faveur de tes Vers, me trahissoit toujours ?

  Poursuis, de cent sources fécondes,
   Ouvre-toi les vastes canaux,
   Que les habitans des deux mondes,
Admirent de concert tes immenses travaux :
  Poursuis, Voltaire, au sein de l'Hypocrêne,
   Va puiser des tresors nouveaux ;
Que ces fermes apuis de la grandeur Romaine
   Brillent du feu de tes pinceaux !
   Que l'amour, la pitié, la haine,
Respirans sous ta main, animent tes tableaux !
Aux charmes de Gaussin, joins ceux de Melpomène,
  Et par tes Vers, désormais sur la Scène,
   Sers de modèle à tes Rivaux.

  Si natura negat, facit admiratio *versum.*
En 1735.

II. EPITRE
A MONSIEUR
DE VOLTAIRE.

Toi, qui de l'Amour empruntant le pinceau,
Traces des passions une vive peinture!
    Toi, qui formé par l'Art, conduit par la Nature,
Retires les Héros de la nuit du Tombeau
    Et leur fais part de ta lumiére.
Toi, qui fais à la fois nous instruire & nous plaire,
Voltaire, ce trait seul sufisoit au tableau ;
Ce nom seul réunit les couleurs les plus belles,
Ainsi que tes talens, tes vertus immortelles
Font chaque jour en toi voir un homme nouveau.

Reçois ces Vers ; reçois mon foible hommage,
D'une Muse naissante accepte les essais ;
   Si l'amitié remporte ton suffrage,
Mes Vers l'ont mérité, l'amitié les a faits.

II. EPITRE A M. DE VOLTAIRE.

  Le cœur, hélas, n'a qu'un langage !
Mais la sincérité s'exprime par sa voix ;
  L'esprit fait plaire davantage,
 Mais du mensonge il suit souvent les loix.

  Quand tu peins, je vois la Nature
  Brillante de nouveaux atraits ;
  Quand tu feins l'aimable imposture
  De la vérité prend les traits.

D'Estrée en pleurs nous trace-tu les charmes ?
La gloire dans nos cœurs bien-tôt céde à l'amour.
Nous peins-tu son Amant au milieu des allarmes ?
  La gloire triomphe à son tour.

Avec le Grand HENRI tu fuis une Maîtresse,
  Avec d'Estrée on t'entend soupirer ;
  L'instinct à nous unir s'empresse,
  La raison vient nous séparer.

Le Ciel sur ce vainqueur étend sa main propice,
Il détourne ses pas des bords du précipice,
Henri revoit enfin un jour plus lumineux,
Les ombres de l'erreur ne couvrent plus ses yeux,
De son flambeau sacré la vérité éclaire,
Rome retrouve un fils, Paris retrouve un pere.

Mais, quel autre Héros fixe tous les regards,
Quel amas éclatant d'armes & d'étendarts ;

         Pour

II. EPITRE

    Pour qui fur l'Autel de la Gloire
    Brûle l'encens de la Victoire?
    Quel eſt ce jeune ambitieux
    Qui court au Temple de Mémoire
    Païer d'un ſang audacieux
    Le droit de vivre dans l'Hiſtoire?
C'eſt CHARLES, la terreur & l'arbitre du Nord.
L'Europe à ſes genoux dépoſe ſon tonnerre;
Il tient entre ſes mains le flambeau de la guerre,
Lui ſeul du monde entier détermine le ſort.
    Mais c'eſt en vain qu'il ravage la terre,
Au ſein de la Victoire il va trouver la mort.

Mânes de ces Héros qu'une gloire nouvelle
    Couronne de lauriers naiſſans,
    O vous, qu'une Muſe immortelle
    Conſacre à ſes divins accens,
    Admirez tous ce ſublime génie.
    Tantôt d'un vol audacieux
    Meſurant la Terre & les Cieux;
Il contemple de Dieu la grandeur infinie.
De cent globes divers démêlant les reſſorts
D'une exacte harmonie il conçoit les accords.
Des barriéres du jour juſqu'au centre du monde,
De cette immenſité perçant la nuit profonde,
Il parcourt d'un coup d'œil ces orbes enflamés,
Ces corps par leurs combats détruits & ranimés.
Il dévoile avec art ces nombres, ces diſtances,

Ces

A M. DE VOLTAIRE.

Ces mouvemens cachés, l'ame de l'Univers,
Ce vuide spatieux, ces profondeurs immenses
Qu'embrasse la lumiére au vaste sein des airs.

    Tantôt, d'une main moins hardie,
    De la sagesse il trace les leçons;
Par ses traits enchanteurs la *Morale* embellie
    Nous offre un lait que nous suçons.

    Quelquefois, Censeur redoutable,
Il arrache à l'erreur son bandeau séduisant:
L'imposture a perdu cet éclat respectable
    Dont elle éblouit l'innocent.

Voltaire, ainsi par d'heureuses merveilles,
De climats en climats tu te fais admirer;
Les *Salustes*, les *Locks*, les *Miltons*, les *Corneilles*
    Semblent à la fois t'inspirer.

    En vain l'aveugle jalousie
Veut flétrir les lauriers qui couronnent tes Vers.
    Parle, & soudain cette vile ennemie
Confonduë à ta voix rentrera dans les fers.

Que vois-je?... Melpomène à mes yeux se presente!
Un Peuple de Héros accompagne ses pas,
L'amour, le desespoir, la haine, l'épouvante,
A leurs cœurs tour à tour livrent mille combats.

II. EPITRE
SUR OEDIPE.

D'Oedipe infortuné, je plains le fort funeste,
J'estime sa vertu, j'abhorre ses forfaits;
 C'est le crime que je déteste,
 Non le criminel que je hais.

SUR HE'RODE & MARIAMNE.

 Hérode en proïe à mille allarmes,
Tout injuste qu'il est nous arrache des larmes.
 J'admire de *Varus* la générosité;
J'aime dans *Mariamne* une pudeur si rare.
Je sens avec l'Epoux, l'amour, la cruauté,
Je suis avec l'Amant, plus constant, moins barbare,
Tous les trois dans mon cœur ils régnent tour à tour,
La haine, la fureur, de mon ame s'empare,
 Mais il n'y reste que l'amour.

SUR BRUTUS.

Du farouche *Brutus* la fermeté stoïque
Inspire aux Spectateurs de noirs pressentimens;
 Sa constance héroïque
Etonne la Nature en ces tristes momens.
S'il veut être Consul, il cesse d'être Pere,
L'un & l'autre a ses droits, il faut les satisfaire;
Rome exige du sang, l'amour retient son bras.
          Mais

Mais bien-tôt du Conful il prend le caractére,
Il eſt livré ſans ceſſe à de nouveaux combats.
  Rome a parlé, ſa voix ſeule ſufit,
  Brutus n'eſt plus qu'un Juge impitoïable.
En vain de cet arrêt la Nature frémit,
Il ne voit en ſon fils qu'un Citoïen coupable.

SUR ZAÏRE.

  Entre l'Amour & la Religion,
    Zaïre irréſoluë,
  Juſqu'à la fin de l'action
Tient mon ame tremblante & toujours ſuſpenduë.
Luſignan, ce vieillard, ce pere malheureux,
Fixe des ſpectateurs, & le cœur & les yeux;
On partage avec lui ſa joïe & ſa triſteſſe;
La crainte, la pitié ſuccéde à la tendreſſe,
Oroſmane eſt cruel, mais il eſt amoureux:
  Il a des vertus que j'eſtime;
  Mon cœur en vain oſe le condanner,
La raiſon me le peint tendre, grand, magnanime,
  L'Amour ſeul a commis ſon crime,
  L'Amour ſeul doit lui pardonner.
Dans *Néreſtan*, je vois un Chrétien plein de zèle,
Dans ſon aimable Sœur, une Amante fidèle;
  Ainſi mon ame, tour à tour,
Va de l'amour au trouble, & du trouble à l'amour.

D   SUR

SUR LA MORT DE CESAR.

CESAR est bienfaisant, courageux, magnanime;
Et s'il n'étoit Tyran, César seroit sans crime.
Brutus à nos Français paraît un inhumain,
Mais Rome, dans *Brutus*, reconnaît un Romain.

SUR ALZIRE.

D'un devoir odieux victime infortunée,
Alzire a deux Tyrans, l'Amour & l'Hymenée;
L'un grave dans son cœur les traits d'un tendre Amant;
L'autre opose à ses feux la rigueur d'un serment.
Elle ne peut aimer sans se rendre infidelle,
Elle ne peut haïr sans être criminelle,
L'Amant a sa tendresse, & l'Epoux a sa foi,
Qui des deux doit donner ou recevoir la loi ?

Le devoir, la nature, & la reconnoissance
  Tiennent *Alvarès* incertain,
Il veut d'un bienfaiteur embrasser la défense,
Et vanger de son fils le malheureux destin.

  Zamore aux yeux du Catholique
  Est un Païen séditieux;
  Zamore, aux rives d'Amérique,
Est le vengeur & du Peuple & des Dieux;
Libre au milieu des fers, il jouit de sa gloire,
Le cœur fait le Héros, & non pas la Victoire.

Gusman

Gufman vit en Tyran, & meurt en vrai Chrétien;
Aux Portes du Tombeau le Ciel est son soutien.
  A son rival céder le Diadême,
   C'est l'éfort d'un grand cœur;
   Lui céder ce qu'on aime,
   C'est de soi-même être vainqueur.

Dans *Alzire* chacun croit voir une Maîtresse.
On ressent tour à tour la haine & la tendresse.
Un Epoux plaint l'Epoux, un Amant plaint l'Amant.
Plût au Ciel qu'on aimât aussi fidèlement!
 De tes destins remplis le cours illustre;
Voltaire, cueille encor des mirthes, des lauriers,
A ton nom, s'il se peut, ajoûte un nouveau lustre,
Par de nouveaux raïons éface les premiers.
  Que l'éclat de ta gloire
Perce de l'avenir l'épaisse obscurité,
Puisses-tu remporter victoire sur victoire,
Et de mille rivaux confondre la fierté!
  Déja du Temple on t'ouvre la barriére,
   Calliope te tend les bras,
   Melpomène guide tes pas,
  Et te conduit au bout de la carriére.

  Déja l'on t'éleve un Autel;
  Déja cessant d'être mortel,
Tu dédaignes la terre, & d'une aîle rapide,

Tandis que ton nom vole à la postérité,
Aux côtez de *Newton*, d'*Homére*, d'*Euripide*,
Tu goûtes les douceurs de l'immortalité.

Et toi, jeune Beauté, dont la voix séductrice
    Te donne tant d'Adorateurs,
    Toi, qui charmes sans artifice,
Toi, qui fais le tourment ou le plaisir des cœurs,
    Tendre *Gauffin*, daigne verser des larmes,
Et Voltaire bien-tôt, par tes yeux enchanteurs,
    A la critique arrachera les armes.

En Janvier 1736.

RE'PONSE

RÉPONSE
A MONSIEUR
D'ARNAUD.

JE ne saurois vous donner, Monsieur, des preuves moins équivoques de ce que vous apellez *indulgence*, par raport aux Epitres que vous m'avez envoïées, qu'en les faisant paroître aussi-tôt que votre impatience le desire. Je pense comme vous, sur tout ce qui regarde votre Héros. Il me semble que, malgré l'étenduë de vos éloges, vous n'avez pas dit la moitié de ce qu'on pourroit dire.

Les expressions sont toujours en défaut, quand on entreprend de louer les Grands-Hommes. Pour moi, si je m'en mêlois, la vanité me persuade que je ne tarirois point sur Mr. *de Voltaire*, & que si l'esprit étoit stérile, le cœur se dédommageroit en sentimens d'estime, d'atachement, de zèle & de vénération.

En païant, Monsieur, un tribut à votre Illustre Maître, vous vous exposez à la censure du Public; & avant qu'il fasse votre procès, souffrez que je vous ataque le premier.

A votre place, j'aurois suprimé une partie de la première Epitre; c'est l'essor d'une Muse naissante, & qui n'a pas cette perfection que l'âge & le génie impriment aux ouvrages faits dans la maturité. Vous êtes capable aujourd'hui de vous élever aux sujets les plus grands; & je vois avec colère votre indolence philosophique, quand je vous connois des talens supérieurs pour la Tragédie & l'Epopée. Je dois cet aveu à la vérité. En 1735. vous n'aviez que seize ans, & depuis vous avez fait naître de grandes espérances aux connoisseurs dont il faut remplir l'atente. Il ne vous est pas permis d'être impunément le disciple de M. *de Voltaire*.

La seconde m'a paru avoir quelques traits de ressemblance avec son aînée. Pardonnez-moi cette délicatesse; j'aime dans les Tableaux la variété. Voici encore un scrupule qu'il me faut passer.

D'Estrée en pleurs nous traces-tu les charmes?

Ce Vers-là est-il Français? Il auroit fallu mettre *de d'Estrée*, parce que sûrement ce ne peut être *de Estrée*. *Nous traces-tu les charmes de* d'Eſtrée *en pleurs ?* Dans votre Vers il n'y a point de génitif, & c'eſt une grande négligence : mais on ne peut vous la paſſer en faveur des beautés qui achévent cette Epître. *Non ego paucis offendar maculis.* Je vous prie, en finiſſant, de prendre en bonne part cette obſervation, & d'être perſuadé, mes ſentimens à part ſur vos Vers, qu'il n'y a perſonne au monde plus véritablement, &c.

EPITRE
DE MONSIEUR
CLÉMENT,
Conseiller du Roi, Receveur des Tailles de Dreux,
A MONSIEUR
DE VOLTAIRE.*

E tes talens admirateur sincére,
Je t'adresse, illustre Voltaire,
Ce foible essai que j'ai construit,
Loin des curieux & du bruit ;
Si ma Muse ici pour te plaire
Fait par hazard des éforts superflus,
Ton silence bien-tôt m'aprenant à me taire,
De mes défauts me corrigera plus
Que ne feroit le siflet du Parterre.

D'où

* Cette Piéce, & la suivante, sont extraites du Mercure du Mois de Décembre 1732.

D'où vient donc ce transport nouveau :
Les Provinciaux, vas-tu dire,
Connoissent-ils le charme de ma Lire ?
Ouï ; Voltaire, ici le vrai beau
Sur les cœurs maintient son empire,
Et comme à Paris l'on sçait rire
Des vains éforts d'un débile cerveau.
Jadis, en ce lieu les Druïdes,
Faisoient sous leurs mains homicides,
Gémir les crédules humains ;
Tu sçais qu'arbitre des destins,
Aux Mortels simples, sans science,
Ils faisoient respecter leur trompeuse ignorance ;
Nous vivons sous un autre tems,
De ces beaux lieux les doctes habitans,
Desabusés du faux, du ridicule,
Ont sçû bannir préjugés & scrupule,
Amour du vrai charme ici les esprits ;
De toi sans cesse en relit les Ecrits,
Et ta Henriade immortelle,
Par des traits touchans, enchanteurs,
De la Ligue & de ses fureurs
Nous rend la peinture si belle,
Que nous chérissons les malheurs
Qui de ta Muse ont excité le zèle.
Charles, Brutus, Oedipe, enfans de ton loisir,
Nous offrent tour à tour un différent plaisir.
De tes Vers la douce harmonie

Tient sur-tout mon ame ravie;
Que ne puis-je avec dignité,
Te peindre ici ma sensibilité!
Et t'exprimer avec ton énergie
A quel point tu m'as enchanté!
Vains éforts, je sens ma foiblesse,
Et tout mon feu n'est qu'une yvresse,
Dont tu ris peut-être à present.
Reçois du moins ce badinage,
D'un œil modéré, complaisant:
Si Malcrais sçut plus dignement
T'offrir de son Païs le fastueux hommage,
Qu'il te souvienne seulement,
Qu'inférieurs à son ouvrage,
Nous l'égalons en sentiment.

RÉPONSE
DE MONSIEUR
DE VOLTAIRE
A MONSIEUR
CLÉMENT.

Es Vers aimables que vous avez bien voulu m'envoier, Monsieur, sont la récompense la plus flateuse que j'aïe jamais reçuë de mes Ouvrages. Vous faites si bien mon métier, que je n'ose plus m'en mêler après vous, & que je me réduis à vous remercier en simple Prose de l'honneur & du plaisir que vous m'avez fait en Vers. Je n'ai reçû que fort tard votre charmante Lettre, & une fiévre qui m'est survenuë, & dont je ne suis pas encore guéri, m'a privé jusqu'à present du plaisir de vous répondre. On avoit commencé il y a quelque-tems, Monsieur, une Edition de quelques-uns de mes Ouvrages, qui a été sus-

D 6 pen-

penduë. J'ai l'honneur de vous l'envoïer toute imparfaite qu'elle eſt, je vous prie de la recevoir comme un témoignage de ma reconnoiſſance & de l'envie que j'ai de mériter votre ſuffrage. Il eſt beau à vous, Monſieur, de joindre aux calculs de Plutus, l'harmonie d'Apollon. Je vous exhorte à réunir toujours ces deux Divinités, elles ont beſoin l'une de l'autre,

Omne tulit punctum qui miſcuit utile dulci.

J'ai l'honneur d'être avec beaucoup d'eſtime, &c.

A MADEMOISELLE
DE MALCRAIS DE LA VIGNE
STANCES IRRÉGULIÈRES,*

Pour servir de Réponse à son MADRIGAL, *imprimé dans le Mercure d'Octobre* 1732.

U Parnasse Français mon nom est ignoré,
Malcrais, de le savoir n'aïez aucune envie;
Trouvez bon seulement qu'en stile bigaré
Je vous ofre aujourd'hui le tableau de ma vie.
L'amour-propre d'abord y place mon portrait.
    L'atitude n'en est pas sûre,
    Mais l'air de tête n'est pas laid.
    Pour certains dons de la nature
    Le correctif est aporté
    Aux défauts que dans ma figure
    Exagère l'adversité,
    Et de mes amis l'équité

                                           Me

* Attribuées à M. de Voltaire.

Me fait venger de cette injure.
Mon esprit curieux cherche la vérité
    Dont le charme secret l'atire,
    Après elle, mon cœur n'aspire
    Qu'à la parfaite liberté.
Sans acuser le sort, content du nécessaire,
Débarassé des soins qui chargent le vulgaire,
Je renferme mes vœux dans un petit réduit,
Loin des Grands, loin des sots, de la pompe & du bruit,
    Je n'y songe qu'à satisfaire
Mon penchant pour les Arts, & mon goût solitaire
A l'ombre des ormeaux dans mes momens perdus,
Des champêtres plaisirs je trace des images,
    Je veux qu'en ces petits ouvrages
On me retrouve encor quand je ne serai plus.
Je ressens l'aiguillon de l'immortelle gloire,
Et pressé du desir d'assurer ma mémoire,
Ne pouvant partager les travaux des guerriers,
Je cultive le mirthe au défaut des lauriers.
Mon instinct m'a conduit aux rives du Permesse;
Euterpe quelquefois m'y donne des leçons,
Sur la flûte de Pan je les redis sans cesse
    Aux Driades de nos vallons,
Et je décris les lieux où jadis la tendresse
    Dicta mes premiéres chansons.
Simple sans être sot, Champenois sans rudesse,
Ami du naturel, je cherche quand j'écris

Plus

Plus à toucher les cœurs qu'à flâter les esprits.
Pour la Ville, la Cour, les Grands & leur estime,
 Je n'eus jamais la passion
 Que fait naître l'ambition ;
Toujours sur la raison, rarement sur la rime
 Je fixe mon attention,
 Et c'est moins la réflexion
 Que le sentiment qui m'anime,
 Qui régle mon expression.
Permettez donc, illustre Fée,
Qu'ici j'exprime simplement
Que je regrette amérement
Le tems où la bonne Zirphée,
Sensible à mon empressement,
M'eût des Plaines de la Champagne,
Jusqu'aux rives de la Bretagne,
Transporté par enchantement.
Les cœurs qu'un desir héroïque
Portoit aux sublimes amours,
Contre l'absence tirannique
Dans son Art trouvoient des secours ;
Son Char plus rapide qu'Eole,
Plus promt que l'Aigle qui s'envole,
Les entraînoit vers leur beauté ;
Je sens leurs flâmes les plus vives ;
O Marne ! pourquoi sur tes rives
Suis-je donc encor arrêté ?
Un cœur n'est pas toujours son maître ;

A Mlle. DE MALC. DE LA VIGNE.

Je sais qu'il viendroit un moment,
Où le plaisir de vous connoître
Se feroit païer chérement.
Mais pour vous voir, pour vous entendre,
Tout risquer & tout entreprendre,
Ne me paroît point une erreur.
A vos charmes, Fille divine,
Dans l'ardeur qui me prédomine,
Je suis prêt à livrer mon cœur.

CONSEILS
A MONSIEUR
RACINE,
SUR SON
POËME
DE LA
RELIGION,
PAR UN
AMATEUR
DES
BELLES-LETTRES.*

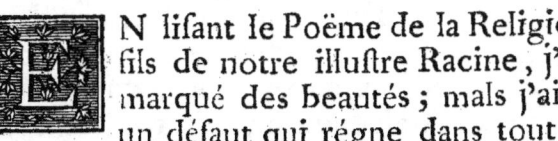 N lisant le Poëme de la Religion du fils de notre illustre Racine, j'ai remarqué des beautés ; mais j'ai senti un défaut qui régne dans tout l'ouvrage, c'est la Monotonie. On peut remédier aisément dans une seconde Edition à toutes

les

* Attribuez à M. de Voltaire.

les autres fautes ; on rectifie une idée fauſſe ; on embellit des Vers négligés ; on éclaircit une phraſe obſcure ; on ajoûte des beautés : mais il fera un peu plus dificile de changer l'uniformité répanduë ſur tout l'ouvrage en cette variété piquante, qui ſeule peut donner du plaiſir ; je me ſouviens d'un vers charmant de feu M. de la Motte.

L'ennui nâquit un jour de l'uniformité.

Cependant j'oſe exhorter l'eſtimable Auteur de ce Poëme à faire les plus grands éforts pour atteindre à cette beauté abſolument néceſſaire. J'ai oüi dire à M. Silhoüet, que *la Boucle de Cheveux* de M. Pope n'eut d'abord qu'un médiocre ſuccès, parce qu'il n'y avoit point d'invention ; mais qu'elle réuſſit, lorſque l'Auteur eut embelli ce badinage, en y introduiſant des Génies, des Silphes, des Gnômes & des Ondains ; ce n'eſt pas de pareilles fictions ſans doute que je demande à M. Racine, mais plus de chaleur, plus de figures, & des tableaux plus frapans.

Tantôt je voudrois qu'il interrogeât la Sageſſe Eternelle, qui lui répondroit du haut des Cieux ; tantôt que le Verbe lui-même, deſcendu ſur la terre, vint y confondre Mahomet, Confucius, Zoroaſtre, apellés un moment du ſein des ténèbres pour l'entendre. Ici, je voudrois que l'abîme s'entr'ouvrît, j'aimerois

merois à y defcendre en idée, pour interroger les Sages de l'Antiquité, & pour arracher d'eux l'aveu qu'ils n'ont point connu la Sageffe.

Là, je ferois l'hiftoire d'un Prince, qui dans les grandeurs, dans les victoires, & dans les plaifirs, chercha inutilement le bonheur qu'il trouva enfuite dans la folitude ; plus loin, je peindrois un homme que l'enyvrement du monde rendoit dur & malheureux, devenu enfuite compatiffant, indulgent, bienfaifant, & par conféquent heureux. Cent images dans ce goût réveilleroient l'efprit du Lecteur que l'Hiftorique affoupit, & que le Dogmatique endort.

J'exhorte encore l'Auteur à penfer de lui-même, il en eft capable : il ne faut point toujours mettre en vers Pafcal, S. Auguftin, Arnaud, cet afferviffement de l'efprit le gêne trop dans fa marche, trop d'imitation éteint le génie ; s'il veut commencer par donner de l'effor à fon ame, alors il fera tems de le prier de corriger les négligences de ftile ; alors je prendrai la liberté de lui faire remarquer que le premier Chant commence un peu languiffament ; non qu'il faille des vers trop forts dans un début, mais il ne faut pas ramper.

L'idée *d'un apui véritable* que la raifon rend *aimable*, n'eft pas à beaucoup près affez grande. Il s'agit du bonheur de tous les hommes,

&

& d'un bonheur éternel ; les paroles doivent peindre. D'ailleurs est-ce une grande merveille que notre *apui véritable* nous devienne *aimable* ? La difficulté, la beauté consiste à rendre *aimable* un joug, une servitude qui nous gêne, & non un apui qui nous rassure.

Je lui dirai encore que dès la première page on ne doit pas se négliger au point de dire, *Les droits, la gloire t'est chére.* Ces fautes de Grammaire sont trop remarquables, & révoltent trop les oreilles les moins délicates.

Mais ce n'est qu'après avoir refondu l'Ouvrage avec génie qu'il faudra revoir les détails avec scrupule ; je me flâte d'autant plus qu'il l'embellira, que je vois des choses dans le second Chant qui me paroissent devoir lui servir de modèle pour tout le reste.

Qu'il ne dise point, comme dans le quatriéme Chant, qu'il ne veut pas imiter Sannazar ; ce Poëte Italien défigura son Ouvrage, médiocre d'ailleurs, par des fictions indécentes & puériles, & je propose à M. Racine de se rendre très-supérieur à Sannazar, en embellissant son Poëme par des images nobles & intéressantes.

Non satis est pulchra esse Poëmata, dulcia sint. Moins ses raisonnemens sont convaincans, plus on a besoin de séduire par les graces du discours ; par exemple, voici, page 130. un argument proposé en Vers Didactiques.

Quand

Quand votre Dieu pour vous n'auroit qu'indifférence,
Pourroit-il, oubliant fa gloire qu'on offenfe,
Permettre à cette erreur qu'il femble autorifer,
D'abufer de fon nom pour vous tirannifer ?

On fent combien cet argument eft faux ; car Dieu permet que les hommes foient trompés par le Mahométifme, dont les préceptes font extrêmement févéres, puifqu'ils ordonnent la Priére cinq fois le jour, la plus rigoureufe abftinence, l'aumône du dixiéme de fon bien, fur peine de damnation. Jefus-Chrift permet encore que les hommes foient trompés dans la plus belle partie de la terre depuis près de trois mille ans, par l'admirable & auftére morale de Confucius. Ainfi un argument fi faux, prefenté fi féchement, eft capable de faire un grand tort au fond de l'ouvrage.

Il y en a malheureufement quelques-uns de ce genre ; je confeillerois donc encore une fois à l'eftimable Auteur d'argumenter moins, & d'embellir davantage. Pourquoi dire qu'il y a plus de Chrétiens que de Mufulmans fur la terre ? On fçait que le fait eft au moins très-douteux. Que prouveroit-il quand il feroit vrai ? Nulle erreur, nulle mauvaife preuve ne doit entrer dans un ouvrage confacré à la divine vérité.

Je

Je ne veux point blâmer le projet de mettre en vers les Pensées de Pascal ; mais en rimant ces pensées, il faut & les ennoblir, & être exact, & en inventer de nouvelles.

Je demande où l'on va, d'où l'on vient, qui nous sommes,
Et je les vois courir peu touchés de nos maux
A des amusemens qu'ils nomment leurs travaux,
On détruit, on élève, on s'intrigue, on projette.

Le Lecteur s'attend alors à une description de ces travaux, de ces destructions, de ces intrigues, & de ce torrent du monde qui entraîne tous les hommes loin d'eux-mêmes mais au lieu de cette idée grande & nécessaire, voici ce qu'on trouve.

Sans cesse l'on écrit, & sans cesse on répéte :
L'un jaloux de ses Vers, vains fruits d'un doux repos,
Croit que Dieu ne l'a fait que pour ranger des mots ;
L'autre assis pour entendre & juger nos quérelles,
Dicte un amas d'Arrêts qui les rend éternelles.

S'arrêter à ces petites images, non-seulement c'est tomber, mais c'est s'écarter de son chemin en tombant; car il peint deux occupations sédentaires, au lieu de faire passer sous mes yeux le rapide spectacle de la Roue de de la Fortune qui emporte le genre-humain: mais encore il confond un amusement avec l'occupation la plus digne des hommes, qui est celle de rendre la justice; de plus, il est faux qu'un Arrêt du Parlement en jugeant un Procès l'éternise.

Cent fois j'ai souhaité, j'en fais l'aveu honteux,
Pouvoir de mes malheurs me distraire comme eux,
Et risquant sans remords mon ame infortunée,
Atendre du hazard ma triste destinée.

Premiérement, comment a-t'il souhaité pouvoir se distraire comme ceux qui font des Vers, dans le tems même qu'il fait des Vers? Secondement, quelle alternative, ou de faire des Vers, ou de juger des Procès? Troisiémement, tous les Juges risquent-ils sans remords leur ame infortunée? Quatriémement, qui est-ce qui attend sa triste destinée du hazard? On n'atend point une destinée triste, on espére toujours, & on n'espére rien du hazard; parce que les Ecoliers de Seconde savent aujourd'hui que le hazard n'est qu'un nom. C'est donc à tort que dès le commencement de son Poëme, à la page 6. il dit,

O toi qui vainement fais ton Dieu du hazard.

Car, encore une fois, il n'y a aucun Livre écrit depuis cent ans, où l'on atribuë quelque

que chose au hazard ; le grand systême des Matérialistes est la nécessité.

J'aporte à M. Racine ce petit exemple entre plusieurs autres, ne doutant pas qu'un esprit comme le sien ne sente de quel prix est la justesse, & ne remédie à ces legers défauts, par tout où il les trouvera dans son Livre.

Il néglige dans son Poëme sur notre Religion, le grand fondement de cette Religion même, qui est la nécessité d'un Rédempteur ; & au lieu de parler de cette nécessité, il aporte en preuve de la Mission de Jesus-Christ, je ne sai quel bruit qui ne courut que du tems de Vespasien, que l'Empire Romain seroit à un homme qui viendroit de Judée ; c'est exposer notre Sainte Religion au mépris des Déïstes dont la terre est couverte. Ils dédaignent nos bonnes raisons, quand on leur en aporte de si mauvaises, la cause de notre Sauveur Jesus-Christ s'affoiblit par l'inatention du Poëte.

C'est ainsi que nous avons vû depuis quelque-tems le Mercure Galant rempli d'étranges dissertations sur Jesus-Christ & les Prophêtes, par des hommes un peu incompétens, qui vouloient expliquer des Prophéties, que Grotius, Huet, Calmet, Hardouin n'ont pû entendre. On a vû avec une extrême douleur les choses sacrées ainsi profanées, livrées à
l'injuste

l'injuste dérision des esprits forts. Je conjure donc instamment M. Racine d'emploïer de meilleures preuves, avec l'éloquence dont il est capable. Je ne veux que la perfection de l'Ouvrage, la gloire de l'Auteur, le bien des Lettres & du Public.

Je prens la liberté de l'engager à faire encore de nouveaux efforts, quand il lutte contre les Anciens & les Modernes dans ses descriptions. Par exemple, M. de Voltaire dans une de ses Epîtres s'est ainsi exprimé.

Le sage du Fay parmi ses plans divers,
Végétaux rassemblés des bouts de l'Univers,
Me dira-t'il, pourquoi la tendre Sensitive
Se flétrit sous nos mains, honteuse & fugitive,
Pourquoi ce ver changeant se bâtit un tombeau,
S'enterre & ressuscite avec un corps nouveau,
Et le front couronné tout brillant d'étincelles,
S'élance aux champs de l'air en déploïant ses aîles?

Ce même Ver (dit M. Racine)

Chez ses freres rampant, qu'il méprise aujourd'hui,
Sur la terre autrefois traînant sa vie obscure,
Sembloit vouloir cacher sa honteuse figure;
Mais les tems sont changés, sa mort fut un sommeil,
On le vit plein de gloire à son brillant réveil,
Laissant dans son tombeau sa dépouille grossiére,
Par un sublime essor voler vers la lumiére.

Mr. Racine a l'esprit trop juste pour ne pas convenir sans peine que ces Vers ont encore besoin d'être un peu retouchés ; il ne dit pas précisément ce qu'il doit dire ; il dit, *sa mort fut un sommeil*, & il n'a point parlé auparavant de cette prétenduë mort. *Les tems sont changés*, est une expression qui convient aux événemens de la fortune, & non pas à un éfet Physique. On ne doit pas dire d'une mouche qu'elle est pleine de gloire, ni que son essor est *sublime*. C'est dire mal que dire trop ; c'est énerver que d'enfler. Choisissons quelques autres endroits où il se rencontre avec le même Auteur.

M. DE VOLTAIRE.

Demandez à Silva par quel secret mystére
Ce pain, cet aliment dans mon corps digéré,
Se transforme en un lait doucement préparé ;
Comment toujours filtré dans ses routes certaines,
En longs ruisseaux de pourpre il court enfler mes veines, &c.

M. RACINE.

Mais qui donne à mon sang cette ardeur salutaire,
Sans mon ordre il nourrit ma chaleur nécessaire,
D'un mouvement égal il agite mon cœur ;
Dans ce centre fécond il forme sa liqueur,
Et vient me réchauffer par sa rapide course, &c.

M.

A M. RACINE.
M. DE VOLTAIRE.

Rome enfin se découvre à ses regards cruels,
Rome dont le destin dans la paix, dans la guerre,
Est d'être en tous les tems maîtresse de la terre;
Par le droit des Combats on la vit autrefois,
Sous leurs Trônes sanglans enchaîner tous les Rois;
L'Univers fléchissoit sous son aigle terrible.
Elle exerce en nos jours un pouvoir plus paisible;
On la voit sous un joug asservir ses Vainqueurs,
Gouverner les esprits & commander aux cœurs;
Ses avis sont ses loix, ses décrets sont ses armes, &c.

M. RACINE.

Cette Ville autrefois maîtresse de la terre,
Rome qui par le fer & le droit de la guerre,
Commandoit autrefois à toute Nation,
Rome commande encore par la Religion;
Avec plus de douceur & non moins d'étenduë,
Son Empire établi, frape d'abord ma vûë.
Ces Peuples de son sein par l'orage écartés,
Contre son Dieu du moins ne sont pas révoltés,
Tout le Nord est Chrétien, tout l'Orient encore, &c.

M. DE VOLTAIRE.

Tu n'as pas oublié ces sacrés homicides,
Qu'à tes indignes Dieux presentoient tes Druides.

M. RACINE.

Les Gaulois détestans les honneurs homicides,

CONSEILS

Qu'offre à leurs Dieux cruels le fer de leurs Druïdes.

M. DE VOLTAIRE.

Le crime a ses héros, l'erreur a ses martyrs, &c.

M. RACINE.

L'erreur a ses martyrs, le Bonze folement, &c.

M. DE VOLTAIRE.

Sur les pompeux débris de Bellone & de Mars,
Un Pontife est assis au Trône des Céfars ;
Des Prêtres fortunés foulent d'un pié tranquile,
Le tombeau des Catons, & la cendre d'Emile :
Le Trône est sur l'Autel, & l'absolu pouvoir
Met dans les mêmes mains le Sceptre & l'encensoir.

M. RACINE.

Terrible par ses clefs, & son glaive invisible,
Tranquilement assis dans un Palais paisible,
Par l'anneau du Pêcheur autorisant ses Loix,
Au rang de ses enfans un Prêtre met nos Rois.

M. DE VOLTAIRE.

Vous, dont la main savante & l'exacte mesure,
De la terre étonnée ont fixé la figure,
Dévoilé les ressorts qui font la pesanteur ;
Vous ignorez les Loix qu'établit son Auteur.
Parlez, enseignez-moi comment ses mains fécondes,
Font tourner tant de cieux, graviter tant de mondes,
Vous ne le savez point.

M.

A M. RACINE.
M. RACINE.

Vous que de l'Univers l'Architecte suprême,
Eut pu charger du soin de l'éclairer lui-même.
Des travaux qu'avec vous je ne puis partager,
Si j'ose vous distraire & vous interroger ;
Dites-moi quel atrait à la terre rapelle,
Ces Corps que dans les airs je lance si loin d'elle,
La pesanteur... Déja ce mot vous trouble tous.

M. DE VOLTAIRE.

Vers un centre commun tout gravite à la fois.

M. RACINE.

Vers un centre commun tous pesent à la fois.

M. DE VOLTAIRE.

Et périsse à jamais l'affreuse politique,
Qui prétend sur les cœurs un pouvoir despotique,
Qui veut le fer en main convertir les mortels,
Qui du sang hérétique arrose les Autels,
Et suivant un faux-zèle, où l'intérêt pour guides,
Ne sert un Dieu de paix que par des homicides.

M. RACINE.

Quel Dieu contraire au nôtre auroit pu nous aprendre,
Qu'en soutenant un Dogme, il faut pour le défendre,
Armés de fer, saisis d'un long emportement,
Dans un cœur obstiné plonger son argument.

CONSEILS
M. DE VOLTAIRE.

       Déjà de la cariére
L'augufte vérité vient m'ouvrir la barriére ;
Déja ces tourbillons l'un par l'autre entaffés,
Se mouvant fans efpace & fans ordre entaffés,
Ces fantômes favants à mes yeux difparoiffent.
Un jour plus pur me luit, les mouvemens renaiffent,
L'efpace qui de Dieu contient l'immenfité,
Voit rouler dans fon fein l'Univers limité ;
Cet Univers fi vafte à notre foible vûë ;
Et qui n'eft qu'un atome, un point dans l'étenduë.

M. RACINE.

Là d'un cubique amas, berceaux de la nature,
Sortent trois élémens de diverfe figure,
Là ces angles qu'entr'eux brife leur frotement,
Quand Dieu qui dans le plein met tout en mouve-
  ment,
Pour la premiére fois fait tourner la matiére.
Newton ne la voit pas, mais il voit, ou croit voir
Dans un vuide étendu tous les corps fe mouvoir.

M. DE VOLTAIRE.*

Adoucit-il les traits de fa main vangereffe ?
Ce Dieu punira-t'il des momens de foibleffe,
           Des

---

* M. de Voltaire me permettra d'adoucir ainfi ces Vers, dont le fens me paroit trop dur quand il eft pofitif.

Des plaisirs passagers pleins de trouble & d'ennui,
Par des tourmens affreux, éternels comme lui ?
M. RACINE.
Mais pour quelque douceur rapidement goûtée,
Qui console en sa soif une ame tourmentée,
Croirons-nous qu'en effet il s'irrite si fort,
Et pour un peu de miel nous juge-t'il à mort ?

J'omets quelques autres exemples, & je ne veux point entrer dans le détail des Vers qu'il faut absolument que l'Auteur corrige, parce que je l'estime assez pour croire qu'il les sentira lui-même, ou qu'il consultera quelqu'un de nos Académiciens qui ont le plus de goût. Ce n'est pas toujours les Poëtes qu'il faut consulter en Poësie. Mr. Patru étoit le conseil de Mr. Despréaux; il paroît que Mr. Racine ne devoit pas s'adresser à Rousseau sur un tel Ouvrage. Le peu de Vers Alexandrins que Rousseau a faits, prouvent qu'il n'avoit pas le goût de ce genre de versification, & ses Epîtres font voir que le raisonnement n'étoit pas tout-à-fait de son ressort; en éfet, dans ses meilleures Epîtres, comme dans celle à Marot, il y a trop de Paralogismes, & celle qu'on vient d'imprimer à la suite du Poëme de la Religion, n'est pas assurément ce qu'il a fait de mieux en fait de raison & de Poësie.

Rousseau dans cette Epître ataque toujours

la Secte ancienne qui attribuoit tout au hazard ; encore une fois, il ne faut pas se battre contre ces fantômes, il faut attaquer dans leur fort, mais avec une extrême charité, ces incrédules, lesquels admettent un Dieu Toutpuissant, & tout bon, qui n'a rien fait que de bien, qui nous donne la mesure de connoissances & de félicités proportionnées à notre nature ; qui ne peut jamais changer ; qui imprime dans tous les cœurs la loi naturelle ; qui est, & qui a toujours été le pere de tous les hommes ; n'aïant point de prédilection pour un Peuple ; ne regardant point les autres créatures dans sa fureur ; ne nous aïant point donné la raison pour exiger qu'on croie ce que cette raison réprouve, ne nous éclairant point pour nous aveugler, &c.

Voilà ces Dogmes monstrueux ; voilà les subtilités si évidemment criminelles qu'il falloit détruire ; mais en vérité Rousseau en étoit-il capable ? en étoit-il digne ? & le ton d'autorité, le langage des Bourdaloues & des Massillons convenoit-il à une bouche souillée de ce que jamais la sodomie & la bestialité ont fourni de plus horrible à la licence ? *Quare enarras justitias meas ?* Rousseau ne devoit emploïer le reste de sa vie qu'à demander humblement pardon à Dieu & aux hommes ; & non à parler en Docteur de ce qui lui étoit si étranger. Qu'eut-on dit de la Fontaine, s'il

eut

eut pris le ton sévére pour prêcher la pudeur *Castigas turpia turpis.*

Aussi cette Epître de Rousseau est une des plus foibles déclamations en stile Marotique qu'il ait faites depuis son exil de France.

Ce que Mr. Racine veut faire aprouver de cette Epître sert même à la faire condanner; est-il possible qu'on puisse y goûter des *bruïantes armées d'esprits subtils, qui pigmées ingénieux se haussent burlesquement contre le Ciel sur des montagnes d'argumens entassés.* N'est-ce pas-là réunir à la fois le guindé du Pere le Moine, & le bas Comique? N'est-ce pas un double monstre? Certes, vouloir acréditer ce stile, pire mille fois que le stile précieux qu'on a tant condanné, ce seroit ruiner entiérement le peu de bon goût qui reste en France.

Mr. Racine a fait imprimer aussi sa réponse en Vers à Rousseau; il est à souhaiter que M. Racine travaille cette Epître aussi-bien que son Poëme, qu'il la varie davantage, qu'il lui ôte ce ton déclamateur qui est l'oposé de ce genre d'écrire, qu'il y seme plus de ces Vers aisés qu'on retient par cœur, & qui deviennent proverbes, je lui demande encore un peu plus de politesse. On peut, on doit réfuter Bayle, & je souhaite que ceux qui s'en mêlent soient assez Dialecticiens pour l'entreprendre; mais s'il faut combattre ses erreurs, il ne faut pas l'apeller *cœur cruel, homme affreux,* les injures atroces n'ont jamais fait de tort qu'à ceux qui les ont dites. Qui se met ainsi en colére, a trop l'air de n'avoir pas raison. Tu prens ton tonnerre au lieu de répondre, dit Ménippe à Jupiter; tu as donc tort? Mais si Jupiter à tort, combien sommes-nous condannables quand nous insultons ainsi à la mémoire d'un Philosophe, qui après tout a rendu tant de service à la littérature, & dont les Ouvrages sont le fondement des Bibliothéques dans toutes les Nations de l'Europe?

Je finirai par prier Mr. Racine, pour l'intérêt de sa gloire, de ne point tant invectiver contre les Auteurs ses Confréres; cette indécence n'est plus d'usage; les honnêtes gens la réprouvent. Il faut imiter la plûpart des Physiciens de toutes les Académies, qui raportent toujours avec éloge les opinions de ceux-mêmes qu'ils combattent. Si Despréaux revenoit au monde, il condanneroit lui-même ses premiéres Satyres.

Je me flâte que Mr. Racine recevra avec charité, ce que la charité m'a inspiré, & qu'il sentira qu'on ne prend la liberté de donner des conseils qu'à ceux qu'on estime.

LETTRE
DE MONSIEUR
DE VOLTAIRE,
A MESSIEURS
LES AUTEURS
DE LA
BIBLIOTHÉQUE FRANÇAISE.*

MESSIEURS,

N homme de bien, nommé *Rousseau*, a fait imprimer dans votre Journal une longue Lettre sur mon compte, où par bonheur pour moi il n'y a que des calomnies, & par malheur pour lui il n'y a point du tout d'esprit. Ce qui fait que cet Ouvrage est si mauvais, c'est, Messieurs, qu'il est entiérement de lui ; Marot, ni Rabelais, ni d'Ouville ne lui ont rien fourni ;

* Extraite du Tome XXIV. *pag.* 152. *& suiv.*

E 6

ni ; c'est la seconde fois de sa vie qu'il a eu de l'imagination. Il ne réussit pas quand il invente. Son Procès avec Mr. Saurin auroit dû le rendre plus attentif. Mais on a déja dit de lui, que quoiqu'il travaille beaucoup ses Ouvrages, cependant ce n'est pas encore un Auteur assez *châtié*.

Il a été retranché de la Société depuis long-tems, & il travaille tous les jours à se retrancher du nombre des Poëtes par ses nouveaux Vers. A l'égard des faits qu'il avance contre moi, on sait bien que son témoignage n'est plus recevable nulle part ; à l'égard de ses Vers, je souhaite aux honnêtes gens qu'il attaque, qu'il continuë à écrire de ce stile. Il vous a fait, Messieurs, un fort insipide Roman de la manière dont il dit m'avoir connu. Pour moi je vais vous en faire une petite histoire très-vraïe.

Il commence par dire que des Dames de sa connoissance le menérent un jour au Collège des Jésuites où j'étois Pensionnaire, & qu'il fut curieux de m'y voir, parce que j'y avois remporté quelques prix. Mais il auroit dû ajouter qu'il me fit cette visite, parce que son pere avoit chaussé le mien pendant vingt ans, & que mon pere avoit pris soin de le placer chez un Procureur, où il eût été à souhaitter pour lui qu'il eût demeuré, mais dont il fut chassé pour avoir désavoué sa naissance.

sance. Il pouvoit ajouter encore que mon Pere, tous mes parens & ceux sous qui j'étudiois, me défendirent alors de le voir, & que telle étoit sa réputation, que quand un Écolier faisoit une faute d'un certain genre, on lui disoit, vous serez un vrai Rousseau.

Je ne sai pas pourquoi il dit que ma phisionomie lui déplût; c'est aparemment parce que j'ai des cheveux bruns, & que je n'ai pas la bouche de travers.

Il parle ensuite d'une Ode que je fis à l'âge de dix-huit ans, pour le prix de l'Académie Française. Il est vrai que ce fut Mr. l'Abbé du Jarry qui remporta le Prix; je ne crois pas que mon Ode fût trop bonne, mais le Public ne souscrivit pas au jugement de l'Académie. Je me souviens qu'entre autres fautes assez singulières dont le petit Poëme couronné étoit plein, il y avoit ce Vers;

Et des Poles brûlans, jusqu'aux Poles glacez.

Feu Mr. de la Motte, très-aimable homme & de beaucoup d'esprit, mais qui ne se piquoit pas de science, avoit par son crédit fait donner ce Prix à l'Abbé du Jarry, & quand on lui reprochoit ce jugement * & surtout

* La Motte présidant aux Prix
Qu'on distribuë aux beaux-Esprits,
Ceignit

tout le vers *du Pole glacé* & du *Pole brûlant*, il répondoit que c'étoit une affaire de Physique, qui étoit du ressort de l'Académie des Sciences & non de l'Académie Françaife ; que d'ailleurs il n'étoit pas bien sûr qu'il n'y eût point de Poles brûlans, & qu'enfin l'Abbé du Jarry étoit son ami. Je demande pardon de cette petite Anecdote Littéraire où la jalousie de Rousseau m'a conduit, & je continuë ma réponse.

Il est vrai que j'accompagnai vers l'an 1720. une Dame de la Cour de France, qui alloit en Hollande. Rousseau peut dire tant qu'il lui plaira que j'allai à la suite de cette Dame: un Domestique emploïe volontiers les termes de son état; chacun parle son langage. Nous passâmes par Bruxelles ; Rousseau prétend que j'y entendis la Messe très-indévotement, & qu'il aprit avec horreur cette inécence de la bouche de Mr. le Comte de Lanoy ;

 Ceignit de couronnes ciriques
 Les vainqueurs des Jeux Olimpiques.
 Il fit un vrai pas d'Ecolier,
 Et prit, aveugle Agonothéte,
 Un chêne pour un olivier,
 Et du Jarry pour un Poëte.

    Cette Note est ajoûtée.

Lanoy; car il a cité toujours de grands noms sur des choses importantes. Je pourrois en éfet avoir été un peu indévot à la Messe. Mr. le Comte de Lanoy dit cependant que Rousseau *est un menteur, qui se sert de son nom très-mal à propos pour dire une impertinence.* Je ne parlerai pas ainsi. Il se peut encore une fois que j'aïe eu des distractions à la Messe; j'en suis très-faché, Messieurs. Mais de bonne-foi est-ce à Rousseau à me le reprocher? Trouvez-vous qu'il soit bien convenable à l'Auteur de tant d'Epigrammes licentieuses, à l'Auteur des Couplets infames contre ses Bienfaiteurs & ses Amis, à l'Auteur de la Moysade, &c. de m'acuser d'avoir causé dans une Eglise il y a seize ans? Le pauvre homme! suivons, je vous en prie, la petite histoire.

Premiérement, il dit qu'il me presenta chez Mr. le Gouverneur des Païs-Bas. La vanité est un peu forte. Il est plus vrai-semblable que j'y aïe été avec la Dame que j'avois l'honneur d'accompagner. Que voulez-vous? Les hommes remplacent en vanité ce qui leur manque en éducation.

Enfin donc je le vis à Bruxelles. Il assure que je débutai par lui faire lire le Poëme de la Henriade, & il me reproche beaucoup, je ne sai sur quel fondement, d'avoir pris dans ce Poëme le parti du meilleur des Rois & du plus grand homme de l'Europe, contre des

Prê-

Prêtres qui le calomniérent & qui le perfécutoient. J'en demeure d'acord; Rousseau sera pour ces derniers, & moi pour Henri IV.

Il a été fort surpris, dit-il, que j'aïe substitué l'Amiral de Coligni à Rosni. Notre Critique, Messieurs, n'est pas savant dans l'Histoire : ces petites balourdises arrivent souvent à ceux qui n'ont cultivé que le talent puérile d'arranger des mots. L'Amiral de Coligni étoit le Chef d'un Parti puissant sous Charles IX. Il fut tué lorsque Rosni n'avoit pas sept ans. Rosni fut depuis Ministre & Favori d'Henri IV. comment donc se pourroit-il faire que j'aïe retranché de la Henriade ce Rosni pour y substituer l'Amiral de Coligni? Le fait est que j'ai mis Duplessis Mornay à la place de Rosni. Rousseau ne sait peut-être pas que ce Duplessis Mornay étoit un homme de Guerre, un Savant, un Philosophe rigide, tel en un mot qu'il le falloit pour le caractére que j'avois à peindre. Mais il faut passer à un simple Rimeur d'être un peu ignorant. Venons à des choses plus essentielles.

Vous allez voir, Messieurs, qu'on entend quelquefois bien mal le métier qu'on a fait toute sa vie; & vous serez surpris que Rousseau ne sache pas même calomnier. L'origine de sa haine contre moi vient, dit-il, en partie de ce que j'ai parlé de lui *de la maniére la plus indigne*, ce sont ses termes, à Monsieur

AUX AUT. DE LA BIB. FRANÇAISE. 113

fieur le Duc d'Aremberg. Je ne fai pas ce qu'il entend par *une maniére indigne*. Si j'avois dit qu'il avoit été banni de France par Arrêt du Parlement, & qu'il faifoit de mauvais vers à Bruxelles, j'aurois, je croi, parlé d'une maniére très-digne. Mais je n'en parlai point du tout; & pour le confondre fur cette fottife comme fur le refte, voici la Lettre que je reçois dans le moment de Mr. le Duc d'Aremberg.

A Anguien ce 8. Septembre 1736.

» Je fuis très-indigné, Monfieur, d'apren-
» dre que mon nom eft cité dans la Biblio-
» théque fur un article qui vous regarde. On
» me fait parler très-mal à propos & très-
» fauffement, &c. Je fuis, Monfieur, votre
» très-humble & très-obéïffant ferviteur,

LE DUC D'AREMBERG.

Voïons s'il fera plus heureux dans fes autres accufations. Je lui recitai, dit-il, une Epître contre la Religion Chrétienne. Si c'eft la *Moyfade*, dont il veut parler, il fait bien que ce n'eft pas moi qui l'ai faite. Il affure qu'à la Police de Paris j'ai été apellé en jugement pour cette Epître prétenduë. Il n'y a qu'à confulter les Regiftres; fon nom s'y trouve plufieurs fois, mais le mien n'y a jamais été. Rouffeau voudroit bien que j'euffe

fait

fait quelque Ouvrage contre la Religion, mais je ne peux me résoudre à l'imiter en rien. Il a ouï dire qu'il falloit être hipocrite pour venir à bout de ses ennemis, & je conviens qu'il a cherché cette derniére ressource.

> Rousseau sujet au Camouflet
> Fut autrefois chassé, dit-on,
> Du Théâtre à coups de siflet,
> De Paris à coups de bâton ;
> Chez les Germains chacun sait comme,
> Il s'est garanti du fagot ;
> Il a fait enfin le Dévot,
> Ne pouvant faire l'honnête-homme.

Ce n'est pas assez de faire le Dévot pour nuire, il y faut un peu plus d'adresse ; je remercie Dieu que Rousseau soit aussi mal adroit qu'hypocrite. Sans ce contrepoids, il eût été trop dangereux.

Les prétendus sujets de la prétenduë rupture de ce galant homme avec moi sont donc ; que j'ai eu des distractions à la Messe ; que je lui ai recité des vers dans le goût de la Moysade, & que j'ai parlé de lui en termes peu respectueux à Mr. le Duc d'Aremberg. Eh bien, Messieurs, je vais vous dire les véritables sujets de sa haine, & je consens, ce qui est bien fort, d'être aussi deshonoré que lui,

lui, si j'avance un seul mot dont on puisse me démentir.

Il récita à cette Dame que j'avois l'honneur d'acompagner & à moi, je ne sai quelle Allégorie contre le Parlement de Paris, sous le nom de *Jugement de Pluton* : piéce bien ennuïeuse, dans laquelle il vomit des invectives contre le Procureur-Général & contre ses Juges, & qui finit par ces Vers, autant qu'il m'en souvient :

Et que leur peau sur les bancs étendue
Serve de siége à tous leurs successeurs.

Ces derniers Vers sont copiez d'après l'Epigramme de Mr. Boindin contre Rousseau, laquelle est connuë de tout le monde ; la différence qui se trouve entre l'Epigramme & les Vers de Rousseau, c'est que l'Epigramme est bonne.

Il récita ensuite un Ouvrage, dont le titre n'est pas la preuve d'un bon esprit ni d'un bon cœur. Le titre est *La Palinodie*. Il faut savoir qu'autrefois il avoit fait une petite Epître à Mr. le Duc de.... alors Comte de... Dans cet ouvrage il disoit,

Venez, voïez, tant a beau le corsage,
Qu'il est joïeux. Oh qu'il chansonne bien !
Seroit-ce point Apollon Delphien ?

Cette

Cette Piéce écrite toute de ce goût fut sifflée comme vous le croïez bien, cependant Mr. le Duc de.... le protégea en le méprisant & daigna lui donner un emploi. Savez-vous ce qu'il fit dans le même-tems ? Il écrivit une Lettre sanglante contre son Bienfaiteur. Cette Lettre parvint jusqu'à Mr. de... Je ne dis rien que ce Seigneur ne puisse attester, & j'ajoûte qu'il poussa la grandeur d'ame jusqu'à oublier l'ingratitude de ce Poëte.

Rousseau hors de France, fit son Ode de *la Palinodie*. Il avoit raison assurément de desavoüer des vers ennuïeux. Mais du moins il eût fallu que la Palinodie eût été meilleure. Malheureusement pour lui toute la Palinodie consistoit à dire du mal de son Bienfaiteur. Mr. le Maréchal de Villars, ami de ce Seigneur offensé, averti d'ailleurs de l'insolence de Rousseau, en écrivit à Mr. le Prince Eugène, & lui manda en propres mots : *J'espére que vous ferez justice d'un* * * * *qui n'a pas été assez puni en France*. Cette Lettre jointe aux ingratitudes dont Rousseau païoit les bienfaits de Mr. le Prince Eugène, lui attira une disgrace totale auprès de ce Prince. Voilà, Messieurs, l'origine de tout ce que Rousseau a fait depuis contre moi. Il a cru que c'étoit moi qui avois fait fraper ce coup ; que c'étoit moi qui avois averti Messieurs les Maréchaux de Villars & de.... Cependant il est très-vrai

que

que je ne leur en ai jamais parlé. Il est aisé de le savoir des personnes que le sang & l'amitié attachoient à Mr. le Maréchal de Villars. La Lettre avoit été écrite à Mr. le Prince Eugène, avant même que Rousseau m'eût lû cette mauvaise Ode de *la Palinodie*; & quand il me la lut, je me contentai de lui dire, que je voïois bien que son but n'étoit pas d'avoir des amis.

J'avouë que je lui dis encore avec une franchise que j'ai eu toute ma vie, que ses nouveaux Ouvrages ne me plairoient pas, & qu'il passeroit seulement pour avoir perdu son talent & conservé son venin. Le Public a justifié ma prédiction, & Rousseau me hait d'autant plus, que je lui ai dit une vérité qui se confirme tous les jours.

C'étoit assez qu'il m'eût flâté quelques jours, pour qu'il fit des vers contre moi; il en fit donc & même de très-plats. Il est vrai qu'enfin dans une Epître contre la Calomnie, composée il y a trois ans, je n'ai pu m'empêcher après avoir montré toute l'énormité de ce crime, de parler de celui qui en est si coupable. Vous avez vû ce que j'en ai dit,

Ce vieux Rimeur, couvert d'ignominie, &c.

Je n'ai été certainement dans ces vers que l'interprête du Public. Je n'ai fait que suivre l'exemple de Mr. de la Motte, le plus modeste de tous les hommes, qui avoit dit de Rousseau:

Connois-tu ce flâteur perfide,
Cette ame jalouse où préside
La calomnie au ris malin,
Ce cœur dont la timide audace,
En secret sur ceux qu'il embrasse
Cherche à distiller son venin ?
Lui dont les larcins satiriques
Craint des Lecteurs les plus ciniques,
Ont mis tant d'horreur sous nos yeux.
Cet infame, ce fourbe insigne,
Pour moi n'est qu'un esclave indigne,
Fût-il sorti du sang des Dieux.

 Qui croiroit, Messieurs, que Rousseau ose se plaindre aujourd'hui, que ce soit lui qui soit le calomnié ? Permettez-moi de vous faire souvenir ici d'un trait de l'ancienne Comédie Italienne. Arlequin aïant volé une maison, & ne trouvant pas ensuite tout le compte des effets qu'il avoit pris, crioit au voleur de toute sa force. Rousseau supose premiérement que mon Epître sur la Calomnie est adressée à la respectable Fille de Mr. le Baron de Breteuil un de ses premiers Maîtres. Mais qui lui a dit qu'elle ne l'est pas à une des Filles de Mr. le Duc Noailles, ou de M. Rouillé, ou de M. le Maréchal de Tallard ? Car a-t'il eu un Maître qu'il n'ait païé d'ingratitude, & qu'il n'ait forcé à le chasser ? Je veux que cette Epître soit adressée à la

Fille

Fille de Mr. le Baron de Breteuil, mariée à un homme de la plus grande naiſſance de l'Europe, & illuſtre par l'honneur que reçoivent les Beaux-Arts, de ſon génie & de ſon ſavoir qu'elle veut en vain cacher. Cela ne ſervira qu'à faire voir combien Rouſſeau eſt hardi dans le crime, & imprudent dans le menſonge. Il crie qu'on le calomnie, qu'il n'a jamais fait des vers contre feu Mr. de Breteuil. Voulez-vous ſavoir, Meſſieurs, de qui je tiens la vérité qu'il combat ſi impudemment? de la propre perſonne à qui il a eu la folie de l'avouër, & de cette reſpectable Dame, la Fille même de Mr. de Breteuil, qui le ſait comme moi, & ſous les yeux de laquelle j'ai l'honneur d'écrire une vérité d'ailleurs ſi connuë. Il a beau dire qu'il a encore des Lettres de Mr. le Baron de Breteuil : il a beau avoir adreſſé à ce Seigneur une très-mauvaiſe Epître en Vers; qu'eſt-ce que cela prouve? Que Mr. le Baron de Breteuil étoit indulgent, & que ſon Domeſtique pouſſe l'impudence au comble. Eſt-ce donc la ſeule fois qu'il a écrit pour & contre ſes Bienfaiteurs? N'a-t'il pas apellé Mr. de Francine un *homme Divin*, après avoir fait contre lui l'indigne Satyre de la *Francinade*? Il avoit fait cette Satyre, parce que tous ſes Opéras ſiflés avoient été mis au rebut par Mr. de Francine; & il l'apella depuis homme divin, parce que dans une quête que

Mada-

Madame de Bouzoles eut la bonté de faire pour Rousseau lorsqu'il étoit en Suisse, Mr. de Francine eut la générosité de donner vingt louis. Je dévrois donc avoir quelque petite part à cette Epitéte de *Divin;* un cinquiéme de compte de fait, car j'avois donné quatre louis pour mon aumône à Rousseau.

En vérité il a grand tort de me vouloir du mal; car outre la liaison qui étoit entre mon Pere & le sien, j'ai actuellement un Valet de Chambre qui est son proche parent & qui est très-honnête homme. Ce pauvre garçon me demande tous les jours pardon des mauvais Vers que fait son parent.

Est-ce ma faute, après-tout, si Rousseau a eu autrefois des coups de bâton du Sieur Pécourt, dans la ruë Cassette, pour avoir fait & avoué ces Couplets, qui sont mentionnez dans son Procès criminel.

>   Que le Bourreau par son valet
>   Fasse un jour serrer le sislet
>   De Berrin & de sa sequelle;
>   Que Pécourt qui fait le Ballet
>   Ait le foüet aux pieds de l'échelle, &c.

Est-ce ma faute, s'il se plaignit d'avoir reçu cent coups de canne de Mr. de la Faye; s'il s'acommoda avec lui par l'entremise de Mr. de la Contade pour cinquante louis qu'il n'eut point;

point; s'il calomnia Mr. Saurin; s'il fut banni par Arrêt à perpétuité; s'il eſt en horreur à tout le monde; ſi enfin (ce qui le fache le plus) s'il a rimé longuememt des fadaiſes ennuïeuſes; s'il a fait les *Aïeux Chimériques*, le *Caffé*, la *Ceinture Magique*, &c ? Je ne ſuis pas reſponſable de tout cela.

Il s'eſt aſſocié pour rendre ſa cauſe meilleure avec l'Abbé ***, Auteur d'un Ouvrage Périodique qui vous eſt connu, & cet Abbé envoïe de tems en tems en Hollande de petits Libelles contre moi.

Il eſt bon que vous ſachiez, Meſſieurs, que cet Abbé eſt un homme que j'ai en 1724. tiré de Biſſêtre, où il étoit renfermé pour le reſte de ſes jours. C'eſt un fait public. J'ai encore ſes lettres, par leſquelles il avouë qu'il me doit l'honneur & la vie. Il fut depuis mon Traducteur. J'avois écrit en Anglais un Eſſai ſur l'Epopée, il le mit en Français. Sa traduction a été imprimée à Paris. Il eſt vrai qu'il y avoit autant de contreſens que de lignes. Il y diſoit que les Portugais avoient découvert l'Amérique. Il traduit les *Gâteaux mangez par les Troïens*, par ces mots, *faim dévorante de Cacus*. Le mot Anglais *Cake*, qui ſignifie *Gâteaux*, fut pris par lui pour *Cacus*, & les Troïens pour des Vaches. Je corrigeai ſes fautes, & je fis imprimer ſa traduction à la ſuite de la Henriade, en attendant que

F j'euſ-

j'eusse le loisir de faire mon Essai sur l'Epopée en Français; car j'avois écrit dans le goût de la langue Anglaise, qui est très-différent du nôtre. Enfin, quand j'eus achevé mon Ouvrage, je le mis à la suite de ma Henriade en France. L'Abbé ✶✶✶, ne me pardonna point d'avoir usé de mon bien. Il s'avisa depuis ce tems-là de vouloir décrier la Henriade & moi. Je ne lui répondrai pas, & je ne décrierai certainement pas ses vers. Il en a fait un gros volume; mais personne n'en sait rien, j'en ignore moi-même le titre. Pour sa personne, elle est un peu plus connuë.

Enfin, Messieurs, voilà les honnêtes gens que j'ai pour ennemis : ainsi quand vous verrez quelques mauvais vers contre moi, dites hardiment qu'ils sont de Rousseau ; quand vous verrez de mauvaises critiques en prose, ce sera de l'Abbé ✶✶✶.

J'ai l'honneur d'être,

MESSIEURS,

Votre très-humble & très-obéïssant Serviteur,
VOLTAIRE.

A Cirey, en Champagne, ce 20. Septembre 1736.

EXAMEN

EXAMEN DE MÉROPE,
TRAGÉDIE
DE MONSIEUR
DE VOLTAIRE,

Remise au Théâtre le 3. Février 1744. *

CETTE Tragédie a été reçûë du Public, avec les mêmes aplaudissemens qu'il lui avoit prodigués l'année passée. Il n'y a guéres d'exemples au Théâtre d'un succès aussi complet & aussi universel; les Spectateurs ont également admiré la beauté du Poëme & l'art admirable de l'exécution dans tous les Acteurs qui l'ont representée. Ce qui est bien remarquable, c'est qu'il y a des femmes dans la Tragédie de Mérope, & point d'amour. Nous croïons pouvoir assûrer que c'est la seule Tragédie profane qui soit dénuée de cette passion. Cepen-

* Extrait du Mercure de Mars de la même année.

pendant on a remarqué que c'est celle qui a fait verser plus de larmes.

On peut dire que Mlle. Dumesnil, qui représente le principal personnage de Mérope, ne joue pas; c'est, pour ainsi dire, une véritable mere. La nature s'exprime dans elle avec cette voix, ces attitudes, ces sanglots, ces caractéres, qui étonnent, qui attendrissent & qui déchirent le cœur; elle pleure, & elle fait verser des larmes à toute l'Assemblée; ces pleurs, qui se sechent si vîte d'ordinaire, coulent dans presque toute la Piéce. Avant elle, il s'est trouvé des Actrices qui ont déclamé, qui ont ému, mais nulle qui ait transporté à ce point, & on peut regarder cette représentation comme une époque bien mémorable dans l'histoire du Théâtre Français, qui est assurément le premier de l'Europe.

On a vû un rôle de Confidente intéresser & exciter de plus grands aplaudissemens, que le rôle même de Mérope. Nous disons de plus grands aplaudissemens, car les récits intéressans font battre des mains, & les larmes sont une aprobation d'un genre supérieur.

Mlle. Clairon, l'une des plus grandes Actrices qui ait jamais orné notre Scéne, a bien voulu jouër ce rôle de Confidente. Elle a fait voir que les grands talens sont comme les Rois qui descendent sans s'abaisser. Elle a mis une expression & une énergie étonnante dans
un

un perſonnage qu'on n'eût preſque point aperçû ſans elle. Il eſt à ſouhaiter que cet exemple ſoit ſuivi, & que celles qui prétendent toujours à être les premiéres Actrices, faſſent valoir les ſeconds rôles.

M. Grandval n'a jamais joué avec plus de vérité, de nobleſſe, & de ſimplicité, que dans cette Piéce. Le Vieillard, repreſenté par M. Sarraſin, a été exécuté de la maniére la plus attendriſſante; enfin tout a concouru au ſuccès prodigieux de cette Tragédie. Elle a été jouée quatre fois à la Cour, & honorée le jeudi 13. du mois dernier de la preſence du Roi, qui a marqué combien il daignoit s'intéreſſer au ſuccès des Arts qui contribuent à la gloire de ſon Roïaume.

Au reſte, on n'a trouvé dans cette Piéce ni de ces tirades, ni de ces morceaux détachés, qui ſont en poſſeſſion d'être aplaudis. Le ſtile ne nous a pas paru pompeux; tout y eſt ſimple, tout y eſt naturel. L'art qu'on y a le plus remarqué, eſt de cacher l'art, de laiſſer preſque tout aux ſituations, & de faire diſparoître l'Auteur pour mettre l'Acteur en liberté; l'intelligence du Théâtre & des coups qui doivent fraper le cœur, a parû aux connoiſſeurs faire le principal mérite de l'Ouvrage. On ne peut guéres pouſſer plus loin la ſimplicité. Il n'y a proprement que trois Perſonnages principaux, *Mérope, ſon fils, & Polifonte.*

La Reine, au premier Acte, espére qu'elle retouvera enfin ce fils, le seul bien qui lui reste.

On lui améne au second Acte, un jeune homme accusé d'un meurtre ; elle s'atendrit à sa vûë, & malheureusement elle voit l'instant d'après des preuves aparentes que ce jeune homme est l'assassin de son fils même.

Au troisiéme Acte, elle est prête à immoler ce meurtrier sur le Tombeau de son Epoux, lorsque le Vieillard, qui a élevé son fils Egyste, paroît, lui arrête le bras, & lui aprend que c'est son fils qu'elle alloit faire mourir.

Au quatriéme Acte, le Tyran déja déclaré Roi par le Peuple, à condition qu'il épousera Mérope, commençant à avoir quelque soupçons, veut éprouver la Reine, & est prêt de sacrifier ce jeune homme, qu'il feint toûjours de prendre pour le meurtrier d'Egyste. La Reine au desespoir, & emportée par la violence de son amour maternel, se jette au-devant du Tyran ; s'écrie, *il est mon fils*, & met ainsi dans un nouveau danger ce fils qu'elle a voulu d'abord immoler, qu'elle a reconnu & qu'elle expose à la cruauté de Polifonte, par son aveu malheureux.

Au cinquiéme Acte, elle est forcée d'aller au Temple épouser le Tyran pour sauver son fils, & c'est dans ce Temple même qu'Egyste, secouru de sa seule audace, tuë le Tyran.

Voilà

Voilà l'exposé succint d'un Ouvrage qui semble ne comporter rien que d'ordinaire, & qui cependant a surpris.

Ce n'est point une traduction de la Mérope de M. le Marquis Scipion *Maffey*, comme on l'avoit annoncé. Nous avons confronté les deux Méropes ; il n'y a rien de si différent, caractéres, ordonnance, intrigue, situations, pensées, détail de sentimens, style, rien ne se ressemble. Il n'y a que quelques endroits, dont l'Auteur Français semble avoir emprunté le fond de l'Auteur Italien, ou que la matiére du sujet a fourni à l'un & à l'autre.

Par exemple, Mérope, en parlant de son fils, s'exprime ainsi dans la Mérope Italienne.

In tal povero stato
Ohi mè ! che, anche il mio figlio vive !
E credi pure, Ismenia che se lo sguardo,
Giunger potesse da si lontana parte
Tale à punto, il vedrei, che le sue vesti
Da quelle di costui poco saranno
Dissomiglianti piaccia almeno al Cielo
Che anche eï si ben complesso, ed i sue membra
Si ben disposto, divenuto sia. . . .
Rozo garzon solo inesperto, ignaro
Delle vie, de costumi, de perigli,

Ch' appogio alcun non ha, povero, e privo
D'ospitii, qual di vitto, e qual d'albergo
Non patirà dissagio? quante volte
A l'altrui mense accosterassi, un pane
Chiedendo umile? e ne sarà fors' anche
Scacciato; Egli, il cui padre à ricca mensa
Tanta gente accogleva. Mà poi se infermo
Cade, com'è pur troppo agevol cosa.
Chi n'avrà cura? ei giacerassi in terra
Languente, afflitto, abbandonato, ed' un sorso
D'acqua non sarà chi pur gli porga.

Hélas! ce fils que je cache à toute la terre, est élevé dans la même condition & dans la même misére; n'en doutez point, Isménie, si mes regards pouvoient pénétrer jusqu'aux lieux éloignés qu'il habite, je le verrois semblable à celui-ci, & couvert des mêmes vétemens. Plaise au Ciel que ce fils ait aquis la même force & la même taille; qu'il soit enfin tel que je vois celui-ci.... Hélas! jeune & sans expérience, sans compagnie, ignorant les chemins, les coûtumes, & jusqu'aux dangers qui le menaceront, sans apui, pauvre, sans amis, quelles peines cruelles le manque de logement & de nourriture ne lui feront-ils pas essuïer? Combien de fois s'aprochant

chant d'une table étrangére, demandera-t'il humblement du pain qu'on lui refusera peut-être, lui dont le Pere recevoit tant de gens à sa riche table ? Mais s'il tombe malade, comme il ne peut que trop arriver, qui prendra soin de lui ? Hélas ! il languira couché sur la terre, accablé de son mal, abandonné de tout, sans trouver même qui lui offre de l'eau.

Voici comment s'exprime l'Auteur de la Mérope Françaiſe.

Tendons à ſa jeuneſſe une main bienfaiſante;
C'eſt un infortuné que le Ciel me preſente;
Il ſufit qu'il ſoit homme & qu'il ſoit malheureux;
Mon fils peut éprouver un ſort plus rigoureux;
Il me rápelle Egyſte, Egyſte eſt de ſon âge;
Peut-être, comme lui, de rivage en rivage,
Inconnu, fugitif, & par tout rebuté,
Il ſouffre le mépris qui ſuit la pauvreté;
L'oprobre avilit l'ame & flétrit le courage;
Pour le pur ſang des Dieux quel horrible partage!

Nous donnerons encore pour objet de comparaiſon le recit de la fin, déclamé par Mlle. Clairon.

Hora chi la madre
Pinger potrebbe? ſi ſcaglio qual tigre,
Si poſe innanzi al figlio, ed' à chi incontro

F 5 *Venia*

Veniagli, opponea il petto, alto gravida
In tronche voci: è figlio mio; è Cresfonte,
Questi è vostro Rê, mà il rumor, la calca
Tutto opprimea. Chi vuol fuggir, chi innanzi
Vuol farsi. Hor spinta, hor rispinta ondeggia,
Qual messe al vento; la confusa turba;
Ed'il perche non sà. Correr, ritrassi,
Urtare, interrogar, fremer, dolersi,
Urli, stridi, terror, fanciulli oppressi;
Donne sossopra, ho fiera scena! il toro
Lasciato in sua balia spavento accresce,
E salta, e mugge, Eccheggia d'alto il tempio;
Chi s'affanna d'uscir, preme, e s'ingorga,
E per troppo affrettar ritarda. In vano
Le guardie, che custodian le porte,
Si sforzan d'entrar, la corrente
Le svolse, & seco al fin le trasse, in tanto
Erasi intorno à noi d'appel ridotto
D'antichi amici. Sfavillavan gl'occhi
Dell'ardito Cresfonte; e d'altero, e franco
S'aviò per uscir frà suoi ristretto.
Io che disgiunta ne rimasi al fosco
Adito angusto, ch'al Palaggio guida;
Corsi; e gl'occhi rivolgendo, vidi

Sfigu-

*Sfigurato, e convolto (ch' orribil vista!)
Spaccato il capo, e'l fianco, in mar di sangue
Polifonte giacer : prosteso Adrasto,
Ingombrava la terra, e semivivo
Contorcendosi ancor, mi fè sparento,
Gl' occhi appanati nel singhiozzo apprendo,
Rovesciata era lara; e sparsi, e in franti
Canestri, e vasi, e tripodi, e coltelli.
Mà che bado io più qui? Dar l'armi ai servi,
Assicurar le porte, e far ripari
Tosto converrà, ch' aspro, frà poco
Senz' alcun dubbio, soffriremo assalto.*

Qui pourroit representer sa Mere ? Plus furieuse qu'une tigresse, elle s'élance au-devant de son fils, & présentant sa poitrine à ceux qui vouloient l'attaquer, elle crioit, quoique d'une voix entrecoupée : *c'est mon fils, c'est Cresfonte; oui, c'est votre Roi*; mais le fracas & la foule empêchoient de rien entendre; l'un veut fuir, l'autre veut avancer. La multitude confuse, semblable aux épis ondoïans, agités par le vent, pousse & est repoussée, sans qu'elle sache le sujet qui la trouble; celui-là court, cet autre, en le heurtant, l'arrête dans sa course; les uns demandent la cause de ce tumulte, les autres ne penfent qu'à s'en fauver ; la terreur, les cris, les hurlemens ; les enfans étouffés, les femmes renverfées ; tout contribuoit à former un fpectacle épouventable. Le Taureau abandonné à lui-même, augmente la fraïeur par fes fauts & par fes mugiffemens. Le Temple retentit ; le Peuple qui fe preffe pour fortir, engage la porte, & retarde fa fortie par les mêmes éforts qu'il fait pour la hâter. En vain les Gardes mis aux portes, s'éforcent d'entrer ; le torrent s'y opofe & les entraîne à la fin. Cependant un gros des anciens ferviteurs de Mérope fe joint à nous & nous entoure. Le feu brilloit dans les yeux de Cresfonte. Il s'avance fiérement au milieu de fa troupe, vers la porte. Moi, qui m'en trouvai féparée, je courus à un paffage obfcur qui conduit au Palais, & retournant la tête, quel affreux fpectacle s'offrit à mes yeux ! Polifonte, la tête & la poitrine ouvertes, renverfé & nâgeant dans des ruiffeaux de fang, étoit à peine reconnoiffable. Le corps d'Adrafte, tout étendu, ocupoit un grand efpace, & comme il refpiroit encore, il augmenta mon effroi par fes horribles convulfions & par fes yeux prefque éteints, qu'il entr'ouvroit, en rendant les derniers foupirs. L'Autel étoit renverfé, les Corbeilles facrées, les Vafes, les trépieds, les couteaux ; tout étoit brifé ou épars. Mais à quoi m'arrêtai-je ici ? Il faudra au plûtôt ar-

mer

mer les Esclaves, s'assurer des portes & se mettre en état de défense, car sans doute nous allons avoir à soutenir un rude assaut.

Le même événement produit chez notre Compatriote une description à peu près semblable, mais dans laquelle tout lecteur délicat sentira des différences.

La victime étoit prête, & de fleurs couronnée;
L'Autel étinceloit des flambeaux d'Hymenée.
Polifonte, l'œil fixe, & d'un front inhumain,
Présentoit à Mérope une odieuse main.
Le Prêtre prononçoit les paroles sacrées,
Et la Reine, au milieu des femmes éplorées,
S'avançant tristement, tremblante entre mes bras,
Au lieu de l'Hymenée invoquoit le trépas.
Le Peuple observoit tout dans un profond silence;
Dans l'enceinte sacrée en ce moment s'avance
Un jeune homme, un Héros, semblable aux immortels;
Il court, c'étoit Egyste. Il s'élance aux Autels;
Il monte, il y saisit d'une main assurée
Pour la Fête des Dieux la hache préparée.
Les éclairs sont moins prompts. Je l'ai vû de mes yeux,
Je l'ai vû qui frapoit ce Monstre audacieux.
Meurs, Tyran, disoit-il; Dieux prenez vos victimes;
Erox, qui de son Maître a servi tous les crimes,

Erox,

Erox, qui dans son sang voit ce Monstre nâger,
Leve une main hardie, & pense le venger.
Egyste se retourne, enflâmé de furie;
A côté de son Maître il le jette sans vie;
Le Tyran se releve; il blesse le Héros;
De leur sang confondu j'ai vû couler les flots.
Déja la Garde accourt avec des cris de rage;
Sa mere... ah ! que l'amour inspire de courage !
Quels transports animoient ses efforts & ses pas !
Sa mere... elle s'élance au milieu des Soldats.
C'est mon fils ; arrêtez, cessez troupe inhumaine;
C'est mon fils ; déchirez sa mere & votre Reine;
Ce sein qui l'a nourri, ces flancs qui l'ont porté.
A ces cris douloureux, le Peuple est agité;
Un gros de nos amis, que son danger excite,
Entre Elle & ses Soldats vole & se précipite.
Vous eussiez vû soudain les Autels renversés,
Dans des ruisseaux de sang leurs débris dispersés;
Les enfans écrasés dans les bras de leurs meres;
Les fréres méconnus, immolés par leurs fréres;
Soldats, Prêtres, Amis, l'un sur l'autre expirans;
On marche; on est porté sur les corps des mourans;
On veut fuir, on revient, & la foule pressée,
D'un bout du Temple à l'autre est vingt fois repoussée.
De ces flots confondus le flux impétueux,
Roule & dérobe Egyste & la Reine à mes yeux;
Parmi les combattans je vole ensanglantée;

J'in-

J'interroge à grands cris la foule épouventée ;
Tout ce qu'on me répond redouble mon horreur ;
On s'écrie, il est mort, il tombe, il est vainqueur ;
Je cours, je me consume, & le Peuple m'entraîne,
Me jette en ce Palais, éplorée, incertaine,
Au milieu des mourans, des morts & des débris.
Venez, suivez mes pas, joignez-vous à mes cris ;
Venez, j'ignore encor si la Reine est sauvée,
Si de son digne fils la vie est conservée,
Si le Tyran n'est plus ; le trouble, la terreur,
Tout ce désordre horrible est encor dans mon cœur.

EXTRAIT

EXTRAIT

D'une Lettre de M. D. L. R.
écrite à M ***,

Au sujet d'un nouvel Ouvrage de M. de Voltaire. En Octobre 1738.

Vous savez, Monsieur, le jugement précipité que quelques personnes ont porté des *Elémens de la Philosophie de Newton*, mis à la portée de tout le monde, par *M. de Voltaire*, imprimés à Amsterdam, chés *J. Desbordes* 1738. 1. vol. *in-*8o. de 399. pages, avec des Figures, & plusieurs Vignettes & Fleurons allégoriques, gravés en taille-douce.

Les uns, prévenus mal à propos, ont condamné le Livre, sans doute sans l'avoir aprofondi, peut-être sans l'avoir lû. D'autres, trompés par une infinité de fautes d'impression, qui rendent le sens de l'Auteur absolument inintelligible, en plusieurs endroits, (l'Editeur de Hollande n'aïant pas même placé comme il faut les Lettres qui renvoïent aux Figures) ont jugé que cet Ouvrage étoit bien

éloigné

éloigné d'être *à la portée de tout le monde*, comme le titre l'annonce.

Ceux-ci déroutés de la manière qu'on vient de le dire, sont beaucoup plus excusables que les premiers; & c'est principalement en leur faveur que M. de Voltaire vient de faire réimprimer ce Livre à Londres avec toute l'exactitude possible, & avec d'amples éclaircissemens qui le mettront enfin *à la portée de tout le monde*, de ses Censeurs, même les plus rigides. Cette nouvelle Edition, dont le titre est : ELEMENS *de la Philosophie de Newton, donnés par M. de Voltaire, nouvelle Edition*, 1. vol. in-8°. à Londres, M. DCC. XXXVIII. est augmentée d'un Chapitre concernant le Flux & Reflux, imprimé dans les Journaux de Londres : on y a joint une Table des Chapitres, & une autre des principales Matiéres.

Toute prévention & toute considération particuliéres mises à part, quelque Systême de Physique qu'on embrasse, il faut convenir, M. qu'on a bien des obligations à l'Auteur de nous avoir donné les Elémens de la Philosophie de Newton : tout homme, tant soit peu intelligent & qui pense d'une certaine maniére, doit être curieux de se mettre au fait du Systême de ce grand Philosophe.

Vous ne vous attendez pas, M. sans doute de trouver ici un Extrait de ce Livre, ce qui pourroit excéder les bornes d'une Lettre ;

tre ; je crois d'ailleurs qu'il eſt inutile de vous en dire davantage, pour vous exciter à le lire avec empreſſement. Je ne dois pas oublier de vous dire, qu'il eſt orné au commencement d'une Epitre en Vers, adreſſée à Madame la Marquiſe du Chaſtelet, cette Dame illuſtre, l'honneur de ſon ſexe, qui joint aux graces de la nature, le ſavoir le plus ſolide, le plus éclairé, & le goût le plus exquis. Je m'aſſûre que vous ſerez content de la préciſion de cette Lettre, & de la maniére dont elle eſt verſifiée. L'Auteur y peint la Philoſophie, ſur-tout celle de Newton, avec les couleurs les plus aimables ; enſorte, M. qu'à la ſeule lecture de cette belle Epitre, on auroit preſqu'envie de devenir tout de bon Newtonien.

Cette Philoſophie, au reſte, a peut-être une vertu attractive, qui captive tous ceux qui l'étudient avec quelque aplication. Mais quelques-uns prétendent que cette vertu ſent un peu les qualités occultes des Péripatéticiens. Je n'oſerois hazarder là-deſſus mon jugement, du moins par écrit ; il ne m'apartient pas d'ailleurs de prononcer ſur une matiére, diſputée entre des Cartéſiens & des Newtoniens illuſtres, & d'un égal mérite : *Non noſtrum eſt tantas componere lites.*

J'ai toûjours l'honneur d'être, &c.

A Paris le 20. *Septembre* 1738.

EPITRE
DE MONSIEUR
LE CHEVALIER
LAURES,
A MONSIEUR
DE VOLTAIRE,

Ecrite vers le milieu de l'année 1744. & insérée dans le Mercure de Février 1746.

Omere, Xénophon, Sophocle de la France,
Ma bouche ne peut plus se contraindre au silence ;
Lassé de t'ériger en secret un Autel,
Je viens t'offrir enfin un encens solemnel.
Quoi ! l'Univers entier aplaudit à Voltaire !
Je suis Français, Poëte, & je pourrois me taire !
Non, non, mais ne crains point qu'un profane pinceau

D'un

D'un mortel comme toi hazarde le tableau.
Quelques lauriers cueillis fur les bords du Per-
méſſe *
N'ont point rempli mes ſens d'une orgueilleuſe
yvreſſe;
Juſques au haut du Ciel l'Aigle ſeul peut voler,
Et pour chanter Voltaire, il faut lui reſſembler.
Ton chef-d'œuvre dernier, ce Phœnix de la Scène,
Mérope me ravit, & mon penchant m'entraîne :
Mon cœur, que tes accens ont ſi bien ſçû toucher,
Plein d'ardeur dans ton ſein brûle de s'épancher.
J'imite le Perſan, qui par reconnoiſſance
Adoroit proſterné l'aſtre, dont la naiſſance
Triomphe de la nuit, pare & peint l'Univers.
Dans ce nuage épais, dont les arts ſont couverts,
Tu parois, tu répands la plus vive lumiére;
Vers cet autre Soleil je tourne ma paupiére,
Je l'honore, & ma voix s'anime en contemplant
L'ineſtimable prix des tréſors qu'il répand.
Que d'ornemens divers ton vaſte eſprit raſſemble!
Quoi! dans un ſeul mortel tant de talens enſemble!
De l'Achille du Nord, du Titus des Français,
Calliope & Clio t'ont dicté les hauts faits;
Et ſoutenant ton vol, la moderne Uranie
T'a fait ſuivre Newton dans ſa route hardie;
Mais l'eſprit, les talens, ces dons rares des Cieux,

Qui

* *Aux jeux Floraux.*

Qui semblent élever un mortel jusqu'aux Dieux,
De quelque nom pompeux que la terre les nomme,
Ne sauroient à mes yeux faire seuls le grand homme :
Pour l'être il faut encor briller par les vertus,
Leur éclat est moins vif, mais intéresse plus.
Héros de l'Hélicon, que mon ame est ravie,
Quand je te vois un cœur digne de ton génie !
Ce Trône où sur le Pinde Apollon t'a placé,
Tu ne le souilles point par l'orgueil insensé.
J'ai vû (pour ton ami, quel enchanteur spectacle!)
J'ai vû du Mont sacré l'ornement & l'oracle,
Caresser des neuf Sœurs les jeunes nourissons,
Prévenir leurs besoins, animer leurs chansons,
Et pour les élever au sommet du Parnasse
Leur montrer de ses pas la lumineuse trace.
Ainsi tendre & prudent l'oiseau de Jupiter
Dirige ses aiglons dans le vague de l'air,
Et d'un vol mesuré s'éloignant de la terre
Les fait planer enfin au-dessus du tonnerre.
Poursuis, nouvel Orphée, & ranime ta voix
Pour chanter de ton Roi les vertus, les exploits ;
Quand il court triompher d'une puissante Reine,
Par tes accens divins, charme, illustre la Seine,
Et du Pinde arrosant les tendres arbrisseaux,
Des plus utiles fruits enrichis leurs rameaux.
C'est servir doublement ta gloire & ta Patrie.
Que la haine, l'orgueil, l'injustice, l'envie,

Se liguent contre toi, dans leurs jaloux transports,
N'écoute point leurs cris, méprise leurs éforts;
Ce n'est qu'en t'élevant au-dessus de toi-même,
Que tu dois te venger de cette audace extrême.
Que peux-tu redouter de leurs traits infectés?
Apollon défendra des vers qu'il a dictés.
Le Ciel s'ouvre... La gloire à ma vûë étonnée
Montre dans l'avenir ta haute destinée;
Ceint du même laurier, au même Trône assis,
Je te vois dans son Temple à côté de Louïs.
Mais que fais-je? où m'emporte un essor téméraire?
Quoi! j'ose... Je me tais & rentre dans ma sphére;
Quel que soit le respect que je dois te vouer,
Pourrois-je te parler & ne pas te louer?

EPITRE
A MONSIEUR
DE VOLTAIRE.

Extraite du Mercure de Novembre 1744.

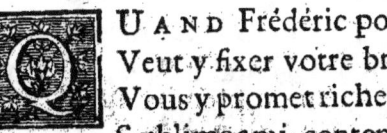UAND Frédéric pour illustrer Berlin
Veut y fixer votre brillant destin,
Vous y promet richesse, indépendance,
Sublime ami, content de peu d'aisance,
Sans rang ni place, en butte aux sots esprits,
Au Roi du Nord vous préférez Paris.

   Vous n'aurez point cette pompeuse suite
D'apartemens que le tumulte habite,
Mais un azile, où seul vivant pour soi,
L'homme sensé tout le jour est son Roi.

   Là, ce génie impatient d'écrire,
Qui l'œil en feu vous presse, vous inspire,
Vous tient tout prêts les tragiques poignards,
Et les trésors des fastes de nos Arts.

D'Amours

D'Amours charmans, vos Dieux à justes titres,
Un essain vole autour de vos Pupitres,
Prend votre plume, en badinant écrit
Ces riens chéris du cœur & de l'esprit,
Sur le Parnasse aportés de Cithère,
Qui vont du Sage égaïer l'air austére.

Vers ce réduit des Muses révéré
On voit un Temple aux Graces consacré,
Où le savoir à la beauté s'allie,
Où l'admirant on adore Emilie :
Venez-y plaire à vos amis brillans
Qu'à leur Déesse aménent les talens;
De Dargental briguez-y le suffrage;
Il joint au goût un cœur du premier âge;
Reconnoissez Pope dans du Resnel,
Anacréon aux chants de Pontevel,
Du gai Bernis encouragez l'audace,
S'il sait vous suivre il passera le Tasse.
Montrez à peindre au jeune Helvétius
Le vrai bonheur qu'il doit à ses vertus.
Faites passer sur la sonore lyre,
Du vif Bernard tout l'amour qu'il inspire;
Parez le front de l'aimable Nevers,
Des deux Lauriers, des Armes & des Vers.

Voltaire, ainsi de vos momens tranquiles
Comptable à tous, vous les rendez utiles,

Et

Et comme un Fleuve aimé dans les Valons
Dont il baigna les fleurs & les moiſſons,
Court à grand bruit groſſir la Mer profonde,
Vous fécondez ou vous ornez le Monde :
Vous ranimez ces germes languiſſans
De nos Beaux-Arts autrefois floriſſans,
Quand nos talens, ſans l'effroi de la guerre,
Au nom Français avoient conquis la terre.
Pour vous païer de ſi nobles efforts
Sur vous la gloire épanche ſes tréſors;
Phébus, en vous trouvant nos grands génies
Croit vous devoir leurs guirlandes unies.

 Auſſi galant qu'Ovide & Richelieu
Vous effaciez & Chapelle & Chaulieu,
Hiſtorien digne des tems d'Auguſte,
Vous remplaciez Boſſuet & Saluſte,
Vous nous vengiez des Grecs & des Romains,
La Palme épique ornoit vos jeunes mains,
Quel autre bruit de gloire vous éveille?

 Il eſt un Mont, où Racine & Corneille
Parmi l'encens s'élevent dans les airs,
L'un qu'Amour guide, attendrit l'Univers,
L'autre l'étonne & monte à l'Empirée.

 De leurs honneurs votre ame eſt enyvrée;
Mais connoiſſant le péril de marcher
Par les ſentiers qu'ils ſçurent défricher,
Vous vous fraïés une nouvelle route,

G   Auda-

Audacieuse, effraïante, sans doute,
Où tout près d'eux, mais paré d'autres fleurs,
Vous partagez l'empire de nos cœurs;
Après Cinna, Polieuste, & Roxane,
On est touché d'Alzire & d'Orosmane.

 Combien de pleurs couloient ces derniers jours!
Eh, pourquoi donc en suspendre le cours?
Quand *Dumesnil*, Arbitre de la Scène,
Veuve en fureur, mere plus qu'inhumaine,
Vengeant son fils, va lui percer le flanc,
Mérope aveugle, hélas! c'est votre sang;
Ouï, Dumesnil, est Mérope elle-même;
Haït-elle, on hait; s'attendrit-elle, on aime.

 Nous les voïons ces Spectacles vantés
Où dans Athènes, émus, épouventés,
Des Peuples doux, suivant leurs cœurs pour guide,
Les yeux en pleurs couronnoient Euripide,
Voltaire arrive, on interrompt l'Acteur;
On ne veut plus que voir, qu'aimer l'Auteur;
La joïe éclate où l'on versoit des larmes:
Tendre enchanteur, joüis de tous tes charmes.

 Vous, qui jadis ornâtes son berceau,
Qui de ses jours tournez le cher fuseau,
De mon ami, divines protectrices,

       Muses,

Muses, j'ai vû sous vos astres propices
De son esprit les précoces talens,
Porter des fleurs même avant son Printems.

Si soutenu sur vôtre aîle legére,
En franchissant nôtre impur Atmosphére,
Vous l'élevez entre nous & les Dieux,
Qu'il soit sans maux & respecté comme eux.
Présagez-lui sa presente gloire,
Tous les honneurs du Temple de Mémoire.
Ah! puisse-t'il de vos faveurs flâté,
Joüir vivant de l'immortalité.

VERS
DE MONSIEUR LINANT,
A MONSIEUR DE VOLTAIRE.

Extraits du Mercure de Novembre 1744.

    LE nom qu'au prix de ta santé
    T'ont fait tes Vers & ton Histoire,
    Crois-moi, n'est point trop acheté ;
Tu te portes, en vérité,
Trop bien encor pour tant de gloire.

VERS
DE MONSIEUR
CAMPAN,
A MONSIEUR
DE VOLTAIRE,
Sur la Place d'Historiographe de France que le Roi lui a donnée.

Extraits du Mercure de Mars 1745.

OI qui réunis à la fois
Et l'Art d'écrire & le talent de plaire,
A célébrer ses faits, le modèle des Rois,
T'a destiné, divin Voltaire ;
Qui n'aplaudiroit à son choix ?
Pour chanter un Achille, il faloit un Homére.
Nos cœurs & ses vertus à la postérité
D'un nom si cher eussent transmis la gloire ;
Mais Louïs te chargeant d'écrire son Histoire,
S'ouvre un chemin de plus vers l'immortalité.

Campan, Officier de la Reine.

VERS
DE MONSIEUR
BERGERONNEAU,
ETUDIANT EN MEDECINE,

Sur la Victoire remportée par le Roi à Fontenoy.

Extraits du Mercure d'Août 1745.

USE, dont les accents se font à peine entendre,
Cesse ton vol ambitieux :
Songe que pour chanter les faits d'un Alexandre,
Il faut être Voltaire, ou l'éléve des Dieux.

Bergeronneau, étudiant en Médecine à Reims.

VERS

VERS SUR LA BATAILLE DE FONTENOY.

Extraits du Mercure des mêmes mois & an.

'Etois dans une molle & douce oisiveté,
Assoupi sur moi-même & sur l'humanité,
Partageant ma lecture entre Horace &
 Virgile,
Lorsqu'étonné du bruit dont retentit la Ville,
Je sors & je m'arrache à regret de chés moi :
J'entends de toute parts l'éloge de mon Roi.

Sous Fontenoy LOUIS a le champ de bataille,
Et Tournay sous ses coups voit tomber sa muraille :
Le soldat tout couvert de sang & de laurier
Chante un fameux vainqueur, chante un jeune
 guerrier,
Et la Maison du Roi sous les yeux de son Maître
Frappe, enfonce, détruit & fait tout disparoître.

Déja l'ennemi fuit les rives de l'Escaut;
Vaincu dans le combat, impuissant à l'assaut,
La crainte le saisit, la fraïeur le harcelle;
La Hollande en pâlit & tremble aussi pour elle.

Pour illustrer nos Lys, ce valeureux Saxon,
Du Dieu de la santé reçoit la guérison :
Qui pourroit résister à ce Mars intrépide ?
L'Anglais épouventé par sa fatale Egide
Se retire en désordre, & frémit de fureur
D'avoir vû le Français surmonter sa valeur.

Tels sont les grands exploits que d'une aîle legére
La Renommée annonce aux deux bouts de la terre.
Telle on vit autrefois la valeur des Romains,
Terrasser, étonner les peuples Affricains.
Telle on voit aujourd'hui l'Angleterre abatuë
Trembler de nos exploits & craindre notre vûë.

Déja le Dieu des Vers anime ses enfans,
Louïs devient l'objet de leurs plus doux accens;
Au Monarque Français Apollon cherche à plaire,
Il décrit ses combats par la main de Voltaire.

Eh ! qui peut mieux que lui frapper des vers pom-
    peux
Qui tracent nos succès à nos derniers neveux,
Des vers coulans, nerveux, dignes fruits d'un génie
Que chérit la raison, qu'adore l'harmonie ?

Loin

Loin d'ici, durs cenſeurs, impuiſſans ennemis,
Rivaux obſcurs, en vain vos éforts réunis
De ce chantre fameux voudroient flétrir la gloire;
Il a ſes droits aquis au Temple de Mémoire.

Le Ciel à nos Héros donna des écrivains
Pour tracer des leçons aux vertueux humains :
Vains Zoïles, fuïez, aprenez à vous taire,
Pour célébrer Louïs, il faut être Voltaire.

Par M. T. D. L. V. à Villefranche en
Beaujolois le 10. Juillet 1745.

ELOGE
DE MONSIEUR
DE VOLTAIRE,
SUR SON
POËME
DE
LA BATAILLE
DE FONTENOY,
AVEC
DES REFLEXIONS ET DES VARIANTES,

Par Messieurs les Auteurs du Mercure d'Août 1745.

ON a fait à M. DE VOLTAIRE l'honneur singulier & mérité d'imprimer à l'Imprimerie Roïale son *Poëme de la Bataille de Fontenoy*; il y a dans cette derniére édition des changemens considérables. Le Poëme, en l'état où il est, est digne

du

du célébre Auteur de la Henriade, & la Bataille de Fontenoy peut aller de pair avec les Batailles de ce Poëme immortel. Si l'on a d'abord hazardé quelques critiques, les changemens ont répondu à tout, & la plus saine partie du Public est bien-tôt revenuë & admire l'ouvrage.

Entre plusieurs Variantes qui exigeroient, pour être redonnées toutes, que nous réimprimassions le Poëme entier, nous citerons celle-ci qui contient l'énumération des peuples qui composoient l'armée des Alliés.

Louis avec le jour voit briller dans les airs
Les drapeaux menaçans de cent peuples divers;
Le Belge qui jadis fortuné sous nos Princes
Vit l'abondance alors enrichir ses Provinces;
Le Batave prudent, dans l'Inde respecté,
Puissant par son travail & par sa liberté,
Qui long-tems oprimé par l'Autriche cruelle,
Aïant brisé son joug s'arme aujourd'hui pour elle;
L'Hanoverien constant, qui formé pour servir,
Sçait souffrir & combattre, & sur-tout obéïr;
L'Autrichien rempli de sa gloire passée,
De ses derniers Césars ocupant sa pensée,
Sur-tout ce peuple altier, qui voit sur tant de mers
Son commerce & sa gloire embrasser l'Univers;
Mais qui, jaloux en vain des grandeurs de la France,
Croit porter dans ses mains la foudre & la balance.

Tous marchent contre nous : la valeur les conduit,
La haine les anime, & l'espoir les séduit.
De l'Empire Français l'indomptable génie
Brave auprès de son Roi leur foule réunie.
Des montagnes, des bois, des fleuves, d'alentour
Tous les Dieux allarmés sortent de leur séjour.
La fortune s'enfuit & voit avec colére
Que sans elle aujourd'hui la valeur va tout faire.

Nous ne pouvons résister à la tentation de mettre ici le morceau où la prise récente de Gand est heureusement rapellée.

Déja Tournai se rend, déja Gand s'épouvente,
Charles-Quint s'en émeut, son ombre gémissante
Pousse un cri dans les airs, & fuit de ce séjour
Où pour vaincre autrefois le Ciel le mit au jour.
Il fuit ; mais quel objet pour son ame allarmée !
Il voit ces vastes champs couverts de notre armée ;
L'Anglais deux fois vaincu, cédant de toutes parts,
Dans les mains de Louïs laissant ses étendarts ;
Le Belge en vain caché dans ses Villes tremblantes,
Les murs de Gand tombés sous des mains foudroïantes,
Et son char de victoire en ces vastes remparts
Ecrasant le berceau du plus grand des Césars.

Une note avertit que le Poëte n'entend parler que des Césars modernes.

EXTRAIT

EXTRAIT D'UNE LETTRE DE SON EMINENCE MONSEIGNEUR LE CARDINAL QUIRINI,

Au sujet du Poëme de M. de Voltaire, sur la Bataille de Fontenoy.

Tiré du Mercure de Décembre 1745.

EPISTOLÆ isti Brixianis typis, quod jam vidistis, excusæ, ut ex Romanis additamentum accedat, in causa est celebris Volterii vestri Gallicum Poëma, quod mihi ab Authore cum humanissimis Literis datis die decimo septimo mo Augusti proximè præteriti transmissum, accepi, jam iter Romanum ingressus, in oppidulo Castri Novi Veronam versùs tricesimo circiter lapide dissiti ab urbe Brixia. Avidè statim illud evolvere cœpi, eaque lectio mirificè adeò animum meum recreavit, ut injectam mihi senserim cupiditatem periculum faciendi, nùm vel inter iter illud habendum aliquos ejus Poëmatis versus Latinis reddere valerem. Subiti hujus experimenti testes habeo, primo quidem Clarissimum Sodalem nostrum Scipionem Maffeum, cum quo, altero mei itineris die, versionis à me tumultuariè elaboratum initium, pro magnâ quæ inter nos intercedit studiorum necessitudine, communicandum duxi, deinde ipsum Volterium, cui, vix Ferrariam advectus, debitum gratiarum officium persolvens, meis literis eo munere fungentibus illud ipsum initium copulavi, ratus, non aliâ clariùs ratione à me eidem explicari posse, quanto in pretio habuissem donum, quo fueram ab ipso honestatus. Quod autem in more mihi sit, dùm Brixiâ Romam pergo, & dum Româ Brixiam revertor, literas mecum peregrinantes adhibere, indeque novæ alicujus lucubrationis argumentum animo versare, atque illam, ut primò iter absolvi, in publicam lucem emittere, in iis literis expositum fuisse reperietis, quas ante triennium dedi ad Cardinalem

dinalem de Fleuri, quæque tertium locum obtinent in prima Decade Latinarum mearum Epiſtolarum. Hunc ipſum morem à me conſtanter ſervari, ii faciliùs ſibi perſuadebunt, quibus innotuerit, quod de mei illius itineris ratione nuperrimè Hagæ Comitum vulgatum eſt, nimirum ipſum à me peragi ſtatis temporibus conſueviſſe, *en petit train de Prince, & à pas d'Ambaſſadeur; c'eſt-à-dire, fort doucement, de peur de m'incommoder*; quis enim non videt molliter itinerandi rationem iſtam haud ægrè admittere, ut mihi tempus modusque ſuppetant, literariam aliquam opellam ſeu dum curru vehor, ſeu dum in diverſoriis ſubſiſto, concipiendi ac procreandi? Studii autem genus, quo nuperrimum iter meum oblectavi, certò confido, oculis veſtris modò exhibitum benignè à vobis excipiendum; quandoquidem ad bellicam Nationis veſtræ gloriam amplificandam conducat. Conducet etiam, ut video, novis ſcommatibus Hagæ Comitum vulgandis, dùm ſtatim jactabitur eum, qui omni ope enititur, ut paſſim habeatur, le *Phœnix des beaux eſprits*, *l'Aigle de la Théologie*, le *Coriphée des Savans*, la *Perle des Prélats*, modò ſatagere, ut, hederis caput velatus, Poëtarum etiam choro miſceatur; nihilque abfuturum, quin, *il ſe déſole, s'abandonne à la colére la plus impétueuſe, au reſſentiment le plus vif, ſi l'on voudra rabattre un peu auſſi de*

cette

cette nouvelle fastueuse idée. Nostis, ut arbitror, intemperias, unde ista risu dignissima fluxerunt. Ego verò, qui novi mecum habitare, satis bene, ut ad Volterium jam scripsi, agi mecum putabo, si quæ Musa mea lusit, dum sublimis gestarer, ea sermone pedestri cecinisse minimè insimulari possim. At missis jocosis quæramus feria, cujusmodi certè est præstantissimum Carmen Volterii, inscriptum, *le Poëme de Fontenoy* ; quod si dixero *novem cælatum Musis Opus*, nullus dubito, dicti hujusce mei plerosque omnes Academiæ nostræ Socios suffragatores adfuturos. Volterii primò versus recitabo, deinde Latinam interpretationem intexam, Gallicæ scilicet Purpuræ vilem meum pannum.

Quoi, du siécle passé le fameux Satyrique,
Aura fait retentir la trompette héroïque,
Aura chanté du Rhin les bords ensanglantés,
Ses défenseurs mourans, ses flots épouventés,
Son Dieu même en fureur effraïé du passage,
Cédant à nos Aïeux son onde & son rivage !
Et vous, quand votre Roi, dans des plaines de sang
Voit la mort devant lui voler de rang en rang,
Tandis que de Tournay foudroïant les murailles,
Il suspend les assauts pour courir aux batailles ;
Quand des bras de l'Hymen s'élançant au trépas,
Son fils, son digne fils, suit de si près ses pas ;

Vous

Vous, heureux par ses loix, & grands par sa vaillance,
Français, vous garderiez un indigne silence ?
Venez le contempler aux champs de Fontenoy:
O vous, Gloire, Vertu, Déesse de mon Roi,
Redoutable Bellone, & Minerve chérie,
Passion des grands cœurs, amour de la Patrie,
Pour couronner Louïs, prêtez-moi vos lauriers:
Enflamez mon esprit du feu de nos guerriers,
Peignez de leurs exploits une éternelle image.

Ergòne præteriti Satyris Musa inclita sæcli
Heroïca clangore tubæ compleverit auras,
Sparsa canens Rheni atro litora sanguine, cæsosque
Ejus custodes, nec non vada territa, & horum
Numen turbatum, atque furens, quod cerneret undas,
Et ripas aditum Patribus permittere nostris ?
Et vos, qui vestrum Regem spectatis aperta
In Loca prosiliisse, ubi cuncta cruore madescunt,
Ante ejus volitatque oculos ubi mortis imago
Plurima, Tornaci dum muros scilicet ictu
Sternere fulmineo aggressus, jubet illico cœptis
Paulatim absisti, tentandaque prælia præfert;
Dumque unà Natus se proripit ex Hymenei
Complexu ad funus, caput, objectare periclis
Nil veritusque terit propiùs vestigia Patris,

Ne

Ne proles indigna suo genitore feratur,
Vos, inquam, Galli, vos tanti Principis æquè
Quos magnos arma efficiunt, ac jura beatos,
Non pudeat decora hæc tam grandia, & alta silere?
Fonteneis visum in campis accedite Regem:
Huc adsis virtus, adsis huc gloria, Regis
Numina quippe mei, Bellona ferox, & amica
Pallas, amor patriæ, magnorum cura animorum.
Utendas præbete, precor, vestras mihi lauros,
Unde queam capiti Ludovici intexere sertum.
Nostrorum Heroum igne meam succendite mentem,
Pingite & æternum horum virtutis simulachrum.

Cura à me insumpta in primam hanc Poëmatis partem vertendam, adeò, ut verum fatear, animum meum titillavit, ut singulari statim desiderio incensus fuerim ulteriùs in eo labore progrediendi, imò verò, si fieri posset, à capite ad calcem ejusdem Poëmatis versionem conficiendi, antequàm iter absolverem. Hæc, inquam, cupiditas animum meum blandè tentabat, præsertim quòd maximè mihi arrideret Volterii propositum in celebrandâ gentis suæ gloriâ, quin exteris nationibus, adversùs quas illa pugnaverat, ullam ignominiæ labem inureret. Hoc ille propositum in Carminis sui Præfatione

sat

sat apertè declaravit, namque ibi scribit, *On a peint* (loquitur de suo Poëmate) *avec des traits vrais, mais non injurieux, les Nations dont Louis XV. a triomphé.* De Hungariæ verò Reginâ in hunc modum. *La Reine de Hongrie, qui ajoûte tant à la gloire de la Maison d'Autriche, sait combien les Français respectent sa personne & ses vertus, en étant forcés de la combattre.* De Anglorum virtute hæc habet. *On n'a pas moins loué la valeur & la conduite de cette Nation, & sur-tout on n'a cité le nom de Monsieur le Duc de Cumberland, qu'avec l'éloge que sa magnanimité doit attendre de tout le monde.* Tandem, *on a tâché que cet Ouvrage fût un monument de la gloire du Roi, & non de la honte des Nations dont il triomphe.* Adeò æquum, adeò sapiens Volterii propositum, etsi novo me stimulo, præter Carminis illius excellentiam, invitaret, ut hanc mihi legem præscriberem, ne Romam ingrederer, nisi absolutâ totius Poëmatis versione, attamen cur ardor ille meus refrigesceret, in causâ fuit propriorum nominum (eorum scilicet, quorum maximè virtus enituit in pugnâ eo Poëmate descriptâ) quædam veluti phalanx, quæ subinde meam in Musam incurrebat, curantemque nomina illa unico quandoque versu, quod ita Poëmatis structura ferret, includere, adeò perterrefaciebat, ac territos fuisse hostes à fortissimis iis ducibus enarrat Poëta.

Itaque

Itaque ab eâ cogitatione divelli coactum me senſi, quin tamen ejus Poëmatis lectionem omninò dimitterem. Quare reſumpto identidem in manus libello, facilè paſſus ſum, ut mea Muſa modò huc, modò illuc, nimirùm quacumque ei magis libebat, exſpatiaretur. Ea igitur recitatis modò verſibus, qui Poëmatis Præparationem conficiunt, haud ægrè primo novem alios adjunxit, qui eoſdem proximè, nullo ſcilicet intervallo, ſubſequentes, Actionis exordium conſtituunt. Sunt autem hujuſmodi.

Vous m'avez tranſporté ſur ce ſanglant rivage,
J'y vois ces combattans, que vous conduiſez tous:
C'eſt-là ce fier Saxon qu'on croit né parmi nous,
Maurice qui touchant à l'infernale rive,
Rapelle pour ſon Roi ſon ame fugitive,
Et qui demande à Mars dont il a la valeur,
De vivre encor un jour & de mourir vainqueur.
Conſervez, juſtes Cieux, ſes hautes deſtinées,
Pour Louïs & pour nous prolongez ſes années.

Hanc, ducibus vobis, perfuſam ſanguine ripam
Attigi, ubi aſpicio turmas, quæ veſtra ſequuntur
Signa, ubi Saxo ferus, noſtra quem ſtirpis alumnum
Dixeris, infernas jam jam ceſſurus ad umbras,
Mauritius, Regis cauſâ revocat fugientem

Jam

Jam jam animum, Martemque rogat, cujus vigor illi,
Addatur lux una sibi, victorque recedat.
Di justi servate hominis sublimia fata,
Sitque diu Regis, nostrûmque ad commoda sospes.

Mox verò Actionem ipsam describit Poëta, tres videlicet ob oculos ponit aggressiones, & in eis edita egregiæ virtutis tàm à Gallis, quàm ab hostibus argumenta, debitâ cum laude concelebrat recensetque quotquot fortissimè pugnantes occubuerunt : ac posteà devolvitur ad potissimum ejusdem Actionis caput, scilicet ad repræsentandum Regem Ludovicum, ejusque Filium manifesto vitæ discrimini expositos, remque ita narrat :

Le feu qui se déploie, & qui dans son passage
S'anime en dévorant l'aliment de sa rage,
Les torrens débordés dans l'horreur des hyvers,
Le flux impétueux des menaçantes mers,
Ont un cours moins rapide, ont moins de violence,
Que l'épais bataillon qui contre nous s'avance,
Qui triomphe en marchant, qui le fer à la main
A travers les mourans s'ouvre un large chemin;
Rien n'a pu l'arrêter ; Mars pour lui se déclare ;
Le Roi voit le malheur, le brave & le répare :
Son fils, son seul espoir... Ah ! cher Prince, arrêtez ;
Où portez-vous ainsi vos pas précipitez !

Confervez cette vie au monde néceffaire.
Louïs craint pour fon fils, le fils craint pour fon
  pere;
Nos guerriers tout fanglans frémiffent pour tous
  deux,
Seul mouvement d'effroi dans ces cœurs généreux.

Non ita qui latè fefe explicat ignis, ubique
Dum ferpens vires acquirit, cuncta voratque
Quæ fatis apta fuo dederint alimenta furori,
Non adeò torrens brumâ horrefcente per agros
Qui ruit, irato pelago contingere fuevit:
Non ita qui fluxus, non hæc, inquam, omnia curfu
Tam rapido volvuntur, & impetu tam violento,
Ac denfum adverfus nos quod fe exporrigit agmen,
Nam procedit ovans, & ei manus horrida ferro
Largum pandit iter per corpora tradita morti;
Nil obftare ipfi valuit, Mars totus eidem
Jam favet; inde inftare fuis difcrimen apertum
Rex videt, objurgatque illud, fortifque repellit.
Natus, fpes ipfi unica... Care, ô tu, quid agis mi
Princeps? Præcipitem quo te ducit tuus ardor?
Vitam orbi ferva, quam fervari eft opus orbi.
Pro Nato Lodoix pavet, æquè, & pro patre Natus.
At noftri Heroes madidi undique fanguine, fortem

Ambo-

Amborum veriti, trepidantque, fremuntque; pavoris
Hic generosa unus pertentat pectora motus.

Mox autem sermone converso ad ea militiæ corpora, quæ constituunt, quam absque ullâ aliâ imagine Poëta appellavit, *La Maison du Roi*, ita ipsa affatur.

Vous qui gardez mon Roi, vous qui vengez la
    France,
Vous, peuple de Héros, dont la foule s'avance,
Acourez; c'est à vous de fixer les destins.
Louïs, son fils, l'Etat, l'Europe est en vos mains,
Maison du Roi marchez, assurez la victoire.

Tu Regis custos, Regni tuque inclyta vindex,
Tu gens Heroum, cujus jam tendit in hostes
Turba, celer properato, tuum est modo figere fata.
Jam Lodoix, Natusque ejus, res publica, tota
In manibusque tuis Europa est; exere robur,
Quo polles invicta acies, pugna, atque triumpha.

Suis hujusmodi votis quomodo faustus eventus responderit, pluribus versibus prosequitur Poëta; ac demùm primo Noallium compellat, eumque hortatur, ut milites suos jam sanguine expletos, jam cædibus exsaturatos, triumphantes reducat, deinde quotquot in
    eo

eo triumpho egregiam laudem retulerant,
alloquitur, totique Poëmati finem imponit.

Français, heureux Français, peuple doux & terrible,
C'eſt peu qu'en vous guidant Louïs ſoit invincible,
C'eſt peu que le front calme, & la mort dans les mains
Il ait lancé la foudre avec des yeux ſereins;
C'eſt peu d'être vainqueur, il eſt modeſte & tendre,
Il honore de pleurs le ſang qu'il vit répandre;
Entouré des Héros, qui ſuivirent ſes pas,
Il prodigue l'éloge, & ne le reçoit pas;
Il veille ſur des jours hazardés pour lui plaire,
Le Monarque eſt un homme, & le Vainqueur un pere,
Ces captifs tout ſanglans portés par nos ſoldats,
Par leur main triomphante arrachés au trépas,
Après ces jours de ſang, d'horreur & de furie,
Ainſi qu'en leurs foïers, au ſein de leur patrie,
Des plus tendres bienfaits éprouvent les douceurs,
Conſolés, ſecourus, ſervis par leurs vainqueurs,
O grandeur véritable! ô victoire nouvelle!
Eh? quel cœur ulcéré d'une haine cruelle,
Quel farouche ennemi peut n'aimer pas mon Roi,
Et ne pas ſouhaiter d'être né ſous ſa loi?
Il étendra ſon bras, il calmera l'Empire:
Déja Vienne ſe tait, déja Londres l'admire:
La Baviére confuſe au bruit de ſes exploits,

Gémit

Gémit d'avoir quitté le Protecteur des Rois;
Naples est en sûreté, la Sardaigne en allarmes:
Tous les Rois de son sang triomphent par ses armes,
Et de l'Ebre à la Seine en tous lieux on entend,
LE PLUS AIMÉ DES ROIS, EST AUSSI LE PLUS GRAND.
Ah! qu'on ajoûte encor à ce titre suprême
Ce nom si cher au monde & si cher à lui-même;
Ce prix de ses vertus qui manque à sa valeur,
Ce titre auguste, & saint de Pacificateur!
Que de ses jours si beaux, de qui nos jours dépendent,
La course soit tranquille, & les bornes s'étendent.
Ramenez ce Héros, ô vous qui l'imitez!
Guerriers, qu'il vit combattre, & vaincre à ses côtés;
Les palmes dans les mains nos peuples vous attendent;
Nos cœurs volent vers vous, nos regards vous demandent:
Vos meres, vos enfans à vos desirs rendus,
De vos périls passés encor tout éperdus,
Vont baigner dans l'excès d'une ardente allégresse,
Vos fronts victorieux de larmes de tendresse.
Accourez, recevez à votre heureux retour
Le prix de la Vertu presenté par l'Amour.

Galli, felices Galli, gens blanda, feroxque,

H *Haud*

Haud satis est, vos ducentem invictum Ludovicum
Se prestare, satis non est, quod fulgeat ipsi
Frons tranquilla, manu dùm funera versat utrâque,
Est vicisse parùm, lenem aspicis atque modestum.
Flens decorat spargi quem viderat ante cruorem,
Heroumque choro, sua qui vestigia fidi
Presserunt, cinctus, laudes effundit in omnes,
Quas refugit, vigil inspicit atque dies, quibus illi,
Unde ipsi placeant, vitæ subiere pericla.
Rex hominem præfert, præfert victorque parentem.
Captivi hi, noster quos tinctos sanguine miles
Abducit, raptos victrici è funere dextrâ,
Post necis, horrorisque dies dirique furoris
In sua seu tecta, in patriam veluti atque recepti
Suavis plena officia experiuntur amoris;
Nam solamen, subsidium ipsis: servitiumque
Præstant victores. Animi ô præstantia vera!
O nova quæ sequitur victoria! saucius unquam
Quis tam odio pectus crudeli, quisnam tam ferus hostis,
Prosequi amore meum Regem detrectet? In auras
Subjectum se legi ejus prodisse nec optet?
Brachium is extendet, pacem dabit Imperioque,

Jam-

Jamque Vienna silet, jamque admiratur eundem
Londinum, Bavarusque stupens tam fortia gesta,
Tutorem dolet, atque gemit se deseruisse
Regum, tuta est Parthenope, Sardus timet, atque
Quotquot sunt Reges ex ejus sanguine creti,
Illius armorum cuncti virtute triumphant;
Ac unam resonant vocem loca qualibet inter
Sequanam, Iberumque, IS REGUM QUI MAXIME AMATUR,
MAXIMUS EST ETIAM REGUM. *O utinam! isti*
Addatur titulo supremo hoc nomen, & orbi
Carum adeò, Regique ipsi, Regis virtutum
Hoc pretium, fortis bellator quo caret uno,
Augustus titulus sanctusque, unde indigitetur
PACIFICATOR; *& hæc tam pulchra ô utinam! fluat illi*
Et placida, & longa ætas, sors nostra ipsa futura.
Eia ergò, hunc Heroa reducite, quotquot eundem
Laus præclara imitari est, quotquot scilicet ipse
Stare suum ad latus, & pugnare, & vincere vidit.
Vos populi expectant, quorum fert dextera palmas,
Ad vos corda volant jam nostra, avidique reposcunt
Vos nostri obtutus, votis jam reddita vestris

*Matrum, Natorumque cohors, licet ipsa periclis
Præteritis horrescat adhuc, ardore repente
Lætitia immodica flagrans, victricia vestra
Gestiet ora suis teneris perfundere guttis.
Fausto, inquam, reditu huc properate, ac sumite cuncti
Virtutis pretium, quod amor persolvere novit.*

SÉANCE PUBLIQUE
DE
L'ACADÉMIE FRANÇAISE,

Pour la Réception de Monsieur de Voltaire,
HISTORIOGRAPHE DE FRANCE,
tenuë le Lundi 9. May 1746. *

LE Public qui court toujours en foule aux Assemblées de l'Académie, sembloit avoir redoublé d'empressement pour celle-ci; les raisons de cet empressement sont connuës de toute l'Europe, avec les Ouvrages de M. de Voltaire; & l'Assemblée qui avoit droit d'attendre de ce grand homme un discours brillant, n'a pas été trompée dans son attente.

M. de Voltaire commença avec raison par relever l'excellence de la Constitution de l'Académie, si honorable pour les Lettres & en même-tems si convenable. ‹‹ Votre Fonda‑
‹‹ teur,

---

* Extraite du Mercure de Juin de la même année.

» teur, dit-il, mit dans votre établiſſement
» toute la nobleſſe & la grandeur de ſon ame:
» il voulut que vous fuſſiez libres & égaux.
» En éfet, il dût élever au-deſſus de la dépen-
» dance des hommes qui étoient au-deſſus
» de l'intérêt, & qui auſſi généreux que lui,
» faiſoient aux Lettres l'honneur qu'elles mé-
» ritent de les cultiver pour elles-mêmes.

 L'éloge de M. le Préſident Bouhier, auquel M. de Voltaire ſuccéde, entroit néceſſairement dans le plan de ce diſcours, & quand cette loi n'auroit pas été preſcrite, le mérite de cet illuſtre Littérateur auroit dû la faire établir.

 Il faiſoit reſſouvenir la France de ces tems où les plus auſtéres Magiſtrats, conſommés comme lui dans l'étude des Loix, ſe délaſſoient des fatigues de leur état dans les travaux de la Littérature. Que ceux qui mépriſent ces travaux aimables, que ceux qui mettent je ne ſais quelle miſérable grandeur à ſe renfermer dans le cercle étroit de leurs emplois ſont à plaindre ! Ignorent-ils que Cicéron, après avoir rempli la premiére place du monde, plaidoit encore les cauſes des Citoïens, écrivoit ſur la Nature des Dieux, conféroit avec des Philoſophes, qu'il alloit au Théâtre, qu'il daignoit cultiver l'amitié d'Eſopus & de Roſcius, & laiſſoit aux petits eſprits leur conſtante gravité, qui n'eſt que le maſque de la médiocrité.

M.

M. le P. B. étoit très-savant; mais il ne reſſembloit pas à ces ſavans inſociables & inutiles, qui négligent l'étude de leur propre Langue, pour ſavoir imparfaitement des Langues anciennes; qui ſe croient en droit de mépriſer leur ſiécle, parce qu'ils ſe flâtent d'avoir quelque connoiſſance des ſiécles paſſés; qui ſe récrient ſur un paſſage d'Eſchyle, & n'ont jamais eu le plaiſir de verſer des larmes à nos Spectacles.

Il traduiſit le Poëme de Pétrone ſur la guerre civile, non qu'il penſât que cette déclamation pleine de penſées fauſſes aprochât de la ſage & élégante nobleſſe de Virgile; il ſavoit que la Satire de Pétrone, quoique ſemée de traits charmans, n'eſt que le caprice d'un jeune homme obſcur, qui n'eût de frein, ni dans ſes mœurs, ni dans ſon ſtile: des hommes qui ſe ſont donnés pour des maîtres de goût & de volupté, eſtiment tout dans Pétrone, & M. B. plus éclairé, n'eſtime pas même tout ce qu'il a traduit. C'eſt un des progrès de la raiſon humaine dans ce ſiécle, qu'un Traducteur ne ſoit plus idolâtre de ſon Auteur, & qu'il ſache lui rendre juſtice, comme à un contemporain.

Il exerça ſes talens ſur ce Poëme, ſur l'Hymne à Vénus, ſur Anacréon, pour montrer que les Poëtes doivent être traduits en vers; c'étoit une opinion qu'il défendoit avec chaleur,

& on ne doit pas être étonné que M. de Voltaire se range à son sentiment.

M. de Voltaire remarque avec raison que les Italiens, & même les Anglais, ont de bonnes Traductions en vers de Théocrite, de Lucréce, de Virgile, d'Horace, & nous n'en n'avons aucune. La raison de cette pauvreté, selon lui, vient de la difficulté, & cette difficulté naît du génie de notre Langue, qui ne nous permet pas d'exprimer dans le stile noble les choses d'un usage commun & familier. Les Français, qui n'ont guéres commencé à perfectionner la grande Poësie qu'au Théâtre, n'ont pû & n'ont dû exprimer alors que ce qui peut toucher l'ame.

Nous nous sommes interdits nous-mêmes insensiblement presque tous les objets que les autres Nations ont osé peindre; il n'est rien que le Dante n'exprimât à l'exemple des Anciens; il accoûtuma les Italiens à tout dire; mais nous, comment pourrions-nous imiter aujourd'hui l'Auteur des Géorgiques, qui nomme sans détour tous les instrumens de l'agriculture? A peine les connoissons-nous, & notre mollesse orgueilleuse dans le sein du repos & du luxe de nos Villes, attache malheureusement une idée basse à ces travaux champêtres, & au détail de ces arts utiles, que les Maîtres & les Législateurs de la terre cultivoient de leurs mains victorieuses.

M.

M. de Voltaire ajoûte, que les grands Poëtes déterminent le génie d'une Langue; il est sans aucun doute que le génie est toujours déterminé par les grands Écrivains de cette Langue; mais n'est-ce pas le hazard qui fait que les premiers génies qui écrivent soient des Poëtes ou des Prosateurs? Homére florissoit 400. ans avant que les Grecs écrivissent l'Histoire en prose. Faudra-t'il conclure de-là que les Prosateurs n'aïent aucune part à la perfection de leur langue? Térence, qui le premier a parlé chés les Latins avec une pureté toujours élégante, Térence n'est pas à proprement parler Poëte, & on peut lui appliquer avec justice ce qu'Horace dit de lui-même.

Qui scribit uti nos,
Sermoni propiora.

La Langue Latine n'avoit-elle pas déja de grandes obligations à Cicéron, à Hortensius, à Tite-Live, quand les grands Poëtes du siécle d'Auguste ont paru?

La gloire de notre Littérature & de notre Langue, dit judicieusement M. de Voltaire, a commencé à l'Auteur du Cid & de Cinna, cependant le style des Lettres du Cardinal d'Ossat écrites 50. ans auparavant, n'est pas aujourd'hui plus vieux que celui de Corneille. L'avantage plus certain que ce dernier procura à la Nation, c'est qu'il commença à faire respecter notre Langue par les Etrangers, précisément dans le tems que le Cardinal de Richelieu commençoit à faire respecter la Couronne. L'un & l'autre portérent notre gloire dans l'Europe; après Corneille sont venus, non pas de plus grands génies, mais de meilleurs Ecrivains. Un homme s'éleva, qui fut à la fois plus passionné & plus correct; moins varié, mais moins inégal, aussi sublime quelquefois, & toujours noble sans enflure, jamais déclamateur, parlant au cœur avec plus de vérité & plus de charmes.

Un de leurs contemporains, incapable peut-être du sublime qui éléve l'ame, & du sentiment qui l'attendrit, mais fait pour éclairer ceux à qui la nature accorda l'un & l'autre, laborieux, sévére, précis, pur, harmonieux, qui devint enfin le Poëte de la raison, commença malheureusement par écrire des Satires, mais bien-tôt après il égala & surpassa peut-être Horace dans la Morale & dans l'Art Poëtique. Il donna les préceptes & les exemples. Il vit qu'à la longue l'art d'instruire, quand il est parfait, réussit mieux que l'art de médire; parce que la satire meurt avec ceux qui en sont les victimes, au lieu que la raison & la vertu sont éternelles.

Tel est le portrait que M. de Voltaire fait de Boileau, & il mérite de nous quelques réflexions.

Premié-

Premièrement, M. de Voltaire, dont les Ouvrages respirent par-tout l'amour de la vertu, qui relève sans cesse la dignité des Lettres, & se récrie avec force contre ces Satires odieuses qui les dégradent, a-t'il pu passer aussi légérement qu'il a fait sur les Satires de Boileau, satires dont l'esprit a passé dans tous ses Ouvrages? Voudroit-il que l'on dit d'après lui que Boileau n'a mal fait d'écrire des satires, que parce que la satire meurt avec ceux qui en sont les victimes? Ce n'est pas l'obscurité, c'est l'infamie que les méchans ont à redouter. Le mérite poëtique de Boileau a-t'il pu fasciner à ce point les yeux de M. de Voltaire? Eh quoi! vivons-nous dans un siécle où l'on soit assés pervers ou trop peu éclairé pour ne pas séparer l'homme de l'Auteur? Boileau fut un grand Poëte; mais craignons que les éloges donnés à cet Ecrivain n'enhardissent plus de méchans qu'ils n'encourageront de Poëtes.

Nous n'avons pas été moins surpris d'entendre M. de Voltaire dire que Boileau égala & surpassa peut-être Horace dans la morale. Cet illustre Académicien est trop instruit & trop judicieux, pour ne pas savoir que Boileau a mis en vers excellens avec beaucoup d'ordre & de méthode des maximes communes, au lieu qu'Horace a fait passer dans sa Poësie le précis de la Morale des anciens Philosophes & a fourni la base des Ouvrages de Charon & de

Montagne, que la plûpart de nos ignorans, qui donnent le ton aujourd'hui, regardent comme de plus grands Philosophes qu'Epictete, Marc-Aurele, &c. que ces Modernes n'ont fait que commenter.

Mr. de Voltaire examine pourquoi il y a moins de génies supérieurs en France qu'il n'y en a eu dans le dernier siécle.

» Les grands talens sont toujours nécessaire-
» ment rares, sur-tout quand le goût & l'es-
» prit d'une Nation sont formés ; il en est alors
» de ces esprits cultivés comme de ces forêts
» où les arbres pressés & élevés ne souffrent
» pas qu'aucun porte la tête trop au-dessus des
» autres. Quand le commerce est en peu de
» mains, on voit quelques fortunes prodigieu-
» ses & beaucoup de misére, lorsqu'enfin il est
» plus étendu, l'opulence est générale, les
» grandes fortunes sont rares. C'est précisé-
» ment parce qu'il y a beaucoup d'esprit en
» France, qu'on y trouvera dorénavant moins
» de génies supérieurs.

Sans vouloir diminuer rien du prix de cette réflexion solide & ingénieuse, M. de Voltaire nous permettra de lui représenter que les grands hommes ne sont pas si rares dans notre siécle qu'il le dit. Nous avons au Théâtre M. de Crébillon, & M. de Voltaire lui-même, qui nous ont donné tous deux des chefs-d'œuvre dramatiques ; qui, s'ils sont inférieurs en quelques

ques parties aux chefs-d'œuvre de Racine, leur font fupérieurs par d'autres endroits : on eſt plus ému à Atrée, à Electre, à Radhamiſte, à Oedipe, à Zaïre, à Alzire, qu'à toutes les Tragédies de Racine ; en un mot, il eſt moins tragique que ces deux Auteurs, & c'eſt fans doute un grand avantage qu'ils ont ſur lui. Ainſi quoiqu'on laiſſe à ce dernier la première place, eſt-ce une raiſon pour dire que ceux qui ſont immédiatement après, ne ſont pas des génies ſupérieurs ? Oſons prédire que quelque jour on leur fera l'honneur qu'ils font aujourd'hui à Racine, & nos petits enfans confondant les deux fiécles, diront à leurs contemporains : on ne voit plus de génies comme on en voïoit autrefois, nous ne voïons rien qui aproche des grands Maîtres, des Corneilles, des Racines, des Crébillons, des Voltaires.

Le même M. de Voltaire n'a-t'il pas donné à notre fiécle un éclat qui a manqué à toute la gloire du fiécle paſſé ? Le beau fiécle de Louïs XIV. avoit-il un Virgile ? Le Traducteur de Quinte-Curce a illuſtré le commencement de ce fiécle, mais le nôtre a à lui opofer une Hiſtoire qui peut éfacer celle de Quinte-Curce même. M. de Voltaire à qui nous avons ces obligations, & duquel on pourroit faire pluſieurs grands-hommes, eſt le feul des Français qui par modeſtie puiſſe ainſi dépriſer ſon fiécle.

Après avoir ainſi emploïé une partie de ſon
discours

discours à exposer des vérités littéraires, M. de Voltaire vient aux éloges qui sont de régle dans ces discours Académiques, institués principalement pour remercier l'illustre Compagnie, & pour célébrer le Fondateur & les diférens Protecteurs. Cette matiére épuisée par tant de grands génies sembloit un champ entiérement moissonné, & cependant M. de Voltaire y a trouvé de nouvelles fleurs dont l'éclat ne le céde point aux anciennes.

» Je sais, dit-il, combien l'esprit se dégoû-
» te aisément des éloges. Je sais que le Public,
» toujours avide des nouveautés, pense que
» tout est épuisé sur votre Fondateur & sur
» vos Protecteurs; mais pourrois-je refuser le
» tribut que je dois, parce que ceux qui l'ont
» païé avant moi ne m'ont rien laissé de nou-
» veau à dire? Il en est de ces éloges qu'on ré-
» péte, comme de ces solemnités qui sont tou-
» jours les mêmes & qui réveillent la mémoi-
» re des événemens chers à un peuple entier;
» elles sont nécessaires. Célébrer des hommes
» tels que le Cardinal Richelieu, & Louïs
» XIV. un Séguier, un Colbert, un Turenne,
» un Condé, c'est dire à haute voix; *Rois,*
» *Ministres, Généraux à venir, imitez ces grands-*
» *hommes.* Ignore-t'on que le Panégirique de
» Trajan anima Antonin à la vertu, & Marc-
» Aurele, le premier des Empereurs & des
» hommes, n'avouë-t'il pas dans ses écrits l'é-
» mula-

A L'ACADÉMIE FRANÇAISE.

» mulation que lui inspirérent les vertus d'An-
» tonin ? Lorsque Henri IV. entendit dans le
» Parlement nommer Louïs XII. *le Pere du*
» *Peuple*, il se sentit pénétré du desir de l'i-
» miter, & il le surpassa.

» Pensez-vous, MM. que les honneurs ren-
» dus par tant de bouches à la mémoire de
» Louïs XIV. ne se soient pas fait entendre au
» cœur de son Successeur dès sa premiére enfan-
» ce ? On dira un jour que tous deux ont été à
» l'immortalité, tantôt par les mêmes chemins,
» tantôt par des routes diférentes, l'un & l'au-
» tre seront semblables en ce qu'ils n'ont difé-
» ré à se charger du poids des afaires que par
» reconnoissance, & peut-être c'est en cela
» qu'ils ont été les plus grands. La postérité di-
» ra que tous deux ont aimé la Justice &
» ont commandé les armées. L'un recherchoit
» avec éclat la gloire qu'il méritoit; il l'apelloit
» à lui du haut de son Trône, il en étoit suivi
» dans ses conquêtes, dans ses entreprises, il
» en remplissoit le monde, il déploïoit une
» ame sublime dans le bonheur & dans l'adver-
» sité, dans ses Camps, dans ses Palais, dans
» les Cours de l'Europe & de l'Asie ; les Ter-
» res & les Mers rendoient hommage à sa ma-
» gnificence, & les plus petits objets, si-tôt
» qu'ils avoient à lui quelque raport, pre-
» noient un nouveau caractére, & recevoient
» l'empreinte de sa grandeur.

L'au-

» L'autre protége des Empereurs & des
» Rois, subjugue des Provinces, interrompt
» le cours de ses conquêtes pour aller secourir
» ses sujets, & y vole du sein de la mort, dont
» il est à peine échapé. Il remporte des victoi-
» res, il fait les plus grandes choses avec une
» simplicité qui feroit penser que ce qui éton-
» ne le reste des hommes, est pour lui dans
» l'ordre le plus commun & le plus ordinaire.
» Il cache la hauteur de son ame sans s'étudier
» même à la cacher, & il ne peut en affoiblir
» les raïons, qui en perçant malgré lui le voi-
» le de sa modestie, y prennent un éclat plus
» durable.

» Louïs XIV. se signala par des monumens
» admirables, par l'amour de tous les Arts, par
» les encouragemens qu'il leur prodiguoit. O!
» vous, son auguste Successeur, vous l'avez
» déja imité, & vous n'atendez que cette Paix
» que vous cherchez par des victoires, pour
» remplir tous vos Projets bienfaisans, qui de-
» mandent des jours tranquiles.

» Vous avez commencé vos triomphes dans
» la même Province où commencérent ceux
» de vôtre Bisaïeul, & vous les avez étendus
» plus loin; il regretta de n'avoir pu dans le
» cours de ses glorieuses Campagnes, forcer
» un ennemi digne de lui à mesurer ses armes
» avec les siennes en bataille rangée. Cette
» gloire qu'il désira, vous en avez joüi. Plus
» heu-

» heureux que le Grand Henri, qui ne rem-
» porta presque de victoires que sur sa propre
» Nation, vous avez vaincu les éternels & in-
» trépides ennemis de la vôtre. Votre Fils,
» après vous, l'objet de nos vœux & de notre
» crainte, aprit à vos côtés à voir le danger &
» le malheur même sans être troublé, & le plus
» beau triomphe sans être ébloui. Lorsque nous
» tremblions pour vous dans Paris, vous étiez
» au milieu d'un champ d'horreur & de carna-
» ge, tranquile dans des momens d'horreur &
» de confusion, tranquile dans la joïe tumul-
» tueuse de vos Soldats, vous embrassiez ce Gé-
» néral qui n'avoit souhaité de vivre que pour
» vous voir triompher, cet homme que vos
» vertus & les siennes ont fait votre Sujet, que
» la France comptera toujours parmi ses enfans
» les plus chers & les plus illustres. Vous ré-
» compensiez déja par votre témoignage &
» par vos éloges tous ceux qui avoient contri-
» bué à la victoire, & cette récompense est la
» plus belle pour des Français.

Si les bornes de ce Journal nous l'avoient permis, nous aurions inséré le discours entier de M. de Voltaire au lieu d'en faire un extrait. Il fut souvent interrompu par les aplaudissemens du Public, frapé des traits brillans dont ce discours est semé.

M. l'Abé d'Olivet, Directeur de l'Académie, répondit à M. de Voltaire. Le discours du Directeur

teur roule ordinairement fur deux points, le tribut d'éloges que l'on donne ordinairement à la mémoire du défunt, & les louanges flâteufes qui fervent au Récipiendaire & de récompenfe pour le paffé & d'encouragement pour l'avenir.

L'éloge de M. de Voltaire fut la premiére partie du difcours du Directeur; un nom connu, non-feulement en France, mais dans toute l'Europe, un nom dont les plus célèbres Académies ont orné leurs faftes, des Piéces fugitives, fupérieures par leur élégance, par leur facilité à tout ce qu'on a jamais admiré dans ce genre, qui ont illuftré la jeuneffe de M. de Voltaire, & qui feules fufiroient pour faire à un Ecrivain une réputation éclatante, un nombre de Tragédies qu'on admire tous les jours au Théâtre à côté des chefs-d'œuvre de nos grands-hommes confacrés à l'immortalité; un Poëme Epique, qui a réparé la difette honteufe que toutes les Nations étoient en droit de nous reprocher à cet égard; une Hiftoire qui donne à fon Auteur un rang confidérable parmi les Hiftoriens; enfin une connoiffance étenduë des miftéres de la Phyfique & de la Géométrie, & des effais en ce genre, qui auroient flâté la vanité d'un Phyficien qui n'eût été que Phyficien.

Voilà les matériaux que M. le Directeur a emploïés pour l'éloge de M. de Voltaire, &
qui

qui ornés d'une diction élégante & pure, ont formé la guirlande dont il a couronné le nouvel Académicien.

Personne ne pouvoit louer plus dignement M. le Président Bouhier que l'éloquent Directeur qui a été son ami intime, & qui dans ses travaux littéraires a été souvent associé à cet illustre Magistrat.

M. Bouhier étoit un savant du premier ordre, mais un savant poli, modeste, utile à ses amis, à sa Patrie, à lui-même. Depuis la renaissance des Lettres à peine comptons-nous trois siécles, & à peine chaque siécle nous a-t'il montré deux ou trois prodiges d'érudition qui lui soient comparables; héririer d'une riche Bibliothéque, qui fut à ses yeux la plus belle partie de son patrimoine, destiné à être le septiéme de son nom, qui de pere en fils rendroit au Parlement de Bourgogne l'honneur qu'il en recevroit, il se proposa d'égaler, de surpasser même ces grands Personnages qui ont décoré la Robe par leur savoir éminent, les Budez, les Bignons, les Brissons; bien-tôt il embrassa l'ancien & le moderne, le sacré & le profane, les Langues savantes, la Chronologie, la connoissance des Monumens antiques, la Jurisprudence, la Critique.

Une érudition si profonde n'étoit point le fruit d'une manie qui fait quelquefois qu'on veut aprendre tout, hors ce qu'on est obligé de savoir. M. Bouhier fut persuadé dès sa plus tendre jeunesse, que le mérite essentiel du grand-homme est de servir sa Patrie, & que les services qu'elle atend de nous se réglent sur le rang que nous y tenons. Il comprit que si d'autres études ne lui étoient pas interdites, si elles lui étoient même nécessaires pour nourrir l'activité & l'étonnante facilité de son esprit, au moins l'étude des Loix devoit être toujours son principal objet. De-là ces deux immenses volumes, qui ne laisseront dans le Droit municipal de sa Province, ni obscurité, ni contradiction, ni équivoque, Ouvrage dans lequel il est dificile de savoir ce qu'on admirera le plus, ou le zèle qui l'a fait entreprendre, ou le courage & la persévérance d'un Savant dont le goût étoit décidé pour les travaux Académiques, qui lui offroient sans cesse de séduisantes distractions. Du reste, il n'étoit point de ces Auteurs ensévelis dans leurs Livres, & dont l'humeur sombre est le voile d'un ridicule orgueil. Une douceur naturelle, une grande candeur formoient le caractére de M. Bouhier, & il s'est peint ainsi dans ses écrits. Jusques dans les ronces de la critique, il fait éclore les fleurs de l'urbanité ; avant lui rien n'étoit si commun parmi les Savans que de se faire entr'eux une langue à part, féconde en termes injurieux. Les Ouvrages de M. Bouhier respirent

rent la politesse & la modestie. M. le Directeur remarque très-judicieusement que la vraie politesse ne se doit pas seulement à l'éducation, elle est l'éfet d'une modestie sincére; & qu'entendons-nous par modestie, si ce n'est la connoissance de soi-même? M. Bouhier avoit trop étudié, trop réfléchi pour tomber dans les piéges que l'orgueil tend à l'ignorance; quiconque croit beaucoup valoir, est bien éloigné de savoir beaucoup.

Ces traits de l'éloge de M. Bouhier sont couronnés par des traits plus importans, qui caractérisent l'homme vertueux, & le bon citoïen. Bon mari, bon pere, bon ami, Juge intégre, ses jours partagés entre sa famille, sa charge & son cabinet, formérent le cours d'une vie égale, qui ne respiroit que l'honneur & la décence; une mort tranquile, à laquelle il étoit préparé par la Religion & par la Philosophie, termina ses longs travaux. Il étoit depuis quinze années ataqué de la goute qui l'empêchoit de venir à Paris, & il avoit perdu l'espérance d'assister jamais aux Conférences de l'Académie; homme vraïement digne des regrets des gens vertueux, & dont les talens, les vertus & les travaux peuvent être proposés pour modèle à ceux qui desireront de bien mériter de la Patrie, & d'être dignes d'estime.

La réputation de M. l'Abé d'Olivet est trop

bien établie pour qu'il foit nécessaire de dire qu'on a trouvé dans ce discours la solidité, la méthode & l'élégance qui caractérisent ses autres Ouvrages.

M. de Voltaire lut ensuite l'Introduction à l'Histoire des Campagnes du Roi, à laquelle il travaille en qualité d'Historiographe de France.

EPITRE

EPITRE
A MONSIEUR
DE VOLTAIRE,
Sur sa Réception à l'Académie Françaife.

Extraite du Mercure de Juin 1746.

U triomphes enfin, je vois ce jour heu-
reux;
Ce jour qui doit combler & ta gloire &
tes vœux :
L'Académie en pompe acourt à cette Fête ;
Déja le Temple s'ouvre & la Couronne est prête,
La Déesse aux cent voix l'annonce à l'Univers,
Et l'envie en fuïant pousse un cri dans les airs.

Voltaire, tu reçois le laurier de la gloire
Qu'ont moissonné pour toi les Filles de mémoire.
Cet immense Palais, ce Louvre fastueux,
Où l'on voit près des Lys les Beaux-Arts orgueilleux
Montrer à l'Etranger, que ce spectacle attire,
Louïs

EPITRE A M. DE VOLTAIRE.

Louïs avec Phœbus partageant son Empire;
C'est-là que tout Paris, en ce jour fortuné,
T'a conduit en triomphe & t'a vû couronné:
Là je t'ai vû moi-même, en Héros du Parnasse,
Vainqueur de tes Rivaux, confondre leur audace,
Et recevant l'encens, qu'on t'offroit à leurs yeux,
T'avancer d'un pas ferme au rang des demi-Dieux.

Tels vers le Capitole, au retour de la guerre,
Paroissoient sur leur char ces Vainqueurs de la terre,
Quand au travers du peuple, & de ses cris confus,
Et traînant après eux leurs ennemis vaincus,
Ils alloient à l'Autel, la marche terminée,
Montrer à l'Univers leur tête couronnée.

Mânes du grand Armand, mânes du grand Henri,
De joïe en ce moment vous avez tressailli;
Les neuf Sœurs à ce bruit ont quitté leur retraite;
Clio fit par trois fois retentir sa trompette.

Le Permesse en son cours s'est soudain arrêté,
Et l'écho du Parnasse a trois fois répeté;
» Triomphe, heureux Voltaire, & vainqueur
  » de l'envie,
» Sois l'honneur de ton siécle & de l'Académie.

ENVOI.

ENVOI.

Extrait dudit Mercure.

TOUT compliment aux yeux de la raison
N'est que mensonge ou pure politesse;
Mais quand c'est à toi qu'on l'adresse,
Pourroit-on craindre un tel soupçon?
Que si pourtant quelqu'un s'aprête
A démentir ce que je dis,
Déja ma preuve est toute prête;
Je le renvoïe à tes écrits.

I   ESSAI

ESSAI DE TRADUCTION.*

NOUS inserons avec plaisir cet Essai de traduction. Quoique parmi nos Lecteurs il puisse s'en trouver qui ne connoissent point la Langue Latine; nous espérons du moins qu'il ne s'en rencontrera aucun qui n'aprouve ce juste hommage rendu au Prince des Poëtes Français, & qui au défaut de la Traduction, ne relise avec plaisir les morceaux de l'Original qui sont traduits : nous suplions l'Auteur de la Traduction de nous pardonner, si nous avons suprimé les éloges qu'il nous donnoit & que nous ne devons qu'à son indulgence.

* Cet Essai, & les trois Piéces suivantes, sont extraites du Mercure de Juin 1746.

LETTRE

LETTRE
DU
TRADUCTEUR,
AUX
AUTEURS DU MERCURE.

La place que la Henriade doit ocuper est désormais fixée parmi ces prodiges de l'art qui font tant d'honneur à l'esprit humain, & couvrent d'une gloire immortelle l'Auteur & la Nation qui les a produits. Vous êtes plus en état que personne d'en juger, & de faire connoître que tout ce que l'Iliade aquit de gloire à la Grèce, & l'Enéïde à l'ancienne Rome, aujourd'hui la France doit l'atendre de la Henriade. Ce beau chef-d'œuvre est à la vérité le seul Poëme Français qui mérite le nom d'Epique, mais aussi lui seul peut sufire à notre gloire dans ce genre, & lui seul nous égale aux Nations les plus riches. Au reste, les Grecs comptent-ils plus d'un Homére,

mére, les Romains plus d'un Virgile ? Les Français ne compteront auſſi qu'un Voltaire.

Quiconque a le bon goût de la Poëſie, doit ſentir que la Henriade eſt un ouvrage à paroître toujours avantageuſement, dans quelque langue & dans quelque climat qu'on le tranſporte : ſes beautés ſont réelles, de tous les païs, de tous les tems, de tous les peuples ; mais le plus ſûr moïen de les expoſer aux yeux de l'Univers, ne ſeroit-ce pas de les habiller à la Romaine ? Les vers latins ſont connus par toute la terre, & ſemblent faits pour la majeſté du Poëme héroïque.

Avec le ſecours de cette verſion, les étrangers auroient l'intelligence d'un fameux Poëme, que le goût brillant de ſon Auteur a rempli de morceaux admirables, qui n'ont point ailleurs d'exemples, & qui vraiſemblablement n'auront point d'imitateurs. La haute idée qu'il leur donneroit de notre Poëſie (quoiqu'ils n'en aperçuſſent les beautés qu'à travers les nuages d'une traduction) ne manqueroit pas d'être glorieuſe à la France, & nous vengeroit du reproche qu'on nous a fait trop injuſtement de n'avoir pas la tête épique.

En éfet, peut-on, ſans une aveugle partialité, nous acuſer encore de cette ſorte d'impuiſſance, depuis que nous poſſédons la Henriade ? Caractéres frapés, vers harmonieux, deſcriptions vives, faits intéreſſans, ordre merveilleux,

leux, fictions agréables, stile rapide, scènes touchantes, traits sublimes, images nobles; feu, grandeur, érudition, tout s'y trouve & dans sa juste mesure: c'est le temple du goût, l'école des arts, le théâtre des passions; en un mot, le triomphe de nos Muses. Doit-on craindre de trop répandre un chef-d'œuvre de Poësie, où les Princes, les Grands, & toutes les Nations peuvent s'instruire? Quelles ressources pour des Maîtres dans nos Colléges! Quelles matiéres de vers pour leurs éleves! Quels modèles enfin pour tous les Poëtes du monde!

Voilà l'Ouvrage que j'entreprens de traduire, plein d'admiration pour son illustre Auteur. Mon zèle est grand, & je réüssirois sans doute, si mes forces poëtiques pouvoient l'égaler: du moins l'exemple que je donne peut animer de meilleures plumes que la mienne, & me suscitera peut-être quelque émule redoutable à qui je céderai les armes; trop heureux que ma défaite tourne au profit de la Patrie.

C'est aussi pour me rendre à l'invitation que vous faites si justement dans un de vos Mercures, & pour imiter M. de Voltaire lui-même, qui fait annoncer par eux sa belle Histoire Universelle, que j'ose vous présenter le frontispice de mon Ouvrage, dans la confiance que vous l'exposerez avec la justice éclairée qu'on a lieu d'attendre de vous.

En vous communiquant, Messieurs, un extrait du premier Chant, mon dessein est d'essaïer le goût du Public, dont on doit respecter assés les momens & les yeux, pour ne pas les arrêter, comme font la plûpart, sur d'ennuïeuses & frivoles productions. Ses regards favorables ou sévéres seront pour le reste de mon Ouvrage un signal de paroître au grand jour, ou de rentrer dans un éternel oubli : ce n'est point une imitation vague & paraphrasée de la Henriade que je lui présente, mais une fidèle & vraïe Traduction, où les Vers Latins répondent toûjours aux Vers Français ; unique, mais bien pénible moïen de conserver le feu, l'ordre & le génie de l'Auteur.

Le célèbre Abbé Desfontaines que je consultois à Paris sur la fin de l'année 1744. me louoit de l'entreprise en me plaignant de la dificulté : les lumiéres d'un si grand connoisseur, sur-tout en belle Poësie Latine, (par la profonde connoissance qu'il avoit de Virgile) me rendoient son commerce nécessaire, & je l'ai cultivé : je dois me taire sur ses éloges ; il me proposa de m'associer à ses travaux Périodiques ; je crus devoir refuser ce dangereux honneur, & mon refus ne diminua rien de son estime.

Dans ce tems-là même nos Poëtes faisoient retentir les trompettes & tous leurs instrumens héroïques : il me prit envie de remonter aussi

AUX AUTEURS DU MERCURE.

ma lyre, & bien-tôt aïant difposé mon Ode à l'Homme pour le retour du Roi, je lui fis donner les honneurs de la preffe, mais je n'ofai la répandre que parmi des amis: le Juge d'Avignon en parle folidement & fans enthoufiafme dans une de fes feuilles de la faifon, & modeftie à part, il y auroit dequoi flater mon orgueil poëtique, fi j'en avois le cœur ateint.

Mais la Langue Romaine eft ma favorite, & ma Verfion de la Henriade m'eft plus chére que tout le refte ; M. de Voltaire y met par tout un charme qui vous atire ; on ne peut le quitter, & toûjours le tribut d'admiration fe renouvelle. Pendant mon féjour à Paris, j'ai fait ma cour à ce grand homme ; il donnoit volontiers les mains à mon Projet de le traduire, & je lui dois ce témoignage, d'avoir reconnu qu'en lui la bonté du cœur ne le céde point à la grandeur de l'efprit. Les Vers dédicatoires qui lui font adreffés paroîtront à la tête de ma Traduction Latine, qui fera d'un côté, & les Vers Français de l'autre. J'ai l'honneur d'être, &c.

EPITRE
A MONSIEUR
DE VOLTAIRE.

OLTAIRE, ton brillant génie
Embellit tous les Arts divers;
Mais admirable dans les Vers,
Qu'il joint de force à l'harmonie!
Tu prens le Coturne inhumain,
Des traits frapans saisissant l'ame :
A ton feu divin tout s'enflâme,
Quand tu tiens la trompette en main;
Peintre de nos Ligues fatales,
Que de beautés tu nous étales,
Que d'esprit, que de sentiment!
Tout dans ce fameux monument,
De ton goût sûr dépositaire,
Pense, agit, parle noblement:
Sublime, tendre, véhément,
C'est-là que tu parois, Voltaire.

A l'orgueilleuse Antiquité
N'envions plus son Iliade;

Tu

Tu nous donnes l'égalité,
En nous donnant la Henriade.
Ces fiers combats d'Agamemnon
De la Gréce illuſtrent le nom,
C'eſt Homére qui les enfante :
Parmi des prodiges nouveaux
Rome ſort du ſein des travaux ;
Virgile la rend triomphante :
Et toi, par d'inſignes exploits,
Faiſant éclater nos trompettes,
Henri ſe ranime à ta voix,
Vainqueur de la mort cette fois,
Il n'apartient qu'aux grands Poëtes
D'immortaliſer les grands Rois.

Permets à la Muſe Latine,
De ſuivre ta Muſe divine,
D'un pas toujours reſpectueux ;
Puiſſe-t'elle ſous ſon empire,
Dans la noble ardeur qui l'inſpire,
Prendre ſon air majeſtueux !
A tes Chants ſi ma voix s'allie,
Ne crains pas un acord pareil ;
Voltaire eſt par-tout le Soleil,
Je ne ſuis que ſon Parélie.*

* Image du Soleil, formée par ſes raïons.

HENRIADOS.
LIBER I.

EROEM canimus, felix quem Gallia
vidit,
Debita jure suo, mercari & sanguine regna:
Ille per exhaustos, bello turbante, labores
Proludens didicit regnare, & parcere victis;
At postquàm hostiles armis cecidere tumultus,
Frænavit populos, victorque parensque suorum.

Te precor, ô Virgo veri fidissima custos;
Ipsa facem attollens in carmina suffice vires;
Te Regum assuescant aures audire superba,
Et te voce decet Reges ambire magistrâ,
Pandere fas tibi sit, populis mirantibus orbis,
Quàm fera civiles motus fortuna sequatur:
Dic, agitaret uti nostros discordia fines;
Dic tristes populorum iras, & crimina Regum;
Huc ades; atque tuas potuit si fabula quondam
Cantûs illecebris voces mollire severas,
Divinumque manu tenerâ decus addere frontis;
Si varios umbrâ splendori affudit honores,
Virgo, sinas mecum tua per vestigia surgat
Fida ministra, tuis non invidiosa trophais.

LA HENRIADE.
Chant I.

E chante ce Héros qui régna sur la France,
Et par droit de conquête & par droit de naiſſance;
Qui par le malheur même aprit à gouverner,
Perſécuté long-tems ſçût vaincre & pardonner;
Qui confondit Maïenne, & la Ligue, & l'Ibére,
Et fût de ſes Sujets le Vainqueur & le Pére.

Je t'implore aujourd'hui, ſévére vérité,
Répands ſur mes écrits ta force & ta clarté:
Que l'oreille des Rois s'accoûtume à t'entendre;
C'eſt à toi d'annoncer ce qu'ils doivent aprendre:
C'eſt à toi de montrer aux yeux des Nations
Les coupables éfets de leurs diviſions.
Dis comment la diſcorde a troublé nos Provinces;
Dis les malheurs du Peuple & les fautes des Princes:
Viens, parle, & s'il eſt vrai que la fable autrefois
Sçut à tes fiers accens mêler ſa douce voix,
Si ſa main délicate orna ta tête altiére,
Si ſon ombre embellit les traits de ta lumiére,
Avec moi ſur tes pas permets lui de marcher,
Pour orner tes attraits & non pour les cacher.

I 6 Valois

Et jam Valloides solio inclinabat avito,
Incertâque manu Regni tractabat habenas:
Pectora languebant humili dejecta pavore,
Imò Valloides nil præter inutile nomen
Servabat Regis: quantum mutatus ab illo
Principe, quem retulit juvenem victoria curru,
Europe expavit subitò mirata volantem;
Quique per obstantes patriæ revocantis abiret
Mille preces; tantâ virtutis imagine capti
Cùm sua gauderent summittere sceptra triones.
Degener ille trono sedeat, quem castra tulerunt:
Regnat Valloides, oculis evanuit Heros.
Delicias inter, mollisque per otia vitæ
Deficit, haud æquo lassatus pondere sceptri:
Turba ministrorum, vanâ sub imagine Regis
Luxurians, sceptrumque tenet, nomenque reliquit:
Conjurata cohors regnantem frangere luxu,
Languida corda gravi curat torpere veterno.

Gusiadum intereà rapido fortuna volatu
Inter regales exurgit ad astra ruinas:
Urbe Parisiacâ properat domus æmula Regis
Viribus adversas fractis opponere vires:
Indecores audent populi, ludibria ventis,
Debellare suum Regem, ac servire tyrannis.
Muneribus, victique metu labuntur amici,
Huncque sui cives Lupara indignante repellunt.
Advolat

Valois régnoit encor, mais ses mains incertaines
De l'Etat ébranlé laissoient floter les rênes ;
Ses ésprits languissoient par la crainte abatus,
Ou plutôt en éfet Valois ne régnoit plus.
Ce n'étoit plus ce Prince environné de gloire,
Aux combats dès l'enfance instruit par la victoire,
Dont l'Europe en tremblant regardoit les progrès,
Et qui de sa Patrie emporta les regrets,
Quand du Nord étonné de ses vertus suprêmes
Les Peuples à ses pieds mettoient les Diadêmes.
Tel brille au second rang, qui s'éclipse au premier ;
Il devint lâche Roi d'intrépide guerrier :
Endormi sur le Trône au sein de la mollesse
Le poids de sa Couronne acabloit sa foiblesse :
Quélus, & Saint-Maigrin, Joïeuse & d'Espernon,
Jeûnes voluptueux qui régnoient sous son nom,
D'un Maître efféminé, corrupteurs politiques,
Plongeoient dans les plaisirs ses langueurs létargiques.

Des Guises cependant le rapide bonheur
Sur son abaissement élevoit leur grandeur ;
Ils formoient dans Paris cette Ligue fatale,
De sa foible puissance orgueilleuse rivale.
Les Peuples insensés, vils esclaves des Grands,
Persécutoient leur Prince & servoient des Tyrans;
Ses amis corrompus bien-tôt l'abandonnérent ;
Du Louvre épouventé ses Peuples le chassérent ;

Dans

Advolat hostis ovans, cecinitque rebellio signum;
Omnia corruerant, subitò cùm magnus adesset
Magnus Borbonides, cui spirant pectora bella;
Ille jubar prabens, & fausti sideris instar
Affulsit Regi: virtus rediviva triumphat;
Jam lusisse pudet, præstatque horrere sub armis.
Præcipitant Reges studiis concordibus ambo:
Hæsit Roma timens, expavit Iberia cursu;
Europe stupefacta novo discrimine rerum,
Luminibus fixis reginam intendit ad urbem.

Urbe vagabatur nutrix discordia belli,
Maienna socias cessantis ad arma phalanges
Vocibus accendens; summâque ex arce vocabat
Et populum, & Romam, & vires tardantis Iberi:
Monstrum immane, audax, nullis placabile votis
Intentat propriis odium crudele ministris,
Fatalesque hominum versat sub corde ruinas:
Sæpe cruentatas multâ de cæde suorum,
Armavit dextras; fera pectora barbarus hospes
Excruciat, vindexque premit sua crimina pœnis.

Solis ad occiduos tractus, propè litus amœ-
  num
Quâ sinuosus aquas evolvit ab urbe morantes
Sequana, campus ubi nunc fulget imagine rerum
Atque favet natura parens, artesque laborant,
Tunc verò horruerat sedes insana tumultu,
Agmina Valloides ultor ferrata movebat.

Ardent

Dans Paris révolté l'Etranger acourut;
Tout périssoit enfin lorsque Bourbon parut:
Le vertueux Bourbon, plein d'une ardeur guerriére,
A son Prince aveuglé vint rendre la lumiére:
Il ranima sa force; il conduisit ses pas,
De la honte à la gloire & des jeux aux combats:
Aux remparts de Paris les deux Rois s'avancérent,
Rome s'en allarma, les Espagnols tremblérent:
L'Europe intéressée à ces fameux revers
Sur ces murs malheureux avoit les yeux ouverts.

On voïoit dans Paris la discorde inhumaine,
Excitant aux combats & la Ligue & Maïenne,
Et le Peuple & l'Eglise; & du haut de ses tours
De la superbe Espagne apellant les secours.
Ce monstre impétueux, sanguinaire, inflexible,
De ses propres Sujets est l'ennemi terrible?
Aux malheurs des mortels il borne ses desseins;
Le sang de son Parti rougit souvent ses mains:
Il habite en Tyran dans les cœurs qu'il déchire,
Et lui-même il punit les forfaits qu'il inspire.

Du côté du Couchant, près de ces bords fleuris
Où la Seine serpente en fuïant de Paris,
Lieux aujourd'hui charmans, retraite aimable & pure,
Où triomphent les Arts, où se plaît la Nature,
Théâtre alors sanglant des plus mortels combats,
Le malheureux Valois rassembloit ses soldats.

Là

Ardent mille duces, tot propugnacula Gallis,
Discordes sectâ, concordes vindice ferro.
Auspice Borbonio virtus, & magna reguntur
Fata virûm; junxit studiis communibus omnes:
Pectora victor habet: credas & eundo phalanges
Ire sub imperio Ducis, uniusque Ministri.

LA HENRIADE.

Là sont mille Héros, fiers soutiens de la France,
Divisés par leur secte, unis par la vengeance,
C'est aux mains de Bourbon que leur sort est commis;
En gagnant tous les cœurs, il les a tous unis;
On eut dit que l'armée à son pouvoir soumise
Ne connoissoit qu'un Chef & n'avoit qu'une Eglise.

LETTRE

LETTRE

DE

M^R. DE B***, A M^R. P. D. L. R,

SUR LA RE'PONSE AUX

LETTRES PHILOSOPHIQUES

DE MONSIEUR

DE VOLTAIRE.

A la Haie 1735.

MONSIEUR,

J'AI lû *la Réponse aux Lettres Philosophiques de Mr. de Voltaire.* Rien n'eſt plus utile qu'une Critique judicieuſe, quand elle n'eſt point outrée. Un air de modération prévient toûjours favorablement le lecteur. Celui même que l'on

* Extraite de la Bibliotéque Françaiſe, ou Hiſtoire Littéraire de la France, *Tome XXII.* pag. 31. à Amſterdam, chez Henri du Sauzet. 1736.

l'on censure se sent porté plus volontiers à avoüer qu'il a tort, quand le Censeur ne s'enorgueillit point d'avoir raison. Mais rien ne révolte davantage que ces Ecrits, où le fiel semble avoir coulé de la plume & qu'un zèle amer produit, & plus souvent encore une basse & honteuse jalousie. A Dieu ne plaise que j'atribuë de pareils motifs à l'Auteur de la *Réponse aux Lettres Philosophiques de Mr. de Voltaire*. Il est pourtant dificile de se persuader que le seul amour de la vérité l'ait conduit dans la composition de cet Ouvrage. C'est déja un grand préjugé contre lui que les odieuses personalités dont il est semé. L'animosité conduit rarement au vrai ; ce n'est point là son caractère. Elle est une source inépuisable d'illusions & d'erreurs ; elle en répand sur tout ce qu'elle fait, & l'on ne sauroit trop, ce me semble, se tenir en garde contre un homme qui paroît n'ataquer un Livre, qu'afin d'avoir l'ocasion d'ataquer l'Auteur.

Les Journalistes de Trévoux * ont annoncé cette même *Réponse* dont je vous parle : ils n'y ont trouvé que *des invectives & des raisonnemens frivoles* ; aussi n'ont-ils pas cru devoir en

---

* Voïez le Journal de Trévoux, mois de Janvier 1735. *Article* IV. *pag.* 95-111. & celui du mois de Février de la même année, *Article* XVII. *pag.* 316-339.

en rendre compte au public ; ils ont répondu eux-mêmes à Mr. de Voltaire avec plus de modération. Je ne fais, quoiqu'ils en difent, fi c'eft avec beaucoup plus de folidité ; mais il m'a paru que malgré toute l'envie qu'ils ont de *respecter la perfonne de l'Auteur des Lettres Philofophiques*, ils fe laiffent emporter quelquefois plus loin qu'ils ne veulent, & Mr. de Voltaire auroit certainement beaucoup moins à fe plaindre d'eux, s'ils avoient eu pour toutes fes *Lettres* les mêmes égards qu'ils font paroître pour celle qui renferme la critique de Pafcal. Vous favez que les quatre premiéres Lettres de Mr. de Voltaire roulent fur les Quakers. Ces gens n'ont point de Prêtres. Les femmes mêmes ont droit, comme les hommes, de prêcher dans leurs Eglifes, lorfqu'elles fe fentent infpirées. Point de Bâtême chez eux : ils prétendent que tous les Sacremens font d'invention humaine, & ils abufent de trois ou quatre Paffages de l'Ecriture qui femblent favorifer leur Secte, tandis qu'ils en oublient, de la meilleure foi du monde, une centaine qui les écrafent. Ce font d'ailleurs de vrais Philofophes, de vrais Sages ; ennemis des vaines cérémonies, jufqu'au point de tutoyer tout le monde, & de ne faluer perfonne. Ils n'ont du refpect que pour les Loix ; mais ils ont de la charité pour tous les hommes. Toujours inviolables dans
leurs

leurs promesses, sans jamais faire de sermens; ils regardent toute guerre comme criminelle, & ils se sévrent de tous les plaisirs, comme indignes d'ocuper des cœurs en qui Dieu doit habiter.

L'Auteur de la Réponse à ces Lettres n'est pas moins scandalisé que les Jésuites, de ce portrait avantageux qu'on y fait des Quakers, & selon la plus favorable des interprétations qu'il y donne, le but de Mr. de Voltaire n'est pas moins que *de viser à une Monarchie intellectuelle, & de diminuer dans notre esprit le respect que nous devons aux rangs & aux dignités, afin de nous rendre moins étrange la manière dont il prétend en user.* Bien des gens, je crois, ne pourront se persuader que ce soit-là le dessein de Mr. de Voltaire: pour moi je pense qu'il a voulu nous aprendre ce que c'est que le Quakérianisme. Ceux qui en font profession, sont regardés ordinairement comme des Fanatiques ensévelis dans une profonde ignorance, qui donnent dans les sentimens les moins raisonnables, parce qu'ils sont extraordinaires, & qui mettent leur Religion à vivre autrement que le reste des hommes. Il a voulu rectifier nos idées; & peut-être l'envie de faire paroître moins ridicule une Secte, qui a toûjours passé pour extravagante, lui aura fait un peu embellir son tableau; du moins cela me semble plus naturel, que

de

de dire que Mr. de Voltaire n'a écrit sur les Quakers, que pour nous rendre Quakers nous-mêmes, ou pour s'épargner des complimens & des révérences.

Les cinq, six & septiéme Lettres parlent de la Religion Anglicane. Notre Critique trouve fort mauvais que Mr. de Volaire dise de l'Angleterre : *C'est ici le païs des Sectes. Un Anglais, comme homme libre, va au Ciel par le chemin qui lui plaît. Je ne croirai jamais*, dit l'Auteur de la Réponse, *que les Anglais fassent choix d'une Religion, par le seul motif de conserver leur liberté*. N'est-il pas vrai, Monsieur, qu'il faut être de bien mauvaise humeur pour faire cette chicane à Mr. de Voltaire. On lui en fait encore une autre sur sa septiéme Lettre, où après avoir parlé de l'Arianisme qui se renouvelle, il ajoûte, qu'il *prend bien mal son tems de reparoître, dans un âge où le monde est rassasié de Disputes & de Sectes*. C'est-à-dire, selon notre Critique, que si le Catholicisme n'est pas renversé, c'est qu'on est las d'entendre parler de Religion, & que l'esprit d'indiférence a pris le dessus. Croïez-vous, Monsieur, que ce soit-là la pensée de Mr. de Voltaire. Je n'y entends point finesse ; pour moi je me persuade qu'il n'a voulu dire que ce qu'il a dit ; qu'on étoit rassasié de Disputes & de Sectes ; qu'on étoit à présent bien moins avide en fait de Religion qu'autrefois,

trefois, & je pense que l'on peut dire cela sans crime. Aussi ce n'est pas de cela que se plaignent le plus les Journalistes de Trévoux ; c'est de quelques traits un peu trop méchans sur la puissance & les richesses du Clergé de France. Ils ont raison, après tout, & cela n'est pas chrétien de se déclarer ainsi contre les biens de l'Eglise.

Les trois Lettres suivantes sur le Gouvernement d'Angleterre sont assés heureusement critiquées. Mr. de Voltaire y fait le panégirique des Anglois, & de leur liberté. *Il en a couté sans doute*, dit-il, *pour établir la liberté en Angleterre ; c'est dans des mers de sang qu'on a noïé l'Idole du pouvoir Despotique ; mais les Anglais ne croïent point avoir acheté trop cher de bonnes Loix... Les guerres civiles de France ont été plus longues, plus cruelles, plus fécondes en crimes que celles d'Angleterre ; mais de toutes ces guerres civiles aucune n'a eu une liberté sage pour objet.* Rien ne me semble plus raisonnable que ce que dit là-dessus l'Auteur de la Réponse. Sans entrer dans la comparaison du Gouvernement de France, & du Gouvernement d'Angleterre, il justifie la constitution de tous les Etats en général, de la manière du monde la plus satisfaisante & la plus solide, à mon sens. *La nature des Gouvernemens*, dit-il, *ne peut non plus être uniforme que les caractéres ; tel peuple qui subsiste depuis long-tems*

sous

sous la *Monarchie*, ne seroit pas propre à la République. Et quand on est parvenu à reconnoître des *Loix fondamentales*, il est dangereux de s'en écarter.... Les hommes ont apris par leurs propres intérêts la nécessité de se choisir des *Maîtres*, qui doivent avoir un pouvoir sufisant pour écarter ce qui peut troubler le bon ordre. Ce pouvoir une fois accordé ne peut être limité par aucune partie de la *Nation*; il est inutile de rechercher si tous les sujets réunis ont le pouvoir de le faire: la Religion chez nous a décidé cette question, & l'Histoire nous aprend que de pareilles circonstances sont ordinairement la chute des Etats, un Prince sage ne s'y trouve jamais, & des Peuples fidèles ne les font jamais naître.

Mr. de Voltaire fait ensuite l'apologie du meurtre de Charles I. il prétend que ce crime est bien moins odieux que les assassinats de Henri VII. de Henri III. & de Henri IV. L'Auteur de la Réponse fait voir combien la mort du Roi d'Angleterre est un atentat plus grand que l'assassinat de ces trois autres Princes. *La mort de Henri VII. de Henri III. de Henri IV. est un crime énorme, mais le gros de la Nation n'y a point trempé; c'est le crime de quelques Scélérats, & ces Scélérats ont été punis. La mort de Charles I. au contraire, est un atentat où tout le Peuple a contribué; c'est un meurtre qu'on a eu l'audace de canoniser; c'est le crime & la honte de tout l'Etat.* Il seroit à souhaiter que le critique

tique raisonnât toujours aussi juste ; mais quand on veut critiquer, à quelque prix que ce soit, il arrive quelquefois de raisonner de travers.

L'onziéme Lettre de Mr. de Voltaire, est sur l'*Insertion* de la Petite-Vérole. C'est une coutume en Angleterre de donner la Petite-Vérole aux enfans, en leur faisant une incision au bras, & lui insérant un bouton de Petite-Vérole enlevé du corps d'un autre enfant. Mr. de Voltaire prétend que cette Petite-Vérole artificielle est infiniment moins dangereuse que celle qui vient naturellement, & qu'elle purge assez le sang, pour empêcher qu'on n'ait une deuxiéme fois cette maladie. L'Auteur de la Réponse doute fort de tous ces éfets ; mais quand ils seroient vrais, j'aurois toujours peine à croire que le systême de l'Insertion pût faire fortune en France. Il est reçu en Turquie, à la Chine, en Angleterre, à la bonne heure; mais je ne pense pas que nous l'adoptions à notre tour ; il me paroît trop oposé à nos mœurs & à notre façon de penser ; & quoiqu'en dise l'Auteur des Lettres, il me semble que les Anglais pourront s'en dégoûter par inconstance, ou par raison, sans que pour cela nous l'admettions, ni par raison ni par fantaisie. Tout ce qui choque notre Critique dans sa douziéme Lettre, c'est que Mr. de Voltaire y préfére son cher Héros, Mr. Newton, aux plus grands Politiques

& aux plus célèbres Conquérans. Les éloges & les panégyriques sont pleins de semblables paradoxes; celui-ci ne dévroit pas mettre en colére l'Auteur de la Réponse.

La treiziéme Lettre est une Apologie de ce que Mr. Locke a dit dans le Chapitre III. du IV. Livre de son *Essai Philosophique sur l'Endement humain*; *peut-être ne serons-nous jamais capables de connoître si un être purement matériel pense ou non*. Mr. de Voltaire établit d'abord l'immortalité de l'ame, par la révélation. *Mais, continue-t'il, on ne nous a rien dit de sa substance; sur quoi donc concluons-nous que notre ame n'est pas matérielle? Nous ne connoissons ni la matiére ni l'esprit; nous ne pouvons donc rien assurer ni de l'un ni de l'autre. Les bêtes ne sont pas de pures machines; elles combinent quelques idées; elles pensent. Dirons-nous qu'elles ont une ame spirituelle? Nous ne connoissons point du tout la matiére; nous en devinons imparfaitement quelques propriétés; & parce que nous ne savons pas si ces propriétés peuvent être jointes à la pensée, nous assurons hardiment qu'il est impossible au Créateur de donner la pensée à la matiére.* Ce sont-là les raisons dont se sert Mr. de Voltaire, pour apuïer le systême de Mr. Locke. Voïons ce que disent ses Critiques. *

Les

* Voïez le Journal de Trévoux, Février 1735. Article XVII. pag. 320.

Les Journalistes de Trévoux répondent, que nous connoissons l'ame par le sentiment intérieur. Il est vrai, peut-on repliquer, nous connoissons que nous sommes animés, que nous pensons; mais nous ne connoissons pas ce qui pense dans nous, si c'est l'esprit ou la matiére. *La pensée*, reprennent-ils, * *en vraïe & bonne Philosophie, est l'esprit pensant.* Nous connoissons par le sentiment intérieur que nous pensons; nous connoissons donc aussi par le sentiment intérieur que nous avons un esprit. *Quand cette vraïe & bonne Philosophie*, qui est apparemment la leur, nous aura démontré que *la pensée est l'esprit pensant*, j'avoue qu'il faudra abandonner Mr. Locke; mais en atendant, vous conviendrez avec moi que l'argument des Journalistes supose que la pensée est une modification de l'esprit; & c'est justement ce qui est en question.

Enfin, disent-ils, † *Dieu ne peut-il pas créer une substance qui soit incapable de penser?* Je le veux, leur répondra-t'on; mais on ne nous a point révélé que la matiére soit cette substance incapable de penser; nous pouvons donc raisonnablement douter si la matiére peut penser ou non. Ces arguments ne sont
pas

* Voïez le Journal de Trévoux, Février 1735. *Article* XVII. *pag.* 324.
† Ibid. *pag.* 325.

pas triomphans, comme vous voïez. Paffons aux autres, qui font les mêmes que ceux dont s'eſt fervi l'Auteur de la Réponfe, auquel je reviens. Il n'eſt pas néceſſaire, dit ce Critique, de connoître toutes les combinaiſons de la matiére pour favoir que la penſée ne peut jamais être de fon reſſort, puiſque l'infiniment petite combinaifon fera toujours en raport d'égalité avec celle que vous connoiſſez. L'eſſence du principe eſt connuë: l'eſpéce des éfets l'eſt auſſi ; cela fufit pour aſſurer que toute la puiſſance de la matiére ne peut produire la plus legére des penſées. Cet argument n'étonne point du tout Mr. Locke. Il conviendra, ſi vous voulez, que la penſée n'eſt point l'éfet des propriétés que nous connoiſſons dans la matiére. On voit clairement dans le X. Chapitre du IV. Livre *de l'Entendement humain*, combien ce grand Philofophe étoit éloigné de croire que le mouvement ou l'arrangement des parties pût jamais par foi-même produire une penſée. Si la matiére penfe, difoit-il dans fes Réponſes au Docteur Stillingfleet, ce n'eſt ni parce qu'elle eſt étenduë, ni parce qu'elle eſt folide, ni parce qu'elle eſt capable de mouvement ou de repos : c'eſt parce que Dieu lui a donné la faculté de penfer, indépendante peut-être de toutes fes autres propriétés, mais qui ne les détruit point, qui ne l'empêche

ni

ni d'être solide, ni d'être capable de repos & de mouvement. La matiére ne pense pas, parce qu'elle est matiére; mais elle ne cesse pas d'être matiére, parce qu'il plaît à Dieu de lui donner le sentiment & la pensée.

Si la matiére pense, dit notre Critique, la pensée devient donc une modification de la matiére ? Si je veux changer d'idée, il faut que la matiére change de modification. Pour qu'elle puisse changer de modification, il lui faut un modificateur, & ce modificateur doit être d'une autre nature que la matiére; cette dificulté me paroît au moins aussi forte dans le sistême de la spiritualité de l'ame, que dans celui de la matérialité de l'ame. Que la pensée soit une modification de l'esprit ou de la matiére, il faut également pour changer de pensée, que l'esprit ou la matiére change de modification; il faut donc un modificateur à l'un comme à l'autre. Car si la matiére revêtuë de la faculté de penser, ne peut se modifier elle-même; pourquoi l'esprit pourra-t'il lui-même se modifier ? D'ailleurs chez tous les *Spiritualistes*, les esprits animaux ont soin de réveiller & souvent de faire naître les pensées. Or en prenant les esprits animaux pour modificateurs de l'ame, n'est-il pas plus naturel, pour ne rien dire de plus, de les faire agir sur la matiére que sur l'esprit ? Mais enfin il ne s'agit point de démontrer ici comment la matiére agit pour penser, suposé qu'elle pense; il suffit, pour justifier Mr. Locke, qu'on ne puisse démontrer qu'elle est incapable de penser.

Si notre ame est matérielle, reprend-on, elle est donc sujette à la dissolution de ses parties? Elle n'est donc pas immortelle? On ne dit pas cela. Dieu nous a assurés de son immortalité; & si elle est matérielle, il saura la garantir de cette fatale dissolution. Il en garantira bien nos corps une fois ressuscitez. Cette solution ne doit pas surprendre notre Critique; quand on lui objecte que les bêtes pensent, & que leur ame n'est pas cependant spirituelle, puisqu'elle n'est pas immortelle; il répond, que si les bêtes pensent, leur ame est spirituelle, à la vérité; mais que Dieu ne leur aïant pas promis l'immortalité, on a droit de conclure qu'à leur mort tout principe de sentiment est anéanti. Je retourne son argument, & je dis, en suposant notre ame matérielle, assurez que nous sommes que Dieu lui a promis l'immortalité: nous avons droit de conclure que Dieu saura la conserver après notre mort; eh bien, conclut-on, si la matiére peut penser, il faut donc dire aussi que la matiére peut être Dieu? Non pas, dit Mr. Locke, Chàpitre X. du IV. Livre de l'Entendement humain, chaque partie de matiére est non pesante, & un amas de de matière non pesante ne peut de soi-même devenir pesante. La matière ne peut donc jamais être un être éternel, pensant. Elle ne peut être Dieu.... Mais ce Dieu, dit-il encore, Chapitre III. du même Livre, cet Etre pensant, éternel & tout-puissant, ne peut-il pas donner, s'il veut, quelque degré de sentiment, de perception & de pensée à certains amas de cette matière vile & de soi-même insensible, qu'il joint ensemble comme il le trouve à propos. On ne sauroit démontrer qu'il n'a pû le faire; & c'en est assez pour douter s'il ne l'a pas fait. Vous sentez, Monsieur, que toute la quérelle que l'on fait à Mr. Locke & à Mr. de Voltaire, son Apologiste, ne vient que faute de s'entendre : qu'après avoir examiné sans prévention son systême, on voit qu'il n'y a ni *Spinosisme*, ni *Athéïsme*, ni *Déïsme*, ni *négation de toute Religion*, * qu'on a affecté d'y trouver tout à la fois: † que Mr. Locke n'a raisonné ni *contre la foi*, ni *contre la raison*, ni *contre la vérité*, ni *contre sa propre pensée*, & qu'il ne mérita jamais les noms de *misérable sophiste*, *d'insensé*, de *furieux*, *d'ennemi de toute bonne Philosophie*, que lui prodiguent au hazard dans

l'amer-

* *Ibid.* page 313.
† *Ibid.*

l'amertume de leur zèle, des Journalistes qui se piquent d'être modérez.

Revenons, & achevons de vous rendre un compte exact de l'Ouvrage dont nous avons commencé de vous entretenir. Nous en sommes restez à la réponse aux quatre Lettres qui traitent du Système de Mr. Newton. Au milieu d'un si vaste champ pour la critique, l'Auteur de la Réponse, qui paroit par-tout en vouloir davantage aux mœurs de Mr. de Voltaire qu'à son esprit, ne s'arrête qu'à un seul endroit de la quatorziéme Lettre, où après avoir dit que Descartes ne crut pas qu'il fut indigne de lui de faire l'amour, & qu'il eut même une fille de sa Maîtresse, on ajoûte que Mr. Newton n'eût jamais de passion, *qu'on peut admirer en cela Mr. Newton, mais qu'il ne faut pas blâmer Descartes.* En lisant cet endroit, non tel qu'il est dans la Critique, mais tel qu'il est dans les Lettres mêmes, il saute aux yeux de tout le monde, que Mr. de Voltaire n'a point voulu parler dans cette occasion de l'amour illégitime, mais de l'amour en général : qu'il a voulu dire qu'on pouvoit admirer Mr. Newton, qui n'a jamais senti de passion, chose étrange assurément dans un homme, quelque Philosophe qu'il soit ; mais qu'on ne devoit pas blâmer Descartes d'avoir été amoureux une fois, puisque l'amour n'est point une passion qui deshonore un Philosophe ; ne croïez-vous pas, Monsieur, qu'on puisse être honnête homme & penser cela?

Les Réponses aux cinq Lettres qui suivent sur la *Comédie*, la *Tragédie*, *les Seigneurs qui cultivent les Lettres*, & sur quelques beaux esprits Anglais, sont pleins de personalités. Le plaisir que l'Auteur semble trouver à contredire Mr. de Voltaire, le porte à vouloir justifier ce tas d'impertinences, dans lesquelles Rabelais noïe d'ordinaire un bon mot. La Réponse à la vingt-troisiéme Lettre est encore sur le ton de méchante humeur, Mr. de Voltaire y défend assez bien la cause des Spectacles. Jugez si le Critique crie de toute sa force à l'impiété. La vingt-septiéme Lettre *sur les Académies*, est tout-à-fait du goût de l'Auteur de la Réponse : c'est la premiére fois qu'il aprouve Mr. de Voltaire; il trouve injuste cependant qu'il apelle nos premiers Académiciens, *l'opprobre de la Nation*. Je souscris de bon cœur à cette réflexion, pourvû que l'on convienne avec moi qu'on a encore plus de tort de donner le même nom à l'Auteur des *Lettres Philosophiques*. J'oubliois de vous dire, que l'Auteur de la Réponse à Mr. de Voltaire lui atribuë ouvertement *l'Epître à Uranie*. Vous savez comme moi que dans les premiers jours que ce petit ouvrage parut, Mr. de Voltaire se défendit fort d'en être l'Auteur.

teur. Je ne vois pas qu'il l'ait avoué depuis. Pour moi, quand je compare cette Piéce avec les Poëſies de Mr. l'Abbé de Chaulieu, particuliérement avec celles qui traitent la même matiére, j'y trouve le même dogme, la même Poëſie, la même expreſſion; & ſurtout, ce même air de négligence heureuſe & de facilité, caractére de Mr. de Chaulieu trop marqué pour s'y méprendre, & trop naturel pour être imité. Je ne ſai ce que vous penſez; mais je ſuis perſuadé que vous penſerez comme moi, dès que vous aurez comparé l'Epître à Uranie, avec les deux premiéres Piéces des *Œuvres diverſes de Mr. l'Abbé de Chaulieu*, édition d'Amſterdam (ou plûtôt de Roüen) 1733. Je paſſe ſans y penſer les bornes d'une Lettre. Finiſſons. Je ne vous dis rien de la Réponſe à la Critique des Penſées de Paſcal. Je vous l'envöie. Vous la lirez vous-même, & vous en jugerez. Vous y trouverez je crois comme moi, la même animoſité dans l'Auteur de la Réponſe; mais vous y verrez auſſi dans quelques endroits, que Mr. de Voltaire n'eſt pas de meilleure foi qu'un autre quand il ſe mêle de critiquer.

Dans l'édition que j'ai des *Lettres Philoſophiques*, il y a une vingt-ſixiéme Lettre ſur l'Incendie d'Altena. L'Auteur de la Réponſe n'en parle point: il ne l'a pas lûë ſans doute. Quelle matiére pour ſa plume, s'i

ayoit

avoit vû la façon cavaliére dont M. de Voltaire traite M. Rousseau à la fin de cette Lettre, à propos de quelques Critiques que ce Poëte a fait de la Tragédie de Zaïre. L'Auteur de la Réponse a tort sans doute d'avoir écrit avec trop peu de modération contre M. de Voltaire; mais après l'exemple que M. de Voltaire semble donner, je ne sais s'il reste trop à ce dernier le droit de se plaindre. Je suis, &c.

SUR LA TRAGÉDIE D'ALZIRE.*

MONSIEUR DE VOLTAIRE reparoît avec plus de succès que jamais sur le Théâtre Français, & l'on ne se lasse point d'aplaudir sa nouvelle Tragédie, qui a pour titre *Alzire*. On la regarde comme le chef-d'œuvre de ce grand Poëte.

* Extrait de la Bibliotéque Françaife, Tome XXII, page 370.

LETTRE

LETTRE
A MESSIEURS
LES AUTEURS
DE LA
BIBLIOTHÉQUE FRANÇAISE.

MESSIEURS,

J'AI lû l'Article IX. de votre Journal de l'an 1736. (*Tome XXIII. I. Partie, page 133.*) je ne sçai si Mr. de Voltaire, qui est retiré à la campagne depuis long-tems, & qui est très-malade, en est informé. Je ne le crois pas. Mais, Messieurs, l'équité & la reconnoissance me forcent de vous écrire, en atendant qu'il puisse le faire lui-même. Puisque vous avez imprimé les accusations de Rousseau contre lui, il est juste que vous imprimiez la Réponse.

Celui qui vous a écrit la Lettre que vous avez imprimée, & qui vous a envoïé celle de Rousseau, ne se nomme point : la raison en en est claire ; il calomnie, & moi je me nomme, par la raison que je dis la vérité.

Je ne sçai pas quelle est l'origine de la broüillerie entre l'Auteur de la Henriade, de Charles XII. d'Alzire, de Brutus, &c. & l'Auteur des Odes, des Allégories, & des Epigrammes. Je souhaiterois que tous les gens de Lettres fussent amis. Je ne veux point ici ataquer le Sr. Rousseau, mais je dois d'abord vous faire remarquer les diférences qui se trouvent entre ces deux hommes, afin que le Public soit en état de juger.

Mr. de Voltaire est né d'une très-bonne famille de Robe ; il a du bien, & il a abandonné les Charges qu'on lui destinoit pour cultiver les Belles-Lettres. Il ne s'est jamais servi de sa fortune que pour faire du bien ; je suis témoin que le produit de ses Ouvrages a été abandonné à la plûpart de ses amis ; & le Sieur Ledet, qui les a imprimés & qui en annonce une nouvelle édition magnifique, peut dire si jamais Mr. de Voltaire a exigé de lui le moindre present. Je peux assurer encore, à la face de toute la terre, qu'il a eu long-tems chez lui deux jeunes gens qui s'apliquoient aux Belles-Lettres, & auxquels il païoit pension, & qu'il entretenoit de tout : l'un d'eux est mort dans mes bras ; il s'apelloit *Le Févre* ; & ses parens qui sont à Paris, ne peuvent contester ce fait.

Je

Je n'ai jamais vû un Homme de Lettres dans l'indigence, refusé par lui, lorsque sa fortune étoit meilleure qu'elle n'est à present. Il a perdu depuis une partie de son bien, & il n'a été sensible à cette perte, que parce que cela lui a ôté pour un tems le moïen de continuer ses bienfaits.

Il a donné aux Comédiens Français qui ont représenté *Alzire*, le bénéfice des représentations. D'ailleurs il n'a jamais fait sa cour à personne.

J'ai vû les plus grands Seigneurs du Roïaume venir chez lui ; & ce qui paroîtra plus surprenant, ils le consultoient sur des afaires. J'ai été témoin du mariage qu'il a fait d'une Princesse, & des services essentiels qu'il a rendus à la Maison.

Voilà ce que tous ceux qui le connoissent certifieront touchant ses mœurs. Il a d'ailleurs toujours passé pour être aimable dans la société, d'une politesse très-noble, & d'un entretien agréable. Je ne sçai pas pourquoi le Sieur Rousseau dit de lui qu'il a une mauvaise phisionomie ; il étoit, au contraire, dans sa jeunesse, d'une figure séduisante.

A l'égard de ses Ecrits, tout le monde les connoît. Il y a eu vingt éditions de la Henriade. Son Histoire de Charles XII. Brutus, Zaïre, ont été traduits en Italien, en Anglais, & en Allemand. Et vous pouvez compter,

pter, Méssieurs, qu'il est autant estimé dans son païs, qu'on veut nous faire croire qu'il est méprisé.

On vous écrit que ses Lettres ont été brûlées ; mais je peux vous assurer que ce ne sont point les siennes, & que j'ai entre les mains le Manuscrit qui n'est point du tout l'Ouvrage qu'on lui a atribué.

Vous sentez bien, Messieurs, que ses succès lui ont atiré pour ennemis quelques Ecrivains ; mais vous savez aussi que le Public ne croit pas les Auteurs dans leur propre cause. Je vois bien du fiel & de la grossiereté dans la Lettre de Rousseau contre lui, mais je n'y vois aucune ombre de vérité. On y remarque un Poëte jaloux, qui mêle des reproches personnels aux plus petites minuties de la Poësie. Il reproche à l'Auteur charmant d'Alzire, d'avoir fait rimer *amour* avec *amour*. Cette faute se glissa dans quelques Exemplaires de l'Edition de Paris, que j'ai conduite. Il y avoit,

Tu t'assure ma foi, mon respect, mon retour,
Tous mes vœux, s'il en est qui tiennent lieu d'amour.

Le Libraire avoit mis *mon respect, mon amour*, au lieu de *retour*. Je le grondai bien, & je priai le Sieur Ledet de corriger cette faute. C'est à la *page* 57. de l'Edition de Paris, *Acte IV*.

Vous

Vous pouvez juger, Messieurs, par la mauvaise foi avec laquelle le Sieur Rousseau releve cet endroit, de l'esprit qui le fait agir. Je puis vous assurer que tout ce qu'il avance sur les mœurs de Mr. de Voltaire n'est pas moins calomnieux. Si vous voulez vous donner la peine de relire le Factum admirable de Mr. Saurin contre Rousseau, vous y verrez qu'on reprochoit à Rousseau les énormes choses qu'il retorque aujourd'hui si injustement contre Mr. de Voltaire. Mais, Messieurs, les mœurs de l'un & de l'autre sont connus ; il ne seroit pas juste que celui qui est flétri par des Arrêts eût le droit d'en flétrir un autre ; au reste, Messieurs, j'atens de votre justice que vous imprimerez cette Lettre, qui ne contient rien que de vrai.

J'ai l'honneur d'être,

MESSIEURS,

Votre très-humble & très-obéissant Serviteur,

DE MOLIN.

A Paris, ce 26. Août 1736.

ESSAI

ESSAI
DE MONSIEUR
DE VOLTAIRE,
SUR LE FEU.*

APrè's avoir rendu compte de la *Dissertation* de Madame la Marquise du Chastelet sur le feu, je ne puis, Monsieur, me dispenser de vous entretenir de l'*Essai* de Mr. de Voltaire, que l'Académie des Sciences a fait imprimer à la suite. Comme elle a déclaré en termes exprès, qu'elle n'aprouvoit point *l'idée qu'on donne de la nature du feu* en ces deux piéces, il seroit inutile de vouloir combattre quelques opinions répandues dans celle-ci.

L'Auteur commence par établir solidement, que le mouvement seul ne peut produire

---

* Extrait des Observations sur les Ecrits Modernes, *Tome* XVIII. *pag.* 241. *& suiv.* A Paris, chez Chaubert. 1739.

duire la substance du feu, qui existe indépendamment de tous les autres corps. En cela, il est oposé à Descartes & à Newton même; car Newton, conformément au sentiment de Descartes, a dit formellement dans son Optique, que *la terre se change en feu, comme l'eau peut être changée en terre* : ce qui est manifestement faux, & contraire aux expériences. Il est évident (comme le pense Mr. de Voltaire) que le feu est un être élémentaire, qui ne se change en aucune substance, comme aucune substance ne se change en lui. C'est ce que Madame du Chastelet a aussi fort bien prouvé dans sa Dissertation. » Il est à croi-
» re, dit l'Auteur de celle-ci, que l'air pur,
» dégagé de tout le cahos de l'atmosphére,
» l'eau pure, la terre simple, ne se changeant
» en aucun autre corps, sont les élémens
» primitifs de toute matiére, *au moins connue.*
» Les Elémens que la Chimie a découverts,
» ne paroissent être autre chose que ces qua-
» tre élémens. Car tout soulfre, tout sel,
» toute huile, toute tête-morte, contient
» toujours les quatre élémens, ou les qua-
» tre ensemble ; & à l'égard de ce qu'on a
» nommé l'esprit ou le *mercure*, ou ce n'est
» rien, ou c'est du feu. « Nous laissons aux Chymistes à examiner la justesse de ce discours. Je ne sçai si nos Physiciens seront disposez à se réconcilier, par l'entremise de l'Auteur,

teur, avec les quatre élémens d'Ariſtote.

M. de Voltaire aïant lû dans les *Principes* de Newton, que ce grand Philoſophe doute *ſi les raïons du Soleil ſont un corps ou non*, examine ſi le feu eſt un corps, ou du moins s'il a les propriétés de la matiére. Après avoir diſcuté les raiſons de quelques Philoſophes, qui ont refuſé au feu, non-ſeulement la peſanteur, mais même l'impénétrabilité, il conclut (contre le ſentiment de Madame du Chaſtelet) que le feu eſt peſant & impénétrable. » A l'égard de la peſanteur, dit-il, » les expériences lui ſont au moins très-favo- » rables. « Et il en raporte dans ſon écrit pluſieurs, que je ne puis détailler ici. » A l'égard » de l'impénétrabilité, continuë-t-il, elle pa- » roît plus certaine; car le feu eſt un corps; » ſes parties ſont très-ſolides, puiſqu'elles di- » viſent les corps les plus ſolides, & puiſque » l'aiguille d'une bouſſole tourne au foïer » d'un verre ardent. « Or la ſolidité emporte néceſſairement l'impénétrabilité. Il pouvoit ajoûter, que refuſer l'impénétrabilité au feu, c'eſt nier, comme Madame du Chaſtelet, qu'il ſoit de la matiére; mais en ce cas, ce n'eſt plus un corps Phyſique. Il faut donc qu'un Phyſicien s'abſtienne d'en parler, ou il parlera d'un être, dont il n'a aucune idée. Du reſte, M. de Voltaire n'a pas de peine à répondre à l'objection tirée des traits de feu qu'on qu'on nomme raïons de lumiére, lesquels se croisent, dit-il, sans se pénétrer : d'où il conclut fort bien, que deux hommes ne voïent jamais le même point physique, le même *minimum visibile.*

Aïant ainsi admis sensément dans le feu toutes les propriétés primordiales *connuës dans la matiére* (c'est son expression, qui supose qu'elle pourroit avoir des propriétés *inconnuës*) il passe à ses propriétés particuliéres, dont les principales qui caractérisent sa nature, sont de brûler & d'éclairer. Ici il examine d'où le feu tire son mouvement; la réponse est aisée & commune. Le feu est de sa nature toujours en mouvement. Il n'y a point de doute sur cela parmi les Physiciens. Cependant l'Auteur réfute ceux qui pourroient croire qu'il y a une autre matiére qui cause le mouvement du feu. » Pourquoi, dit-il, » tous les animaux sont-ils plus grands le jour » que la nuit ? Pourquoi les maisons sont- » elles plus hautes à midi qu'à minuit ? Faudra-t'il pour expliquer ces Phénoménes continuels, recourir à autre chose qu'au feu. Son » absence ne fait-elle pas sensiblement le repos ? » Sa presence ne fait-elle pas sensiblement le » mouvement ? « A l'égard de cette diférence de la grandeur des corps, elle est fondée sur la chaleur, suposée plus grande le jour que la nuit, & dont le propre est de dilater tous les corps.

L'Au-

L'Auteur prétend que le feu par son mouvement contribuë au froid ; & il le prouve, parce qu'avec le feu nous glaçons des liqueurs, & parce que des fluides empreints de matiére ignée, tels que le sel volatile d'urine, & le vinaigre, le sel armoniac, & le mercure sublimé, font baisser prodigieusement le thermomètre ; enfin, parce que l'air dilaté par l'action du feu (de quelque maniére que ce soit) nous aporte du Nord des particules froides.

Le feu est-il la cause de l'élasticité ? L'Auteur panche avec raison pour l'affirmative, & il croit qu'un corps seroit parfaitement dur, s'il étoit absolument privé de feu. Enfin, selon lui, un corps n'est élastique, qu'autant que ses parties constituantes résistent au mouvement du feu qu'il renferme. » Plus on a
» augmenté l'adhésion, la cohérence des par-
» ties d'un métal, en le comprimant sous le
» marteau ; plus alors cette adhésion surpas-
» se l'action du feu que contient ce métal :
» alors son ressort est toujours plus grand.
» Qu'il soit échaufé, le ressort diminuë ; qu'il
» soit ensuite en fusion, le ressort est perdu
» entiérement. Laissez refroidir ce corps fon-
» du, c'est-à-dire, laissez exhaler le feu étran-
» ger & surabondant qui le pénétroit ; ne
» lui laissez que la quantité de substance de feu
» qui étoit naturellement dans les pores de ses
» parties constituantes, le ressort se rétablit. «

C'est

C'est par les mêmes raisons que l'air reçoit son ressort du feu. » L'air de notre atmos-
» phére est un assemblage de vapeurs de tou-
» te espéce, qui lui laissent très-peu de ma-
» tiére propre. Otez de cet air l'eau dans
» laquelle il nâge, & dont la pesanteur spé-
» cifique est au moins de huit cens cinquan-
» te fois plus grande que celle de cet air.
» Otez-en toutes les exhalaisons de la terre.
» Que restera-t'il à l'air pur pour sa pesanteur ?
» Il est impossible d'assigner ce peu que l'air
» pur pese par lui-même. Il reçoit donc cer-
» tainement d'une autre matière cette gran-
» de pesanteur, qui soutient trente-trois piés
» d'eau, ou vingt-neuf pouces de mercure. *
» Cette force qui surprit tant le siécle passé,
» ne lui apartient pas en propre. « Il est bien
certain que la chaleur dilate l'air ; mais aug-
mente-t'elle son élasticité dans le tems qu'il
s'étend, comme Mr. de Voltaire le dit ? Un
air comprimé a certainement bien plus de
force élastique qu'un air dilaté. Est-ce par son
élasticité qu'un air dilaté par la chaleur, cas-
se les vaisseaux où il est renfermé ? N'est-ce
pas plutôt par sa dilatation même ?

Le feu, selon l'Auteur, est aussi la cause de
l'électricité ; & il se fonde sur ce qu'il n'y a
aucun

* Selon M. Pascal, Rohault, &c. c'est 32. piés d'eau,
& 27. pouces de mercure.

aucun corps dur, qui ne s'échauffe étant frotté, & qu'il n'y a aucun corps électrique, qui ne doive être frotté pour pouvoir exercer son électricité. Quelques corps durs étant frottez s'enflamment; quelques corps électriques jettent des étincelles: tous, après un long & violent frottement, jettent de la lumière. Il s'ensuit que le feu peut avoir beaucoup de part à l'électricité; mais il n'en est pas la seule cause (quoique dise l'Auteur) puisque tous les corps frottez ne sont pas électriques. D'ailleurs l'aiman attire le fer, sans aucune friction & sans qu'on y excite aucun mouvement interne.

Mr. de Voltaire prétend que le feu échauffe & éclaire en raison inverse, ou réciproque du carré des distances. A l'égard de la lumière, on le passe; mais à l'égard de la chaleur, Madame du Chastelet, après des Sçavans, a fait voir le contraire par des expériences certaines.*

Le feu, selon lui, a la propriété d'être attiré sensiblement par le corps, & il croit le prouver, *pag.* 190. par l'expérience de l'inflection des raions de lumière vers les corps, & par la réfraction. » D'où il conclut, qu'il est
» aussi indubitable qu'il y a une *attraction*,
» entre les particules de feu & les autres corps,
» qu'il

* Voïez les Observ. Lettre... p.

SUR LE FEU.

» qu'il est difficile d'assigner la cause de cette
» attraction. «

Autre propriété suposée par l'Auteur. Le feu, selon lui, réjaillit des corps solides, sans les avoir touchez. *C'est un Phénoméne*, dit-il, *dont il n'est plus permis de douter*. Il raporte à ce sujet l'expérience du raïon de lumiére, tombant sur un prisme & faisant un angle de 41. degrez. Alors la lumiére ne passe plus, & est réfléchie toute entiére. » Mais, ajoûte-t'il,
» si on met de l'eau sous ce prisme, la même
» lumiére qui ne passoit point dans l'air à 41.
» degrez, passe à cette même obliquité dans
» l'eau. Elle trouve pourtant dans l'eau plus
» de parties solides que dans l'air; elle ne ré-
» jaillit point de dessus cette eau, & elle ré-
» jaillit de dessus cet air. Donc elle n'est pas
» réfléchie en ce cas par les parties solides. «
Mr. de Voltaire a allégué la même expérience & le même raisonnement dans son Livre sur *la Philosophie de Newton*; & vous savez ce qu'on lui a répondu. * Je crois qu'il y auroit encore d'autres réponses à lui faire. †

Mr. de Voltaire parle ensuite de la figure
&

---

* Voïez les Observations, Lettre 214. *Tome XV*. pag. 77.

† Voïez le Livre nouveau de M. Banniére, intitulé: *Réfutation des Elémens de la Philosophie de Newton*, de M. de Voltaire, imprimé à Paris, chez Lambert & Durant, 1739. *in-octavo*.

& de la couleur du feu, il est inutile que nous nous y arrêtions. Après avoir ainsi examiné la nature de cet Elément dans la première partie de son *Essai*, il passe à la seconde, où il traite de la propagation du feu. 1°. Il explique la manière dont nous le produisons. 2°. Comment il agit. 3°. En quelles proportions il embrase les corps. 4°. La manière & les proportions avec lesquelles il se communique d'un corps à un autre. 5°. Ce qu'on nomme l'aliment du feu, & ce qui est nécessaire pour son action. 6°. Enfin ce qui l'éteint. Voilà en éfet à peu près tout ce qui peut concerner la propagation du feu. Mr. de Voltaire traite tout cela legérement & en peu de mots, au lieu que Madame la Marquise du Chastelet s'est fort étenduë sur tous ces articles. Comme c'est ici le même fond de Doctrine, que celle de Madame la Marquise, nous nous bornerons à quelques points particuliers.

Vous avez vû dans l'Extrait * de la Dissertation de Madame du Chastelet, que cette Dame croit que le feu est également distribué dans tous les corps. Mr. de Voltaire est d'une opinion contraire, & nous pensons comme lui. Voici ses raisons. « Si cette égale dis-« tribution de feu étoit réelle, la glace facti-
« ce

* Observ, Lettre 169. p. 163.

« ce en auroit autant que l'alcohol * le plus
» pur. 2°. Les corps s'enflamment beaucoup
» plus aifément les uns que les autres. 3°. Il
» paroît très-probable par toutes les expérien-
» ces & par le raifonnement, que de deux
» corps, celui qui s'enflammera le plus vîte,
» à feu égal, contenoit dans fa maffe plus de
» fubftance de feu que l'autre, & qu'ainfi
» un pied cubique de foulfre, contient cer-
» tainement plus de feu qu'un pied cubique
» de marbre. « Mais tous les corps ont un
égal degré de chaleur au thermométre, fuivant l'expérience alléguée par Madame du
Chaftelet. Mr. de Voltaire répond folidement,
que le feu n'agit dans les corps que par un
mouvement proportionnel à fa quantité, &
que chaque corps réfifte à l'action de ce feu
qu'il contient; enforte que quand cette ré-
fiftance eft en équilibre avec l'action du feu,
c'eft précifément comme fi le feu n'agiffoit
pas. Les particules des corps font alors en
repos (quoique ce repos foit imparfait) &
c'eft ce qui fait qu'ils ont un égal degré de
chaleur, fans qu'on doive en conclure, qu'ils
contiennent une égale portion de feu.

L'article des *proportions* dans lefquelles le
feu embrafe les corps, renferme plufieurs loix
certaines, excepté la feconde, qui felon l'expérience

* Efprit de vin très-rectifié.

L 2

périence alléguée par Madame du Chaftelet, n'eft pas vraïe. Voici la quatriéme. Les corps retiennent leur chaleur à proportion du tems qu'il a fallu pour les échauffer. L'expérience confirme cette régle. Cependant la craïe & quelques pierres fe refroidiffent fort vîte, après s'être très-lentement échauffées. C'eft que le feu a changé leurs parties & ouvert leurs pores. Cette exception ne nuit point à la régle. Nous fommes obligés de paffer plufieurs obfervations, qui concernent les proportions de l'action du feu ; obfervations plus curieufes qu'utiles.

L'Auteur, dans l'article de la *communication du feu*, prétend que le feu ne tend, ni à monter, ni à defcendre. Vous avez vû que Madame du Chaftelet foutient que le feu tend toujours en haut. Mr. de Voltaire raifonne fur un principe fort diférent. » Le vulgaire, » dit-il, qui voit monter la flâme, penfe » que le feu fe communique plus en haut » qu'en bas, fans fonger que la flâme ne » monte, que parce que l'air, plus pefant » qu'elle, preffe fur le corps combuftible. «

Mr. de Voltaire a fait une expérience que je vais raporter, parce qu'elle lui apartient & qu'elle me paroît concluante. Il a fait rougir un fer, qu'il a enfuite placé entre deux fers entiérement femblables (aparemment l'un au-deffus, & l'autre au-deffous.) Au bout

bout d'un demi-quart-d'heure, il a retiré ces deux fers femblables, & il a mis deux thermométres conftruits fur les principes de M. de Réaumur, à quatre pouces de chaque fer. Il eft arrivé que les liqueurs ont monté également en tems égaux. De-là il conclut qu'il eft démontré que le feu fe communique également en tous fens, quand il ne trouve point d'obftacle.

Voici d'autres expériences auffi curieufes. L'eau boüillante fait monter à vingt-neuf degrés le thermométre de Mr. de Réaumur, dont la boule eft à moitié plongée dans cette eau. L'huile boüillante, qui feule feroit monter le même thermométre à près de trois fois cette hauteur, mêlée avec pareille quantité d'eau fraîche, ne le fait monter qu'à quarante-trois degrés. Même quantité d'huile boüillante, mêlée avec même quantité d'huile froide, le fait monter à 79. degrés, la boule toujours à moitié plongée. Même quantité d'huile boüillante mêlée avec même quantité de vinaigre, le fait monter à cinquante un degrés. C'eft huit degrés de plus que ne fait l'eau, & cependant le vinaigre feul boüillant n'eft pas plus chaud que l'eau boüillante.

» J'ai préparé, dit l'Auteur, des expérien-
» ces fur la quantité de la chaleur que les li-
» queurs communiquent aux liqueurs, les fo-
» lides aux folides, & j'en donnerai la table,

» fi MM. de l'Académie jugent que cette pe-
» tite peine puiſſe être de quelque utilité. «
Mr. de Voltaire pour ſavoir en quelle proportion le feu ſe communique dans les incendies, a fait mettre le feu à un bois taillis, lorſqu'il faiſoit un grand vent. Ce bois de 80.
piés de long ſur vingt de large, fut entiérement conſumé en une heure. Il a fait la même expérience lorſqu'il n'y avoit point de
vent, & il n'y eut que le quart du bois brûlé. Je crois que cette expérience ne ſurpren-
dra perſonne.

 Par raport à ce qu'on apelle l'aliment du
feu, l'Auteur le définit, *ce qu'il y a de combuſtible dans les corps*, & comme tout mixte peut
être diviſé dans ſes parties par le feu, tout
mixte, en ce ſens, eſt combuſtible. Du reſte, aucunes parties des mixtes ne ſe tranſ-
forment en feu. Le corps qui s'embraſe, n'eſt
autre choſe qu'un corps qui contient la matiére ignée dans ſes pores. Les ſels, les flegm-
mes, la tête-morte, ne s'enflâment jamais. La
ſeule matiére inflammable qu'on retire des
corps, eſt ce qui s'apelle l'huile, ou le ſoulfre.
Ainſi les corps ne ſont l'aliment du feu, qu'à
proportion qu'ils contiennent de ce ſoulfre.

 Mais qu'eſt-ce que ce ſoulfre lui-même, demande Mr. de Voltaire? Il répond, que c'eſt
un principe en chimie; mais ce principe, ajoûte-t'il, n'eſt phyſiquement qu'un mixte, dans
lequel

lequel il entre encore de l'eau, de la terre, de l'air & du feu. Or ce n'est, dit-il, ni par l'eau, ni par l'air, ni par la terre, qu'il est inflammable ; ce n'est donc que par le feu élémentaire qu'il contient. Mr. Homberg, disoit, selon lui, que le *soulfre principe*, n'étoit autre chose que le feu même. Il y a ici, au sujet de la nécessité de l'air pour l'entretien du feu, des remarques, des expériences, & des réflexions, que nous sommes obligez de passer ; nous dirons seulement que Mr. de Voltaire établit pour régle, qu'*un petit feu a besoin d'air & qu'un grand n'en a nul besoin*. Cela paroît un paradoxe ; il faut voir les couleurs que l'Auteur lui donne.

Au sujet de l'extinction du feu, qui est le dernier article de cette Dissertation, voici ce que l'Auteur avance. » L'air incessamment re-
» nouvellé, *servant de souflet*, pour entretenir
» tout feu médiocre, l'absence de cet air suf-
» fit pour que le feu s'éteigne. L'eau jettée
» sur le feu, l'éteint pour deux raisons. 1°.
» Parce qu'elle touche la matiére embrasée,
» & se met entre l'air & elle. 2°. Parce qu'el-
» le contient bien moins de feu que le corps
» embrasé qu'elle touche. L'huile au contrai-
» re contenant beaucoup de feu, augmente
» l'embrasement, au lieu de l'éteindre. Ce-
» pendant un charbon, un fer ardent s'étei-
» gnent dans l'huile la plus boüillante. La rai-

» si MM. de l'Académie jugent que cette pe-
» tite peine puisse être de quelque utilité. «
Mr. de Voltaire pour savoir en quelle proportion le feu se communique dans les incendies, a fait mettre le feu à un bois taillis, lorsqu'il faisoit un grand vent. Ce bois de 80. piés de long sur vingt de large, fut entiérement consumé en une heure. Il a fait la même expérience lorsqu'il n'y avoit point de vent, & il n'y eut que le quart du bois brûlé. Je crois que cette expérience ne surprendra personne.

Par raport à ce qu'on apelle l'aliment du feu, l'Auteur le définit, *ce qu'il y a de combustible dans les corps*, & comme tout mixte peut être divisé dans ses parties par le feu, tout mixte, en ce sens, est combustible. Du reste, aucunes parties des mixtes ne se transforment en feu. Le corps qui s'embrase, n'est autre chose qu'un corps qui contient la matiére ignée dans ses pores. Les sels, les flegmes, la tête-morte, ne s'enflâment jamais. La seule matiére inflammable qu'on retire des corps, est ce qui s'apelle l'huile, ou le soulfre. Ainsi les corps ne sont l'aliment du feu, qu'à proportion qu'ils contiennent de ce soulfre.

Mais qu'est-ce que ce soulfre lui-même, demande Mr. de Voltaire ? Il répond, que c'est un principe en chimie; mais ce principe, ajoûte-t'il, n'est physiquement qu'un mixte, dans
lequel

EXAMEN
DE
LA PHILOSOPHIE
DE NEWTON,
PAR MONSIEUR
DE VOLTAIRE.*

ON trouve, Monsieur, à la tête de l'*Examen & Réfutation des Elémens de la Philosophie de Newton, par Mr. de Voltaire* †, (Ouvrage de Mr. *Bannière*, dont j'ai déja fait mention) un panégyrique de Descartes. Il est trop long pour le raporter ici en entier; je citerai seulement ces paroles, qui terminent son éloge. » Mr. Des» cartes a donné un corps de doctrine provi» sionnel, laissant à ses Disciples le soin & le
» moïen

* Extrait des Observations sur les Ecrits Modernes, *Tome XIX. pag. 97. & suiv.*
† A Paris, ruë St. Jâques, chez Lambert & Durant. 1739. *in-octavo*, 308. *p.*

» moïen de le corriger & de le perfectionner.
» Ne pouvant tout connoître, il indiqua le
» chemin qui conduit à toutes les connoif-
» fances. N'eſt-ce pas dire que Mr. Deſcar-
» tes eſt le pere de la Philoſophie, lorſque
» nous diſons que c'eſt M. Deſcartes qui a don-
» né cette excellente méthode, par laquelle
» on a découvert & on découvre tous les jours
» tant de ſublimes vérités; méthode à laquel-
» le nous devons tous les progrès qu'on fait
» dans les ſciences, que Mr. Newton a ſui-
» vie dans ſes études, & qui lui a été ſi utile. «

Cet éloge du pere de la vraïe Philoſophie & du Prince des vrais Philoſophes a pour but de réfuter pleinement ces paroles échapées à Mr. de Voltaire. *Ce ſiécle eſt autant ſupérieur à Deſcartes, que Deſcartes l'étoit à l'antiquité.* Mr. Banniére prétend que Deſcartes n'a ſongé qu'à s'éloigner de la route des anciens Philoſophes, & qu'au contraire les Philoſophes d'aujourd'hui ne font des progrès que ſur les pas de Deſcartes, & en ſuivant la route qu'il a tracée. Il faut, ſelon lui, lui raporter originairement toutes les connoiſſances, comme à Colombe toutes les nouvelles découvertes faites en Amérique par des voïageurs poſtérieurs. Sans Deſcartes, on ne feroit encore que bégaïer en Phyſique.

Mais Deſcartes a ſurpaſſé tous les Géométres & tous les Philoſophes de l'antiquité, &

aucun des Modernes ne l'a encore éfacé. Ils ont été à la vérité plus loin que lui; mais ce n'est qu'en suivant le chemin qu'il leur avoit indiqué. Mr. Varignon disoit autrefois, que si Descartes avoit tourné sa vûë du côté où on l'a fixée depuis lui, il auroit été plus loin en six mois lui seul, que tous nos Géométres.

Mr. Banniére, après ce préambule, attaque Mr. de Voltaire sur sa définition de la lumiére. Il trouve que dire que *la lumiére est du feu*, c'est ne rien dire de clair & d'instructif. Selon Mr. de Voltaire, *pag.* 16. Descartes a eu raison de prétendre que la lumiére est une matière fine & déliée, *répanduë par tout*; & à la *pag.* 18. il soutient qu'*il est absolument faux que la lumiére soit répanduë par tout*. Mr. Banniére dit que c'est-là se contredire manifestement. * Si on l'en croit, Mr. de Voltaire a fort mal entendu & expliqué le mouvement des cubes de Descartes, mouvement double, dont l'un est autour du centre particulier de chaque cube, & l'autre est autour du centre commun. Il se trompe encore, ajoute-t-il, en ce qu'il dit faussement, que la partie la plus épaisse de ces cubes forma le troisième élément de Descartes. Ce furent plûtôt les sphéres, qui résultant de cet arondissement, formérent la partie la plus épaisse de ces cubes. Il est à croire que Mr.

* Dans la seconde Edition, C'est *pag.* 14. & 16.

Mr. de Voltaire pense comme Mr. Banniére, mais qu'il s'est expliqué improprement.

Le système de Descartes (dit Mr. de Voltaire) *n'étant prouvé en aucun de ses points, autant valoit adopter le froid & le chaud, le sec & l'humide.* Mr. Banniére répond que le système des tourbillons de Descartes renferme une hypothèse & une thèse. L'hypothèse est la *création des cubes* que Descartes ne donne que comme une suposition. La thèse est l'*existence de la matière subtile*, qui est démontrée & reconnue par Newton même : Et le feu est-il autre chose ? Newton ne fait-il pas dépendre d'elle & de son ressort la pesanteur des corps, opinion empruntée du Cartésianisme ? Cette matière subtile n'est autre chose que l'*éther* admis par tous les Newtoniens. Descartes l'apelle lui-même *matière éthérée*. Sur quel fondement Mr. de Voltaire dit-il donc que *le système de Descartes est faux ?*

Mr. de Voltaire dit, que si la lumière (c'est-à-dire, la matière du second élément) étoit répandue par tout & toujours existante dans l'air, *nous verrions clair la nuit comme le jour.* Ce raisonnement ressemble à celui d'un homme qui prétendroit qu'il n'y a point de poudre dans un canon, parce que le boulet en sortiroit avec fracas s'il y avoit de la poudre dans un canon. Ne faut-il pas qu'elle soit mise en action, pour chasser le boulet ? De même la matière tiére lumineuse, pour agir sur nos yeux, doit être mise en action par les raïons du soleil dirigés vers nous, sans être arrêtés par un corps opaque. *Il est démontré*, dit Mr. de Voltaire, *que la lumiére émane du Soleil :* donc le liquide de Descartes n'est point la matiére lumineuse, & ce liquide est une chimére. « A qui » est-ce, répond Mr. Banniére, que notre Auteur en veut imposer ? A qui croit-il persuader qu'*il est démontré* que la lumiére émane du soleil ? « C'est plûtôt une absurdité, selon lui, & il le prouve fort bien. Si la matiére de la lumiére, dit-il, n'étoit pas répanduë par tout, & si c'étoit une émission du soleil, nous ne verrions point en plein midi. La preuve est claire & solide, & nous invitons le Lecteur à la lire tout au long dans le Livre de Mr. Banniére, *pag.* 21. Je ne crois pas qu'aucun Newtonien puisse y répondre. Voici le précis de l'argument : les raïons *émanés* du soleil tombent sur la terre, ou par impulsion ou par attraction. Si c'est par impulsion, le systême de l'attraction de Newton est totalement renversé. Si c'est par attraction, la lumiére qui est un corps, ne doit point graviter vers la terre, parce que, selon Newton, tout gravite vers le soleil. La gravitation, lorsque sa force n'est point contrebalancée, fait avancer les corps vers le centre de leur gravitation. La lumiére ne doit donc pas s'avancer

cer vers la terre, ni s'éloigner du soleil. Ainſi, ſelon les principes de Newton, nous dévrions être dans des ténèbres perpétuelles : nous ne dévrions pas voir clair en plein midi. Cette objection eſt bien plus forte contre Newton, que celle de Mr. de Voltaire contre Deſcartes. Enfin, le ſyſtême de l'émiſſion des raïons a bien d'autres inconvéniens, qu'il ſeroit trop long de déduire ici. Il faut pourtant convenir que cette opinion, qui eſt abſurde dans le ſyſtême de Newton, pourroit fort bien ſe ſoutenir dans celui de Deſcartes, & j'ai vû d'habiles Cartéſiens la défendre publiquement dans des Thêſes. Car tous n'admettent pas la matière globuleuſe de Deſcartes.

On trouve à la *pag. 39.* un endroit tourné avec bien de la délicateſſe ; c'eſt une réponſe ingénieuſe aux Journaliſtes de Trévoux, qui avoient paru mépriſer un argument de Mr. Banniére, inféré dans ſon *Traité de la lumière*, & qui l'ont depuis tellement adopté, qu'ils l'ont propoſé d'eux-mêmes en une autre occaſion, comme une raiſon victorieuſe. Mais n'en déplaiſe à Mr. Banniére, il n'y a point en cela de contradiction. Le Journal de Trévoux eſt de diférentes plumes. Un Journaliſte a mépriſé ſon argument : un autre l'a trouvé démonſtratif. Mais ce qu'il y a de particulier, eſt que le Journaliſte, pour faire valoir cet argument de Mr. Banniére, l'a mis dans la bouche

che de Mr. de Voltaire qui n'y a jamais pensé. » Il a mieux aimé, dit Mr. B. donner » cette preuve à un autre, que de la laisser » plus long-tems dans le mépris. « Ce qui lui donne lieu de loüer sa droiture. » Il est » rare, dit-il, de trouver tant de bonne-foi » dans les Auteurs qui se sont trompés. «

Vous savez que, selon les Newtoniens, il doit tomber de tems en tems des cometes dans le soleil, pour réparer la perte de ses raïons. Mr. Algaroti le dit formellement dans son *Newtonianisme pour les Dames.* » Le » sentiment de Mr. de Voltaire n'est pas plus » sérieux. Il veut dans ses *Lettres Philosophiques*, » que les planetes soient secourues & vivifiées » par les fumées qui sortent des cometes, les- » quelles sont rôties par le soleil (*Lettre* 15.) » Comme le sentiment du Newtonien, Mr. Al- » garoti (continue l'Auteur) a été prouvé » faux en tant de maniéres un si grand nom- » bre de fois, nous ne l'ataquerons ici que » d'une maniére nouvelle, en suivant les prin- » cipes Newtoniens. « Mr. Banniére demande d'abord, pourquoi les Observateurs n'ont point encore aperçu un phénoméne aussi sensible, que celui de la chute d'une comete dans le soleil? Il fait voir ensuite que dans cette opinion, tout l'ordre des parties de l'Univers devroit être renversé. » Le vulgaire, dit-il, » est sans doute Newtonien, lui qui craint

» les

» les cometes. « Il démontre ici, *pag.* 43. que l'Univers ne sauroit subsister tel qu'il est, s'il n'y a dans la nature une force oposée, & parfaitement égale à celle de l'attraction. C'est un raisonnement géométrique fort clair, mais trop long pour avoir place dans cette Lettre. Il en conclut que la chûte d'une comete dans le soleil est impossible, même dans le systême de l'attraction. Je ne sais pas comment les Newtoniens pourroient infirmer cette conclusion.

La lumière s'affoiblit à proportion qu'on s'éloigne du corps lumineux, & ses diminutions à diférentes distances sont comme les carrés de ces distances. C'est-à-dire, que la force de la lumière, à une distance comme 1, est à la force de la lumière à une distance comme 2, ce que 4, carré de la distance 2, est à un carré de la distance 1; ensorte que la force de la lumière se trouve quatre fois moindre à une distance double. La lumière qui est dans une salle, devient plus forte à proportion des bougies qu'on allume: non qu'il se fasse alors des *émanations de lumière plus abondantes*, mais parce que la matière lumineuse répandue dans l'air est mise en action par un plus grand nombre de causes. Suposons qu'une seule bougie donne au liquide lumineux qui est dans cette chambre, une force comme 2; si vous allumez encore une bougie,

les parties de ce liquide auront une force comme 4, parce qu'elles reçoivent deux degrés de force de chacune de ces bougies. Tel est le sentiment de l'Auteur, qui admet pleinement la matiére globuleuse de Descartes, & qui ne croit pas que les corps lumineux agissent sur nous par aucune émission de corpuscules. Ainsi, dit-il, tous les raisonnemens de Mr. de Voltaire s'évanoüissent & ne portent plus sur rien. » Dès qu'on reconnoîtra, ajoûte-t'il,
» que ce n'est que l'action du corps lumineux,
» & non sa substance qui vient jusqu'à nous,
» par l'entremise d'un liquide subtil, répandu
» dans tout l'Univers, on concevra sans peine
» que cette action peut parvenir en très-peu
» de tems à des distances très-considérables;
» & ce tems sera d'autant plus court, que les
» parties du milieu qui portent cette action,
» seront plus serrées, & que *le plein sera plus*
» *parfait.* « (Cette derniére expression ne paroît pas juste: dans le systême des *Plénistes*, le plein n'augmente ni ne diminue.) Si les parties de la lumiére, ajoûte-t'il, se touchoient immédiatement & étoient parfaitement dures, l'action des corps lumineux seroit portée en un instant indivisible jusqu'à nous des étoiles les plus éloignées. Mais comme tout l'Univers n'est pas rempli de la matiére qui est le véhicule de la lumiére, & que les parties de ce liquide sont élastiques, l'action du soleil ne parvient

vient à nous qu'après 7. ou 8. minutes.

Pour prouver que la lumiére n'eſt point une émiſſion des corps lumineux, l'Auteur fait voir que ſi cela étoit, il feroit impoſſible qu'il nous vint aucune lumiére du ſoleil. Elle feroit, dit-il, toute abſorbée, toute répercutée, avant qu'un ſeul raïon pût ſeulement venir à moitié de notre hémiſphére. Il eſt certain que l'air fait rejaillir plus de lumiére qu'il n'en tranſmet, & l'expérience nous aprend qu'en paſſant d'un milieu dans un autre, elle n'y paſſe pas toute entiére; une grande partie eſt refléchie. Ainſi il y aura plus de la moitié de la lumiére, que le ſoleil envoïe à la terre, répercutée par la premiére ſurface de notre atmoſphére; & comme la petite portion de lumiére qui a pénétré dans notre atmoſphére, trouve à chaque point un nouvel air, qui devient toujours plus denſe; il ſe doit faire toujours de nouvelles réflexions. Mais dans l'autre ſyſtême, la même dificulté n'eſt-elle pas à réſoudre? Ne faut-il pas y admettre ces réflexions continuelles, malgré leſquelles nous ne laiſſons pas d'avoir aſſez de lumiére pour voir. De même, Mr. de Voltaire peut répondre que toutes les réflexions alléguées par Mr. B. n'empêchent pas qu'il ne parvienne juſqu'à nous une aſſez grande quantité des raïons du ſoleil pour nous faire voir les objets. Enfin l'Auteur conclut ainſi. Comme il
n'y

n'y a, dit-il, ni mesures, ni calculs, ni expériences, ni démonstrations, qui prouvent que la lumiére émane du soleil, & que mille raisons solides prouvent *invinciblement* que cette imagination est chimérique, l'Auteur des *Observations Physiques* * a bien pensé, lorsqu'il a dit, que *l'opinion de l'émission des corpuscules lumineux est insoutenable*. Vous savez que cette décision a beaucoup révolté Mr. de Voltaire, & qu'il en parle avec indignation dans son Livre sur la Philosophie de Newton : Livre auquel on ne peut trop donner de bénédictions, puisqu'il est cause que les opinions Newtoniennes, s'éclaircissent tous les jours, & sont enfin connuës & aprétiées selon leur juste valeur.

Une des plus étranges de ces opinions, est 1°. que la lumiére est réfléchie des corps, sans avoir touché leur surface. 2°. Quelle est réfléchie du sein des pores. 3°. Que c'est du vuide que la lumiére réjaillit. Quant au premier article, Mr. B. soutient qu'il n'y a ni raison solide, ni expérience décisive qui prouve le fait : Qu'il faut au contraire que l'action des raïons incidens parvienne jusqu'à la surface des corps, sans quoi nous ne pourrions pas les voir. D'ailleurs la lumiére échauffe, brûle, dissoût, & vitrifie

---

* Le premier Tome est du Pere Bougeant, Jésuite, & les deux suivans, d'un Prêtre de l'Oratoire. C'est un fort bon Livre.

vitrifie les corps les plus durs. Donc elle touche les corps. Quant au second point, l'Auteur remarque une contradiction dans laquelle Mr. de Voltaire est tombé. » Mr. de Vol-
» taire nous dit, d'un côté, que la lumière est
» réfléchie avant d'avoir ateint la surface des
» corps ; & il veut, d'un autre côté, que la lu-
» miére soit réfléchie du sein des pores. La lu-
» mière peut-elle se trouver dans les pores d'un
» corps, sans avoir ateint la surface de ce
» corps ? « Pour ce qui regarde le troisiéme chef, qui est la réflexion causée par le vuide, l'Auteur répéte les objections que nous avons faites autrefois à Mr. de Voltaire sur ce paradoxe. La lumière, dit-il, est donc répercutée par le rien : car le vuide est un pur néant. C'est l'espace, dit-on. Mais l'espace ne doit-il pas avoir une facilité infinie à se laisser pénétrer ? Comment donc peut-il répercuter ? Il faut nécessairement que MM. les Newtoniens en reviennent à *l'horreur du vuide*, laquelle fait réjaillir la matière lumineuse, qui est toute pénétrée de cette *terreur*, qui la fait reculer aux aproches du néant qu'elle abhorre. Mais raisonnons sur des idées distinctes, fléau des Péripatéticiens & des Newtoniens. Qu'entend-on par réflexion ? N'est-ce pas un changement de détermination, qui arrive à un corps en mouvement, à l'occasion d'un obstacle ? Donc puisque dans le cas present il n'y a aucun obstacle

tacle qui s'opofe à la progreffion de la lumiére, il n'y aura pas de réflexion.

Autre argument. » Le vuide réfléchiffant la » lumiére, & la lumiére ne pouvant venir du fo- » leil, qu'au travers d'un efpace vuide de près » de 30 millions de longueur, on conçoit qu'el- » le fera toute répercutée ; il n'en parviendra » pas un feul raïon jufqu'à la terre. « L'Auteur défie tous les Newtoniens de répondre à cette objection. Ils admettent le vuide pour faciliter la progreffion de la lumiére dans le monde : & voilà que le vuide leur fert aussi pour la faire réfléchir ; c'est-à-dire, pour empêcher fon mouvement progreffif. Quelle contradiction, quelle abfurdité !

L'Auteur reprend ici l'article qui concerne la réflexion de la lumiére du fein des pores ; & il prouve que fi cette opinion étoit vraïe, il n'y auroit aucun corps tranfparent : ou bien il faudra que les Newtoniens difent (ce qui feroit extravagant) que comme les pores réfléchiffent les raïons, ce font les parties folides qui les tranfmettent. 2°. Il prouve que fuivant ce fyftême, nous ne devons point voir les corps. » L'ame n'aperçoit que les objets » qui font impreffion fur les organes du corps » auquel elle eft unie. Or dans la fupofition » prefente, c'eft le rien qui fait impreffion fur » la retine, par l'entremife de la lumiére, qu'il » réfléchit : c'eft donc le rien que notre ame
aper-

» aperçoit, &c. « C'est un argument démonstratif, que nous avons déja proposé dans l'extrait du Livre de Mr. de Voltaire. Peut-on tenir contre de semblables objections ?

De plus, les pores, ou l'espace que les pores ocupent, n'apartiennent pas plus au corps entre les parties duquel ils se trouvent, que l'espace qui en est éloigné de cent lieuës. Comment verrons-nous donc ces corps ? comment jugerons-nous de leur couleur, de leur figure sensible, de leur grandeur respective, si la lumière n'est réfléchie que du voisinage de leurs parties ?

Il n'y a que la lumière bleue, selon les Newtoniens, qui puisse entrer dans les pores de l'or : par conséquent si la lumière rejaillit des pores, & non des parties solides, l'or doit paroître bleu & non jaune. Tout le monde sait que si on prend une feuille d'or très-mince, & qu'on regarde à travers, on ne voit que du bleu. C'est, disent les Newtoniens, après leur Maître, que l'or ne laisse passer à travers sa substance, que les raïons bleus, & qu'il réfléchit les raïons jaunes. Ce n'est donc pas du sein des pores que la lumière réjaillit, comme Mr. de Voltaire le dit.

Mr. B. fait voir ensuite que celui qu'il réfute n'a pas assez connu la conformation de l'œil; que la description qu'il en fait n'est point exacte; qu'il a raisonné sur un faux principe

&

& fur une fauffe fupofition; & que fi fon raifonnement étoit auffi jufte qu'il eft fophiftique, il auroit trouvé la *Triffection de l'Angle*. Argument encore emprunté de nous.

Nous pourfuivrons une autre fois l'extrait de cet Ouvrage, écrit d'un ftyle négligé & diffus; mais favant, inftructif & folide. Lorfqu'on a lû avec attention le Livre de Mr. de Voltaire & celui de Mr. Banniére, on peut fe vanter de favoir le fort & le foible du Newtonianifme, & on a lieu de s'aplaudir d'être Cartéfien.

VERS
DE
Mʀ. CLÉMENT,
A Mʀ. DE VOLTAIRE.

Laisse à Clairaut tracer la ligne
Du raïon qui frape tes yeux;
Armé d'un verre audacieux,
Qu'il aille au cercle radieux
Chercher quelque treiziéme signe;
Qu'il donne son nom glorieux
A la premiére tache insigne
Qu'il découvrira dans les Cieux.

Toi d'un plus aimable délire
Ecoute les tendres leçons,
D'une autre Muse qui t'inspire
Ne dédaigne point les Chansons.
Quitte ce compas, prends ta lyre,
Je donnerois tout Pemberton
Et tous les calculs de Newton,
Pour un sentiment de Zaïre.

RÉFLEXIONS
DE MONSIEUR
DE LA MOTTE,
DE
L'ACADÉMIE FRANÇAISE,
SUR
LA TRAGÉDIE,
POUR SERVIR DE RE'PONSE
A M. DE VOLTAIRE.*

JE fuis ravi, Monfieur, de vous voir fi allarmé de ce que j'ai pû dire contre les Vers. Je fonge d'abord à ce que nous promet cette chaleur à les défendre. Vous nous donnerez fans doute encore beaucoup d'Ouvrages dans ce genre ; & j'ofe

* A Paris, chez Dupuis. 1730.

j'ose le dire, j'y gagnerai moi-même autant que personne : car quoique je n'estime pas la versification plus qu'elle ne vaut, quand j'y réfléchis ; je l'aime, dès que je lis de beaux Vers, autant que si la raison ne m'avoit pas éclairé sur son vrai mérite. Votre délicatesse sur cette matiére vous a fait illusion. Vous avez crû la Poësie envelopée dans les reproches que je fais aux Vers. On est soupçonneux à l'égard de ce qu'on aime. Votre titre déclare que vous combattez mes sentimens sur la Poësie : mais prenez-y garde, je n'ai pas dit un mot contr'elle : j'ai fait seulement quelques réflexions sur les Vers. Ce sont deux choses bien distinguées, quoiqu'elles soient assez souvent unies : j'ai vû même bien des gens s'étonner que je perdisse du tems à en prouver la distinction, parce qu'ils ne comprenoient pas que personne pût la nier : mais vous voïez bien que je n'avois pas tant de tort, puisque vous-même, tout versé que vous êtes dans la matiére, vous paroissez les confondre l'une avec l'autre. Ne craignez rien, Monsieur, quand on interdiroit les Vers aux génies Poëtiques, ils trouveroient bien encore l'ocasion & les moïens d'être Poëtes en Prose.

Venons à la maniére dont vous combattez mes sentimens. Votre précipitation à me répondre, & votre facilité à dire avec grace ce ce qui se presente à votre esprit, ont fait que vous ne vous êtes pas mis en peine de m'entendre, & que vous avez crû pouvoir vous passer d'exactitude. Il en arrive que vous réfutez tout ce que je n'ai pas dit, & que vous ne répondez presque pas un mot à ce que j'ai dit ; méprise qui vous divertiroit vous-même, si vous la pouviez voir d'un œil indifférent. Suivons l'ordre de votre Préface ; & s'il est vrai, comme je n'en doute point, que vous ne cherchiez que la vérité, tâchons de la découvrir ensemble.

Après avoir parlé de votre Oedipe, du ton du monde le plus modeste, en y reconnoissant des défauts, & sans en relever les beautez, vous ajoûtez que vous êtes bien loin de faire une Poëtique à l'ocasion de votre Tragédie, & de-là, ce qui n'est plus si modeste, vous parlez avec dédain de ces raisonnemens délicats, tant rebatus depuis quelques années, & inutiles aux progrès de l'art. Il semble, & j'aime à croire que c'est contre votre intention, que vous vouliez jetter sur mon Ouvrage ce double reproche de répétition & d'inutilité.

Pour la répétition, je crois n'en être pas coupable. J'ai tâché de dire des choses neuves, non pas absolument ignorées ; mais peu traitées, & confuses du moins dans la plûpart des esprits. C'est une nouveauté assez grande que de démêler des principes dont bien des gens se sont douté quelquefois, mais qu'ils n'ont fait qu'entrevoir ; & ce ne seroient plus des véritez, si le fond en étoit absolument étranger à de bons esprits.

A l'égard de l'inutilité : j'ai dit moi-même que mes réflexions, en les suposant judicieuses, ne seroient que d'un foible secours à ceux qui voudroient se donner au Théâtre ; & je les renvoïe à une école plus sûre, au Théâtre même, pour y étudier ce qui plaît & ce qui doit plaire. Mais vous, Monsieur, au lieu de rendre justice à ma franchise, vous abusez de ma pensée, & elle devient fausse entre vos mains.

Les réflexions sur les arts, & sur-tout, des arts aussi compliquez & aussi étendus que celui de la Tragédie, ne sont pas d'aussi peu d'usage que vous le pensez ; & les vrais principes n'en sont pas si simples que vous le dites. Les Pradons & les Boïers les ont connus, dites-vous, aussi-bien que les Racines & les Corneilles : oüi, Monsieur, les Pradons & les Boïers ont connu les grandes régles, les unités, la liaison des scènes, l'exposition, le nœud, le dénoûment, & jusqu'à un certain point, la nécessité de soutenir les caractéres, & d'imiter les passions : mais ils n'ont pas connu dans tout cela le meilleur choix ; en un mot, les sources immédiates du plaisir. Ce qu'ils obserservoient ne le produifoit pas néceffairement. Les réflexions importantes, font celles dont l'exécution entraîneroit par elle-même l'émotion & l'intérêt; & ce font celles-là qui abrégeroient fouvent bien du chemin à des génies qui s'égareroient long-tems, s'ils ne les faifoient, ou fi on ne les leur faifoit faire.

 Corneille lui-même, ce Reftaurateur du Théâtre, n'a-t'il pas long-tems chancelé fur les principes ? Et depuis qu'il eut pris fon effor dans le Cid, n'aprit-il rien de la Critique de l'Académie ? Cinna & Polieucte, ne prouvent-ils pas bien l'utilité des réflexions ? Racine n'aprit-il rien depuis Alexandre jufqu'à Andromaque ? Il aperçut fans doute, ou quelqu'un lui fit apercevoir, que dans Alexandre fes perfonnages étoient trop raifonneurs; & que la beauté des Vers, fans la vivacité des paffions, n'intéreffe que foiblement le Spectateur. Il prit une nouvelle route dans Andromaque : il mit fes Acteurs dans des fituations plus vives; & par la chaleur des paffions, il ateignit le vrai tribut de la Tragédie, il arracha des larmes. Quand un Auteur de quelque reffource a fait une Piéce malheureufe au Théâtre, il étudie les raifons de fa chûte; & il reconnoît, malgré qu'il en ait, qu'il avoit ignoré quelque chofe : car s'il avoit vû qu'il devoit déplaire, il n'auroit fûrement pas hazardé un ouvrage qu'il ne donne que pour sa gloire. Le fruit qu'il tire de son examen sert bien-tôt à le relever de sa chute; & si ce qu'il s'est dit à lui-même étoit écrit, ne pourroit-il pas être pour ses Confréres de la même utilité qu'il l'est pour lui-même ?

Pauline & Sévére, dites-vous, sont les véritables maîtres du Théâtre. Ce discours est d'un homme sensible & qui est frapé vivement des beautez : mais, souffrez que je le dise, on est la dupe de son plaisir, quand on en conclud qu'on est sufisamment instruit. On est échauffé, il est vrai ; on desire de produire de pareilles beautez ; & quand on a vos talens, Monsieur, on s'en sent capable. Il reste pourtant à étudier l'art de les amener, ce qui supose bien des réflexions, que l'excès même de la sensibilité empêche souvent de faire : il faut du sens froid pour réfléchir. Ne seroit-on pas bien obligé à celui qui nous aplaniroit les voies, & qui mettroit, pour ainsi dire, nos talens à leur aise, en leur donnant leurs sûretez. Enfin, Monsieur, quand les réflexions seroient inutiles aux Poëtes, ce que vous sentez bien qui n'est pas, le seroient-elles aux Spectateurs ? Sont-ils indignes de notre attention ? Leur est-il indiférent de connoître un art dont ils s'amusent, & de savoir justifier leur dégoût ou leur plaisir ? Chacun est jaloux de sa raison, Monsieur :

on aime à la perfectionner ; & telle est la dignité de l'homme, on n'aquiert point de lumiéres sans plaisir, quand même on y perdroit des illusions agréables.

Je ne cherche donc, Monsieur, en vous répondant, qu'à m'éclairer moi-même, ou à vous donner lieu de m'éclairer. Heureux les combats, où le vaincu, s'il est raisonnable, remporte le même avantage que le vainqueur, je veux dire la vérité ! Ce que le vainqueur a de plus, n'est souvent qu'un sot orgueil, qui, loin d'ajoûter à son gain, en rabat beaucoup.

Vous dites que je prétens abolir les anciennes régles des unitez ; & vous voulez les défendre. Je vous prie d'observer d'abord que si je les ataque, c'est du moins sans intérêt, ce qui fait un préjugé favorable pour mon sentiment. Quand on établit des principes pour justifier sa conduite, ils sont suspects, puisqu'on en a besoin : mais quand on en établit contre sa conduite même, il y a lieu de croire qu'on ne consulte que la raison. Je n'ai fait que quatre Tragédies ; & j'ose me vanter, puisqu'il le faut, d'y avoir été du moins aussi fidèle aux unitez que nos plus grands Maîtres. On ne sauroit me reprocher de m'être affranchi d'aucune des contraintes établies. Ce n'est donc pas pour moi que je prétens élargir la carriére, c'est pour nos successeurs,

c'est

c'eſt pour vous-même, Monſieur, ſi vous en avez le courage, quand des beautez ſupérieures à ces régles arbitraires demanderont que vous les violiez. Je veux, dites-vous, proſcrire ces unitez ; car qui en ataque une, les ataquent toutes. Voilà deux mépriſes tout à la fois : l'une, de m'imputer ce que je n'ai pas dit ; & l'autre, de faire vous-même une propoſition fauſſe.

Pour ce qui me regarde, j'ai trouvé l'unité d'action, fondamentale ; & les deux autres, utiles ; j'en ai même dit les raiſons ; & je n'en ai condanné que la ſuperſtition, qui coute quelquefois ce qui vaudroit mieux que ces régles.

Pour ce qui vous regarde, réfléchiſſez-y un moment, & vous préviendrez ſans doute mes raiſons. Ces trois unitez, que vous croïez ſi étroitement unies, ſont au contraire très-indépendantes l'une de l'autre. Il y a unité de tems & de lieu dans les Horaces ; & cependant il y a deux actions. Il y a unité d'action dans la Judith de Boïer ; car les noms ne font rien ici à notre afaire ; & cependant il y a deux lieux, Béthulie & le Camp d'Holoferne ; & ne croïez pas récuſer l'exemple, en diſant que la Piéce eſt mauvaiſe d'ailleurs. Quelqu'autre défaut qu'elle puiſſe avoir, elle n'en prouvera pas moins que l'unité d'action n'eſt pas détruite par la multiplicité des lieux.

Je

Je ne vous cite pas la Toison d'Or de Corneille ; vous me diriez peut-être que c'est une Piéce en machines. La réponse ne seroit pas valable, puisque la différence des lieux n'y est pas l'éfet de la machine, mais souvent dans la dispute on n'a pas la force de céder à la raison, dès qu'on peut saisir un prétexte pour se dérober.

Je vous dirai plus, Monsieur, l'unité d'intérêt est encore indépendante des trois autres unitez ; puisque dans le Cid, il n'y a unité ni de tems, ni de lieu, ni d'action, & que cependant l'unité d'intérêt y subsiste toujours, puisqu'il n'y tombe jamais que sur Rodrigue & sur Chiméne, ce qui prouve très-bien en passant que l'unité d'intérêt est très-distinguée de l'unité d'action.

Comment avez-vous pû penser un moment que l'unité d'action entraînât celle de lieu ? Consultez la Nature, & le Théâtre même : tout vous contredit également. Dans la Nature, il n'est jamais arrivé qu'une action aussi étenduë que celle de nos Tragédies, se soit passée dans le même lieu. Il eut fallu trop de hazards singuliers, qui ne se trouvent jamais ensemble. Il n'apartient qu'à l'art de rassembler toutes les circonstances nécessaires à son dessein, par un grand nombre de supositions qu'il lui plaît d'apeller vrai-semblables, ne pouvant les apeller vraies. Au

Théâtre même, l'action la plus une, à plusieurs parties qui se passent dans les lieux différens : il est vrai qu'on en rassemble les récits dans le même lieu : mais ces récits ne sont pas l'action ; & n'est-il pas vrai qu'elle consiste beaucoup plus que ce qu'on fait, que dans ce qu'on raconte ?

Prouvons tout de suite, & par la même raison, que l'unité de tems n'emporte pas celle de lieu : car puisque dans nos Tragédies les différentes parties de l'action se passent dans différens lieux, sans violer l'unité de tems, ne pourroit-on pas me les faire voir où elles se passent, sans la violer davantage ? Quand on me vient dire que Pirrhus est allé au Temple avec Andromaque, & qu'on me raconte ce qui s'y est passé, me faudroit-il plus de tems pour voir l'action, que pour en atendre le récit ? Non, sans doute : mais on s'est imposé la loi de ne point changer de Scène ; & l'on me dérobe par-là de grands spectacles, qui feroient sans doute tout une autre impression que le récit le plus élégant.

Vous apuïez votre sentiment d'une comparaison bien riante, mais qui n'en est pas plus solide. C'est le propre du riant & des graces de dérober aisément la fausseté. Quand l'imagination est contente, on ne s'avise guéres d'interroger sa raison. Vous dites qu'on seroit choqué de voir deux événemens dans
un

sûr que vous n'apréhendez pas que la Profe fît tomber les Vers : vous comptez trop sur le pouvoir de la mesure & de la rime pour craindre qu'elles puſſent avoir du deſſous. Franchement, je ne le crains pas non plus, quoique le cas ne me paroiſſe pas abſolument impoſſible. Trouvez bon, Monſieur, que je vous conte un petit fait qui me tiendra lieu de raiſonnement.

Je ne ſais quel Voïageur nous parle d'une Nation qui faiſoit de la Muſique un de ſes plus grands plaiſirs. Les Vers y étoient nez du chant, comme par tout ailleurs. On meſura des paroles aux airs; & l'on ne faiſoit point de Vers qui ne ſe chantâſſent. Depuis on inventa des Spectacles où l'on repreſentoit les actions & les avantures des Héros; en un mot, on fit des Tragédies; mais on n'en fit qu'en Muſique; & le Peuple, charmé du double plaiſir que produiſoit l'alliance de l'harmonie & de l'imitation des actions humaines, conclut, ſans héſiter, ſur la foi de ſon plaiſir, que c'étoit-là la forme eſſentielle de la Tragédie. Cependant un Novateur s'aviſa de penſer autrement : il s'imagina que des Tragédies en Vers, ſimplement recitées, pourroient plaire; & il oſa avancer en public cet étrange paradoxe. Une grande partie de la Nation ſe ſouleva contre lui: on l'acuſa de méconnoître les véritables idées

des

feſſion ? Eſt-ce vouloir donner des Tragédies en Proſe, que de conjecturer ſeulement qu'elles pourroient plaire, & de n'en oſer donner une toute faite ? Je ne demande qu'une ſimple tolérance pour ceux, qui, avec de grands talens pour la Tragédie, n'auroient pas celui de la verſification. Je ne veux rien ôter au Public ; je voudrois au contraire eſſaïer de l'enrichir. Ne croïez pas, par exemple, que je vous permiſſe la Tragédie en Proſe, ſi j'en étois le maître : nous y perdrions ſûrement un plaiſir : mais j'oſe croire, que malgré ce plaiſir de moins, quelques génies heureux pourroient nous toucher en Proſe, & que la plus grande vérité de l'imitation, jointe à toute l'élégance que le genre comporte, nous conſoleroit de l'abſence des Vers. Qui prendra ma penſée dans toute ſa modération, trouvera peut-être que vous en manquez dans vos reproches. Enfin, Monſieur, qu'arriveroit-il de l'épreuve que je diſirerois ? Les Tragédies en Proſe plairoient, ou ne plairoient pas. Si elles ne plaiſoient pas, quoiqu'aux Vers près, elles raſſemblaſſent à un haut degré toutes les beautez du genre ; qu'aurions-nous perdu ? Nous n'en ſaurions que mieux à quoi nous en tenir ; & les Vers demeureroient tranquilles dans leur poſſeſſion. Si elles plaiſoient, au contraire, n'aurions-nous pas multiplié nos plaiſirs ? Car je ſuis

ſûr

Piéce n'eſt belle & touchante, que parce qu'on y voit preſque toujours cette Amante malheureuſe nous expoſer elle-même ſes ſentimens, tantôt ſa confiance, tantôt ſes allarmes, & enfin ſon deſeſpoir. Ainſi le plus ſûr eſt de faire tomber l'intérêt ſur deux perſonnes, qui craignent réciproquement l'une pour l'autre, parce qu'alors je puis preſque toujours préſenter aux ſpectateurs l'une des deux; & qu'ainſi la pitié, loin de ſouffrir le moindre affoibliſſement, va croître à meſure que le danger deviendra plus preſſant. Comme vous n'ataquez, Monſieur, dans mes Réflexions ſur la Tragédie, que ce que j'ai dit des unitez, j'ai crû devoir m'étendre un peu ſur cette matiére, & tâcher d'obtenir votre aprobation pour tout l'ouvrage, en juſtifiant ce qui vous en avoit paru défectueux.

Mais vous me faites un nouveau reproche; & c'eſt ici que votre feu redouble, je dirois preſque votre colére, tant vous paroiſſez ſcandaliſé de mon audace : mais la paſſion vous a un peu déguiſé les choſes. Vous dites que je veux proſcrire la Poëſie du Théâtre, & que je veux donner des Tragédies en Proſe : eſt-ce donc proſcrire la Poëſie du Théâtre, de n'en admettre que ce que Racine s'en eſt permis, & d'en retrancher ſeulement les expreſſions épiques, qui feroient dégénérer les perſonnages en Poëtes de profeſſion?

qu'autrement le spectateur languiroit dans les intervalles, & qu'il ne reprendroit que foiblement une émotion interrompuë. Il faut qu'il croisse jusqu'à la fin, parce que le cœur ne sauroit demeurer long-tems dans le même état, & qu'il se refroidit, s'il ne s'échauffe.

Voici donc à mon sens ce qui peut contribuer le plus à la continuité d'intérêt : c'est la presence fréquente des personnages pour qui le spectateur a pris parti. On est bien plus touché quand on les voit que quand on parle d'eux, par la raison que les malheurs des absens ne font qu'une impression bien languissante, en comparaison de celle qu'on éprouveroit à les voir souffrir. Ainsi les Scènes qui se passent entre les Persécuteurs nous causent un sentiment d'indignation, qui par lui-même est désagréable, au lieu que la vûë de ceux qu'on oprime nous cause celui de la pitié, qui est le vrai plaisir du Théâtre.

De-là naît une observation. Si l'intérêt ne tombe que sur un personnage, il est dificile qu'il soit continu dans le sens où je prens ici ce terme : car ce personnage ne peut pas ocuper toujours le Théâtre ; & il y aura nécessairement bien des Scènes foibles, en comparaison de celles où il paroîtra. Dans l'Ariane de Thomas Corneille, on ne s'intéresse qu'à cette Princesse. Tous les autres personnages sont rebutans ou froids ; & la
Piéce

de nous en faire changer, n'auroit pas moins besoin d'adresse que de courage. Prenez-y garde. Ce n'est qu'en me suposant des desseins secrets, que vous vous faites des ocasions de critique ; & si vous m'aviez voulu faire la justice de ne donner les choses que pour ce que je les donne, & dans la précision que la vérité me prescrit, peut-être n'auriez-vous pas entrepris de me combattre.

Permettez-moi, Monsieur, puisque j'y suis, d'ajouter ici sur l'unité d'intérêt quelques idées qui me paroissent utiles : elles serviront de suplément à ce que j'en ai déja dit dans mon ouvrage.

Ce n'est point assez que l'intérêt soit un, il faut qu'il soit grand, continu, & qu'il croisse jusqu'à la fin. Il faut qu'il soit grand, parce que ce ne peut être qu'à proportion de son importance qu'il émeut : l'on s'en détacheroit bien-tôt, s'il étoit médiocre. L'intérêt, par exemple, est trop petit dans Bérénice. Titus l'épousera-t-il ? Ne l'épousera-t-il pas ? L'événement est des plus familiers ; & c'est sur ce défaut que rouloit la plaisanterie de ce tems-là.

Marion pleure, Marion crie ;
Marion veut qu'on la marie.

Il faut que l'intérêt soit continu, parce qu'au-

dès qu'il y a des idées distinctes & constantes atachées aux termes, disputer des termes, c'est disputer des idées mêmes. J'ai profité de la faute de Corneille & de la vôtre. L'action est la même dans ma Tragédie : mais l'intérêt y est un, puisque le péril des enfans d'Oedipe n'est pas distingué du sien. Ce n'est pas la première fois qu'on est éclairé par la méprise des plus habiles.

Tout ce que j'ai dit jusqu'ici, Monsieur, doit vous mettre au fait de ce qui m'a fait soupçonner que Coriolan, tel que je l'arrange & affranchi des unitez, pourroit plaire à un peuple sensé, mais moins ami des régles. Vous vous récriez d'abord qu'un peuple sensé ne sauroit ne pas être ami des régles. Ouï, Monsieur, si les régles vouloient dire la raison : mais comme elles ne signifient-là que des institutions arbitraires, on peut fort bien avoir le sens commun, sans les exiger. Ma pensée ne va donc en cet endroit qu'à prouver que l'unité seule d'un grand intérêt pourroit plaire par elle-même, au lieu que les trois unitez, séchement observées, pourroient encore glacer les Spectateurs. Voilà tout ce que j'ai prétendu insinuer ; & non pas, comme vous voulez le faire croire, qu'on pût s'acommoder parmi nous d'un arrangement si téméraire. Je sais trop combien nous tenons à nos habitudes, & que qui entreprendroit

qui doit defarmer leur vengeance : c'eſt donc la recherche, la découverte & le châtiment du coupable qui forment évidemment l'action de la Tragédie ? L'action eſt une. Vous allez voir cependant que dans le cours de cette action unique, il y a deux intérêts qui ſe ſuccédent. Le premier tombe ſur Théſée, acuſé de la mort de Laïus. C'eſt lui que je vois d'abord en péril ; & quand il en ſort, le danger retombe ſur Oedipe ; & Théſée n'eſt plus dans le reſte de la Tragédie qu'un perſonnage inſipide. L'action eſt la même dans votre Oedipe. C'eſt la découverte du Meurtrier de Laïus : mais comme ſi vous aviez voulu imiter Corneille dans la duplicité d'intérêt, vous le faites tomber d'abord ſur Philoctete, qui m'ocupe long-tems lui ſeul ; & quand ſon péril eſt paſſé, vous le faites partir de Thèbes avec beaucoup de raiſon, ce me ſemble ; car la piéce eſt finie pour lui : elle commence alors pour Oedipe ; & de-là juſqu'au dénoûment, c'eſt à lui ſeul que je m'intéreſſe. Je vous avouë que cela me paroît ſans replique. Je ne comprens pas ce que ce peut être qu'unité d'intérêt & unité d'action, ſi les idées que je viens d'en donner ne ſont pas les vraïes ; & n'allez pas dire que ce ne ſoit-là qu'une queſtion de mots ; c'eſt à la lettre une queſtion d'idées. Autrement ce ſeroit jetter le langage dans une étrange confuſion ; & dès

un tableau. Ouï, fans doute : car un tableau ne doit repreſenter qu'un inſtant ; & deux événemens, deux lieux ſont évidemment, contradictoires à ce deſſein. Il n'en eſt pas de même d'une Tragédie : elle repreſente une action ſucceſſive & qui en renferme pluſieurs autres. Il y auroit vingt tableaux à faire des différens momens & des différentes ſituations d'une Tragédie : donc il ne s'enſuit pas que la multiplicité d'événemens & de lieux qui choqueroit dans un tableau, choquât de même dans une Tragédie ; & vous voïez bien qu'on ne ſauroit être trop en garde contre le ſéduiſant des comparaiſons.

Il eſt à propos à preſent que je parle un peu plus au long de l'unité d'intérêt. C'eſt une eſpéce de nouveauté dans mon ouvrage, & l'endroit qui y mérite le plus d'éclairciſſement : puiſque vous vous y êtes mépris, beaucoup d'autres ne ſauroient manquer de s'y méprendre. J'ai diſtingué l'unité d'intérêt de celle d'action. Vous croïez que c'eſt la même choſe ; mais je me flâte que vous en ſerez bien-tôt deſabuſé ; & je ne veux que l'Oedipe de Corneille, & le vôtre, pour la preuve complete de mon ſentiment.

Quelle eſt l'action de l'Oedipe de Corneille ? C'eſt la recherche du Meurtrier de Laïus. L'impunité du crime a irrité les Dieux contre Thèbes ; & c'eſt la punition du Meurtrier

des choses. Quoi donc, lui disoit-on de toutes parts, comptez-vous pour rien le charme de l'harmonie, si puissant sur les hommes ? Ne sentez-vous pas combien les diverses inflexions de la Musique relevent les choses indifférentes, & ce qu'elles ajoûtent de force aux sentimens & à la passion ? Voudriez-vous réduire nos Tragédies à la nudité des Vers ? Le Novateur convenoit modestement qu'il y auroit de la perte du côté de l'oreille ; mais peut-être, représentoit-il, y gagneroit-on du côté de l'imitation ; & puisque les hommes ne parlent point en Musique, les actions & les sentimens n'en paroîtroient que plus vrais par les seules inflexions du langage ordinaire. Non, lui répondit-on, cela même y dévroit nuire : les Héros des Tragédies nous ressembleroient trop. La majesté & le pathétique qui résultent des sons mariez aux paroles, dégénéreroient en une familiarité insipide dans le simple récit. Nous croirions voir des Héros de nos jours ; & autant de rabattu sur l'admiration. On lui permit cependant, dans l'espérance de s'en moquer, d'éprouver son nouveau systême. Il fit une Tragédie ; & comme elle étoit touchante, elle fit, malgré le préjugé, une partie de son impression naturelle. On fut touché ; on pleura ; bien des gens ne laissèrent pas de la condanner, tout en pleurant. D'autres, moins dificiles, furent

gré

gré de leurs larmes à l'Auteur, & se contentérent de dire, que malgré la supériorité du Spectacle ordinaire, on pourroit encore se divertir à celui-ci. On fit bien-tôt d'autres Tragédies dans ce genre. Peu-à-peu la nouvelle habitude balança l'ancienne; & ce nouvel usage, traité d'abord de chimérique, se vit dans la suite plus de partisans que le premier. Le Novateur, enhardi par son succès, ne s'en tint pas-là. Il osa faire de nouvelles réflexions. Vous n'avez pas encore assez fait, dit-il, au Peuple. Pourquoi des Vers dans vos Tragédies? Pourquoi ce reste de Musique dans la représentation des choses ordinaires? Puisque vous faites agir des hommes, faites-les parler comme des hommes. Vous vous êtes raprochez de la nature; encore un pas, & vous l'ateindrez. Faites parler vos Acteurs en Prose; & vous aurez une imitation parfaite, & dans sa plus grande naïveté. On eut d'abord quelque peine à s'y habituer: mais enfin on sentit la force & le charme de la vérité; & ces Peuples s'étonnent aujourd'hui que leurs Ancêtres ne comprissent pas qu'on pût s'acommoder d'une imitation si vraïe.

Il ne reste plus, Monsieur, que ce que j'ai pû dire contre les Vers; & d'abord vous vous étonnez, comme d'un prodige, qu'un homme qui en a tant fait, cherche lui-même à

les dégrader. Sur cela je vous avoüerai que si je n'avois remarqué en éfet que les vrais inconvéniens de la verſification, je m'aplaudirois d'être là-deſſus plus raiſonnable que ceux qui ne les ſentent pas. Je ſais qu'un peu d'yvreſſe ſur l'art où l'on s'exerce, a ſouvent ſon avantage : il redouble notre courage & nos forces, pour en ſurmonter les dificultez ; & l'on n'y feroit pas des progrès ſi grands & ſi rapides, ſi on le croïoit moins digne de l'eſtime des hommes. Ainſi, Monſieur, cachez-vous long-tems les défauts des Vers : j'aime à vous voir encore dans l'yvreſſe : le génie n'en prendra qu'un plus grand eſſor : mais enfin cela ne preſcrit pas contre la raiſon : elle a droit de revenir ſur tout ; & c'eſt toujours une diſpoſition d'eſprit bien eſtimable que d'être prêt à s'y rendre contre ſes propres intérêts. Un Sculpteur peut croire ſon Art au-deſſus de la Peinture : cette préférence qu'il lui donne l'anime à s'y diſtinguer : mais l'accuſeroit-on de mauvais ſens, s'il reconnoiſſoit que la Peinture a l'avantage d'une imitation plus parfaite ? Je dirai plus : il faut ſe défier, ſi j'oſe parler ainſi, de cet orgueil de profeſſion : il peut nous jetter dans le mépris de bien des choſes qui valent ſouvent mieux que celles que nous faiſons ; & c'eſt ce qui arrive dans le *Bourgeois Gentilhomme*, au Maître à Danſer & au Maître de Muſique. Tout ne va mal
dans

dans le monde, selon eux, que parce qu'on n'y sait pas assez la Musique & la Danse. Enfin, Monsieur, quoique j'aime les Vers autant que personne, je suis pourtant bien aise de les connoître pour ce qu'ils sont. Il faut conserver un peu de discernement jusques dans la passion. *Le Misantrope*, tout amoureux qu'il est de Céliméne, est pourtant frapé de tous ses défauts, tandis que les Marquis ne s'en doutent pas.

Il s'en faut bien que je sois là-dessus aussi téméraire qu'on le pense. Je vous prie d'abord de remarquer que je n'ai parlé que de la versification Françaife. Il ne m'apartient pas d'aprécier les agrémens ni les difficultez des autres : or, en convenant que le goût des Vers est naturel à tous les peuples, ce que je crois vrai, puisque les Vers sont nez du chant & que l'on a chanté par tout; il faut convenir aussi que les diférens Peuples ne se sont pas rencontrez dans les régles qu'ils s'y sont prescrites; quelques-uns même se sont passé des Vers, & n'ont fait consister la Poësie que dans la magnificence & l'audace des figures. Selon le témoignage de Mr. Arnauld *, telle est la Poësie des Hébreux, que nous reconnoissons pour la plus sublime de toutes. Voici ses paroles. » Ce n'étoit peut-être que dans
» le

---

* Réponse à la Préface de Mr. Dubois, sur l'Eloquence de la Chaire.

» le langage extrêmement figuré que consis-
» toit la Poësie Hébraïque, n'y aïant guéres
» d'aparence qu'elle consistât en un certain
» nombre de piés & de syllabes, les unes brè-
» ves, les autres longues, comme la Poësie
» Grecque & Latine. «

Mr. Arnauld est bien éloigné de soupçonner la moindre rime. Quoiqu'il en soit, les Peuples se sont imposé différentes mesures. Quelques-uns ont emploïé la rime; d'autres ne l'ont pas imaginée, ou l'ont dédaignée. Le caprice y a eu bonne part; & l'habitude a fait le reste : ce qui prouve qu'aucune de ces institutions ne produit par elle-même un plaisir nécessaire & commun à tous les hommes : or, quelques Nations doivent avoir été moins heureuses les unes que les autres dans le choix de leurs Vers. Eh pourquoi ne pourroit-ce pas être les Français qui s'y seroient le plus trompez ? Voici ce que Mr. l'Archevêque de Cambrai, qui n'est pas le seul de son avis, a dit de notre versification. Je cite son témoignage, parce qu'il doit être d'un grand poids. Il étoit grand Poëte lui-même dans le plus beau sens de ce terme. Il étoit infiniment sensible à l'harmonie des Vers Grecs & Latins, qu'il citoit fréquemment d'abondance de goût : il avoit une conoissance délicate de notre langue; & d'ailleurs il avoit lû & relû nos grands Versificateurs, les Corneilles,

les, les Despréaux & les Racines : en un mot, il n'avoit aucun des défauts qui pourroient faire récuser un témoin sur le dégoût des Vers. Lisez pourtant ce qu'il a dit des nôtres.

» Les Vers de nos Odes, où les rimes sont
» entrelacées, ont une variété, une grace &
» une harmonie que nos Vers héroïques ne
» peuvent égaler. Ceux-ci fatiguent l'oreille
» par leur uniformité. Le Latin a une infini-
» té d'inversions & de cadences. Au contrai-
» re, le Français n'admet aucune inversion
» de phrase; il procéde toujours méthodique-
» ment par un Nominatif, par un Verbe, &
» par son régime. La rime gêne plus qu'elle
» n'orne les Vers; elle les charge d'épithétes;
» elle rend souvent la diction forcée & plei-
» ne d'une vaine parure; en allongeant les
» discours, elle les affoiblit; souvent on a re-
» cours à un Vers inutile, pour en amener
» un bon. Il faut avoüer que la sévérité de
» nos régles a rendu nôtre Versification pres-
» que impossible. Les grands Vers sont pres-
» que toujours, ou languissans, ou raboteux. «

Je ne suis pas, à beaucoup près, si difficile que Mr. de Cambrai; & il s'en faut bien que les beaux Vers me paroissent aussi rares qu'à lui. Ce que je sais cependant, c'est que la rime & la mesure entraînent bien des improprietez de termes & de mauvais arrangemens d'idées. Qui examineroit rigoureuse-
ment

ment nos plus grands Poëtes, les convaincroit à chaque page de n'être exacts, ni pour la langue ni pour le sens. Que l'on y trouveroit de choses aussi mal arrangées que ces quatre Vers de Monsieur Despréaux !

Quoi ! dira-t-on d'abord, un Ver, une Fourmi,
Un Insecte rampant qui ne vit qu'à demi,
Un Taureau qui rumine, une Chévre qui broute,
Ont l'esprit mieux tourné que n'a l'Homme ? Oüi,
     sans doute.

En laissant à part la petite faute de langue, dont on ne peut se prendre qu'à la mesure, *ont l'esprit mieux tourné que n'a l'homme*, quoi que la régle demandât que ne l'a l'homme ; la force naturelle de la question consiste à passer du moins absurde, au plus absurde. Il falloit dire. Quoi ! dira-t-on, un Taureau qui rumine, une Chévre qui broute, une Fourmi, un Ver, un Insecte rampant qui ne vit qu'à demi : mais la rime, *oüi, sans doute*, a tout dérangé ; & elle a détruit la gradation essentielle de l'objection. Combien dans nos plus grands Poëtes trouveroit-on de choses aussi mal en ordre ? Or il y a bien des gens pour qui les Vers sont trop chers à ce prix. Qu'on les plaigne tant qu'on voudra de n'être pas assez sensibles à l'harmonie, pour pardonner ces petits défauts ; ils plaignent les autres à leur tour d'être assez peu sensibles à la perfection du sens, pour s'en passer à si bon marché. Ces pitiez réciproques ne concluent rien. C'est à la raison à décider. Pour vous, Monsieur, vous vantez le charme de la versification en général : mais vous ne touchez à rien de ce que j'ai dit ; & vous pourriez avoir raison dans tout ce que vous alléguez, sans en avoir moins de tort avec moi.

J'ai traité la matiére dans trois morceaux séparez, & dans des vûës toutes diférentes. Pour ne rien confondre, vous aviez à combattre dans chaque morceau ce que j'y établis : mais il vous a paru plus commode de vous jetter dans le vague, & de laisser soupçonner seulement que vous me répondiez, en vous gardant bien de le faire.

Dans le premier morceau, je veux faire voir les illusions qui naissent des Vers, ce qui, bien loin d'en nier le plaisir, l'établit formellement : car pourquoi des choses conservées en leur entier, & jusques dans leurs tours & dans leurs expressions, deviendroient-elles en Prose si foibles & si languissantes, en comparaison de ce qu'elles nous paroissent en Vers, si ce n'étoit du plaisir que nous font les Vers par eux-mêmes ? Au lieu de prendre ma pensée, je prétens, à ce que vous dites, qu'une Scène de Tragédie, réduite en Prose, ne perd rien de sa force & de sa grace ; pour cela j'y réduits

réduits une Scène de Mithridate ; & personne, ajoutez-vous, ne la peut lire. Y avez-vous bien songé, Monsieur ? Quoi ! nos plus grands Poëtes dépouillez de la rime & de la mesure, & réduits exactement à leurs pensées, ne pourroient plus se lire ! Qui les a jamais dégradez à ce point ? Et qui leur fait cet outrage ? Vous, Monsieur, qui voulez les défendre.

Que personne ne puisse lire la Scène en question, le sentiment est bien exagéré : mais n'importe. Plus il l'est, plus vous prouvez pour moi, contre vôtre intention : car ne s'en-suit-il pas de-là que nous estimons beaucoup moins le sens que la versification ? Et c'est positivement ce que je veux dire : or par une saillie de Philosophe, qu'il faut, s'il vous plaît, me passer, je fais quelque honte à des hommes raisonnables, d'estimer plus un bruit mesuré, que des idées qui les éclairent, ou des sentimens qui les touchent ; & je dis que le soin de mesurer ce bruit, qu'on apelle si mal-à-propos enthousiasme, n'est en soi qu'un travail aussi pénible que frivole. Je n'en veux d'autre témoin que vous, Monsieur. Combien de fois dans vos sécheresses & dans l'impuissance d'exprimer vos pensées, avez-vous traité de folie la rime & la mesure qui vous arrêtoient ? Combien de fois avez-vous éprouvé, comme Despréaux, que la rime quinteuse disoit noir, quand vous vouliez dire blanc ? Pre-

N 2 nez-

nez-y garde, en paſſant, la Proſe dit blanc dès qu'elle le veut; & voilà ſon avantage. Deſpréaux a maudit élégamment l'inſenſé qui inventa la rime & la meſure, & qui s'aviſa d'y enchaîner la raiſon. Tout ſon enthouſiaſme dans cette Satyre ſe réduiſoit à rêver longtems ſans ſuccès, à éfacer des pages entiéres, à n'écrire quatre mots que pour en éfacer trois; en un mot, à ne pouvoir ſe contenter, & à s'en plaindre. Vous me direz qu'il a ſurmonté la dificulté. Il eſt vrai, Monſieur; mais pour des penſées ſi communes, qu'à peine les auroit-il jugées dignes d'être dites, ſi elles lui avoient moins coûté. Ce Suiſſe, ſi Philoſophe, qui a écrit ſur les Français & les Anglais, a remarqué ce vuide & ce frivole dans pluſieurs Ouvrages de notre grand Verſificateur qui, à ſon avis, n'a penſé que bien ſuperficiellement: mais, il faut l'avoüer, c'eſt par cela même qu'avec une grande élégance de détail, il en eſt plus agréable au grand nombre.

J'oſe vous le demander à vous-même: d'où viennent les corrections multipliées que vous faites tous les jours à vos Poëmes, ſi ce n'eſt, comme je l'ai dit, que pour un homme dificile, les Vers ne ſont jamais achevez?

J'ai remarqué une ſeconde illuſion: c'eſt qu'on s'imagine ſouvent ſentir dans les Vers de la Poëſie qui n'y eſt pas; & la Scène de Mithridate, réduite en Proſe, prouve parfaitement

tement ma pensée, puisqu'on est surpris de n'y pas trouver une expression qui ne convienne au stile libre. Cette illusion est d'autant plus dangereuse, que les Auteurs Tragiques, s'imaginant qu'il faut toujours de la Poësie dans les Vers, s'abandonnent mal-à-propos à l'excès des figures, & qu'ils sont enflez & recherchez où ils ne dévroient être que d'une simplicité élégante. On fait vanité de porter l'Epique dans la Tragédie: en croïant la parer, on la déguise. Les personnages paroissent souvent composer de beaux Vers, plûtôt qu'exposer des sentimens. Au lieu de ne se permettre que des discours naturels, on les surcharge d'expressions Poëtiques qui ne sont pas du caractére de la passion, & dont le Misantrope diroit bien

      Affectation pure;
Et ce n'est pas ainsi que parle la nature.

Je conviens pourtant: n'a pas ces défauts qui veut. Je sais estimer le degré d'imagination qui en est la source: mais je sais aussi qu'il faut maîtriser cette imagination dominante, & l'assujétir toujours à la raison & aux convenances. Des beautez déplacées deviennent de véritables fautes. Voilà tout ce que j'établis dans ce premier morceau ; & vous le

N 3   laissez

laiſſez dans ſon entier, puiſque vous n'en avez rien combatu.

Le ſecond eſt une Ode, où, ſans verſification, j'eſſaïe poëtiquement tous les genres. J'y reconnois les vrais avantages des Vers, l'admiration qui naît de la dificulté ſurmontée, le plaiſir de l'oreille, par les nombres, quoiqu'arbitraires, les éforts que la contrainte même des Vers fait faire à l'eſprit, & qui quelquefois lui font trouver mieux qu'il ne cherchoit, l'empire que l'habitude leur a donné ſur nous, & les ſecours qu'ils prêtent à la mémoire; & je conclus ſeulement, malgré tous ces avantages, qu'il reſte à la Proſe celui d'être plus maîtreſſe du diſcours. Vous n'aviez, pour me combattre, à m'objecter que deux choſes, ou l'oubli de quelqu'avantage des Vers, ou la fauſſeté de celui que j'atribuë à la Proſe. Vous n'avez fait ni l'un ni l'autre; & la raiſon ne vous l'a pas permis. En éfet, depuis le petit ſoulévement que j'ai cauſé au Parnaſſe, je n'entens contre moi que mes propres raiſons; & le plaiſant eſt qu'on penſe m'ouvrir les yeux, & qu'en me répétant, on veüille m'aprendre à moi-même ce que j'ai dit. Ainſi ce ſecond morceau demeure encore ſans réponſe.

Le troiſiéme eſt ma Réponſe à M. de la Faye. Je répons préciſément à chacune de ſes raiſons. Il falloit, pour me combattre, me prouver

ver l'infufifance de quelqu'une de mes réponfes ; & c'eft encore ce que vous n'avez pas fait. Monfieur de la Faye, pour la préférence de la verfification, ne m'allégue que des raifons très-foibles, parce qu'il n'y en a pas d'autres ; & il avoit le droit de s'en contenter, puifqu'il me parle en Vers, où le fpécieux fufit de refte : mais c'eft en ufurper le privilége, que de n'en avoir pas dit de meilleures en Profe.

Que combattez-vous donc, Monfieur? Vous me direz fans doute que c'eft le réfultat de tout ce que j'ai avancé : mais vous allez voir que vous n'y touchez pas plus qu'au détail. Voici ce que j'ai réfumé moi-même.

Il y a bien des gens qui aiment les Vers, malgré tous leurs inconvéniens ; & malgré toutes mes réflexions, je fuis moi-même de ce nombre. Aïons donc des Vers, puifqu'il nous en faut ; encourageons les Verfificateurs ; atachons même la gloire à la peine qu'ils fe donnent, puifqu'autrement perfonne ne la prendroit : mais comme il y a auffi des gens raifonnables à qui la contrainte & la monotonie des Vers déplaifent ; & qu'il y a d'ailleurs des Ecrivains, qui n'étant pas Verfificateurs, ont pourtant de quoi réüffir en Profe dans tous les genres, comme M. de Fénélon l'a fait dans le Poëme Epique, laiffons la liberté des ftiles, afin de contenter tous les goûts.

Loin de détruire ce résultat, vous le confirmez vous-même, sans le vouloir. Il y a une infinité de gens de bon sens, dites-vous, qui n'aiment point la Poësie, faute de la connoître. Eh bien, Monsieur, ces gens de bon sens sont-ils indignes de toutes les imitations que les Versificateurs s'arrogent à eux seuls ? Et puisqu'il y a des Ecrivains, qui, aux Vers près, peuvent leur en procurer le plaisir, ne voilà-t'il pas des Auteurs & des Lecteurs faits les uns pour les autres ? Pourquoi leur interdire l'usage de leurs talens & de leur goût ? De bonne foi, cela seroit-il raisonnable ? Que combattez-vous donc encore une fois ? Une idée, qui n'est pas la mienne ; & c'est la méprise qui régne dans toute vôtre Préface. Vous croïez que je veux anéantir les unitez ; que je veux bannir la Poësie du Théatre ; & enfin, que je veux proscrire les Vers. Je n'ai rien dit de tout cela ; & ce n'est pourtant que cela que vous combattez.

Vous pourriez m'interroger à vôtre tour, & me demander d'où vient que vos soupçons sont précisément l'idée que bien des gens ont retenuë de mes réflexions sur les Vers ? Je vous répondrai naïvement, Monsieur : en voici, ce me semble, la raison. C'est que d'un côté acusant les Vers de nous séduire souvent sur le fond des choses, remarquant de l'autre beaucoup d'inconvéniens qu'entraînent la rime

me & la mesure, jettant quelquefois du ridicule sur l'enthousiasme prétendu des Versificateurs, les chargeant encore un peu de la puérilité & du badinage des bouts-rimez, qui ne se sentent que trop dans les meilleurs Ouvrages; & enfin détruisant la vaine préférence qu'ils se donnent sur les autres Ecrivains, j'ai donné lieu de soupçonner que je méprisois assez les Vers, pour en condamner tout-à-fait l'usage : mais non, Monsieur, je le répéte, ce n'est point-là ma conséquence; & vous auriez dû le voir : car un Critique n'en est pas quitte pour soupçonner; il y doit regarder de plus près.

Puisque les Vers nous plaisent, malgré ce qu'il en coûte souvent à la justesse & aux convenances, je n'ai garde de les proscrire; & sans examiner davantage d'où peut naître le plaisir qu'ils nous font, si c'est de l'admiration de la dificulté surmontée, ou du pouvoir de l'habitude, presqu'aussi puissante sur les hommes que la nature, ou même d'une mesure simétrique, qui, comme je l'ai dit, satisfait en nous un goût naturel, pourvû qu'elle ne dégénére pas en une uniformité continuë, & contraire à un autre goût aussi naturel qui est celui de la variété; sans, dis-je, entrer dans ces discussions, désormais inutiles & ennusses, il me sufit que les Vers plaisent, pour ne pas souhaiter qu'on s'en prive. Je vous invite

vite moi-même à nous en donner le plus qu'il sera possible. Vous avez de quoi en éviter les inconvéniens mieux que beaucoup d'autres ; & j'ose vous l'assurer, sur la foi de mon goût pour les Vers & de mon estime pour vous, je serai toujours un de vos plus sensibles & de vos plus zèlez Aprobateurs.

ADELAIDE

ADELAÏDE
DE MONSIEUR
DE VOLTAIRE,
*TRAGÉDIE.**

UR les plaintes qu'on a faites de n'avoir fait qu'annoncer la Tragédie d'*Adelaïde* de Mr. de Voltaire, après avoir promis d'en parler plus au long : nous avons composé l'Extrait qu'on va lire, avec le plus de soin qu'il nous a été possible.

Adelaïde du Guesclin, niéce du Conétable de ce nom, est l'Héroïne de ce Poëme. L'époque de l'action Théâtrale, est le tems des guerres de Charles VII. contre les Anglais, & la Ville de Lille est le lieu de la Scène.

Adelaïde commence la Piéce avec le *Sire de Coucy*, Seigneur Français. Ce dernier a aimé Adelaïde avant qu'elle fût aimée du *Duc de Vendôme*; son amitié pour ce Prince du Sang

* Extraite du Mercure du Mois de Juin 1734.

Sang des Bourbons, le porte non-seulement à sacrifier son amour, mais encore à parler en faveur de son Rival. Quelques Critiques auroient souhaité que son amitié ne fut pas allée plus loin, & jusqu'à lui faire prendre les armes contre son Maître légitime. Adelaïde lui fait pressentir qu'elle ne sauroit donner ni son cœur, ni sa main au Duc de Vendôme, & le prie de détourner son Ami d'une passion qui le rendroit malheureux ; Coucy se refuse à ce bon ofice, sous prétexte qu'il ne veut pas affliger Vendôme.

Adelaïde allarmée d'un faux-bruit qui court sur la mort du *Duc de Nemours*, Frére du Duc de Vendôme, fait connoître par sa fraïeur qu'elle aime Nemours ; elle l'avouë même à *Jaise d'Aglure*, sa confidente.

Vendôme vient, il parle d'amour à Adelaïde ; elle lui demande si Coucy ne lui a point parlé ; le nom de Nemours lui échape ; elle n'en dit pas davantage, ou plûtôt elle pallie ce demi aveu par une feinte ingénieuse, en lui disant que le bruit de la mort d'un frére si cher ne lui permet pas de parler d'hymen. Heureusement pour elle, Coucy vient annoncer à Vendôme que les Troupes du Dauphin s'avancent à grands pas. Vendôme est obligé de partir incertain de son sort.

Adelaïde, aiant apris dans la Scène précédente, que non-seulement son cher Nemours

mours n'eſt pas mort, mais qu'il eſt à la tête des Troupes qui s'avancent vers Lille, flotant entre l'eſpérance & la crainte.

Vendôme & Coucy ouvrent la Scène du II. Acte, & font entendre que les Aſſiégeans ont été repouſſez vigoureuſement. Vendôme rend juſtice à la valeur d'un de leurs Chefs, qu'il n'a fait priſonnier qu'après l'avoir bleſſé ; il dit même qu'en le combattant, il a ſenti des mouvemens de pitié, qu'il atribuë à l'amour qu'il ſent pour Adelaïde, qui ne lui permet plus cette férocité qu'il avoit autrefois dans les combats.

On amene le Priſonnier bleſſé : c'eſt Nemours lui-même ; Vendôme court l'embraſſer ; Nemours ſe refuſe à ſes careſſes ; il lui reproche ſa rebellion contre ſon Prince, & ſon union avec les Ennemis de ſa Patrie ; Vendôme ne peut entendre ces reproches ſans colére, & prie ſon Frére de les lui épargner ; il l'invite à la fête qui ſe prépare pour ſon hymen avec Adelaïde. Nemours lui reproche ſon amour, comme violent & même effrené ; Vendôme lui répond que la vûë de cet aimable objet va ſuffire pour juſtifier la violence de ſa paſſion : il ordonne qu'on faſſe venir Adelaïde.

A la vûë d'Adelaïde, la bleſſure de Nemours ſe rouvre ; Vendôme en eſt allarmé, il ſuit ce malheureux frére qu'on emporte.

Ade-

Adelaïde se plaint au Ciel de ce qu'il ne lui rend son Amant que pour le lui faire perdre une seconde fois.

Vendôme revient, Adelaïde lui demande avec empressement des nouvelles de Nemours ; il lui répond qu'il a arrêté son sang, & lui reparle d'amour & d'hymen. Adelaïde lui répond fiérement, qu'elle ne donnera jamais sa main ni son cœur à un Prince armé contre son Roi ; Vendôme éclate de colére contr'elle. Adelaïde le quitte avec une noble intrépidité, & en l'assurant qu'elle sera toujours la même. Vendôme ne sait à quoi atribuer la résolution d'Adelaïde ; il en soupçonne quelque secrette inclination ; le silence que Coucy a gardé depuis qu'il l'a prié de disposer le cœur d'Adelaïde en sa faveur, lui fait croire qu'il est son Rival ; son couroux impétueux embrasse ce premier soupçon & lui en fait une certitude.

Coucy vient, Vendôme l'apelle perfide ; ce fidèle ami a la bonté de se justifier. Il lui aprend qu'il a aimé Adelaïde avant lui, mais qu'il n'a pas balancé à lui immoler son amour, & à se rendre tout entier à la gloire ; il l'invite à suivre son exemple, & à rentrer sous les loix de son véritable Maître ; Vendôme lui répond qu'Adelaïde auroit tout obtenu de lui ; Coucy lui represente avec force que ce n'est pas à l'amour à régler les actions d'un Héros ;

Héros ; Vendôme se retire avec lui, incertain du parti qu'il doit prendre.

Au III. Acte, le Duc de Nemours se plaint à *Dangeste*, son Ecuïer, de l'infidélité prétenduë d'Adelaïde ; la voïant paroître, il l'acable d'injures ; elle y répond avec beaucoup de modération, se justifie, & lui proteste qu'elle ne sera jamais à son Frére.

Le Duc de Vendôme interrompt un entretien si tendre ; il dit à Adelaïde qu'elle l'emporte enfin, & que puisqu'elle veut absolument qu'il rentre sous l'obéïssance du Dauphin, il est prêt à lui sacrifier son ressentiment ; Adelaïde n'aïant plus de prétexte pour parer l'hymen qu'il lui propose, dépouille enfin tout artifice, & lui déclare qu'elle ne peut être à lui, & qu'elle a donné sa foi à un autre. Vendôme ne pût plus se contenir, il s'exhale en reproches & en menaces ; Adelaïde lui dit en le quittant qu'elle le fera rougir de sa persécution.

Vendôme furieux, prie Nemours de l'aider à découvrir son Rival ; Nemours ne se découvre point ; il n'oublie rien pour arracher du cœur de son Frére une passion si funeste ; il l'exhorte à se réconcilier avec le Dauphin, & s'offre à partir sur le champ pour aller faire sa paix. Vendôme n'est plus en état de recevoir de conseils ; il est tout ocupé de sa vengeance ; il paroît soupçonner un

peu

peu Nemours, & fort dans des fentimens à faire trembler ce Prince pour Adelaïde & pour lui-même ; Nemours fe détermine à mettre fon Amante en fureté.

Adelaïde commence le IV. Acte avec *Jaïfe*, fa Confidente, elle fait connoître que tout eft difpofé pour fa fuite.

Nemours vient, il preffe Adelaïde de fe dérober à la fureur de fon Rival ; Adelaïde l'invite à s'y dérober lui-même & à l'acompagner dans fa fuite ; Nemours lui fait entendre qu'étant Prifonnier fur fa parole, il ne peut la fuivre fans fe deshonorer ; elle lui dit tendrement que *la fortune jaloufe lui a toujours envié le nom de fon Epoufe* ; Nemours lui dit que la foi qu'il a donnée n'a pas befoin de *l'apareil pompeux, qui ne fert qu'à la rendre plus éclatante fans la rendre plus fûre* ; il attefte les Mânes des Rois fes Aïeux, & l'ombre du grand du Guefclin, dont la cendre repofe avec celle de fes Maîtres ; & c'eft fur de fi Illuftres Garans qu'il lui jure une foi immortelle. Adelaïde raffurée par de fi auguftes fermens, fe réfout à partir d'un lieu qui peut lui devenir fatal.

Vendôme entre fur le champ, & il ordonne à fes Gardes de faifir Nemours : * c'eft alors

* Les Critiques ne trouvent pas bon que Vendôme ne dife rien aux Spectateurs de ce qu'il a apris dans l'entr'Acte.

alors que Nemours croit n'avoir plus rien à diffimuler ; il brave la colére de fon Frére, le traite d'infidèle à fon Roi & à fa Patrie ; Vendôme ordonne à fes Gardes de le conduire en lieu de fûreté ; Nemours continue à le braver, & renouvellant fon ferment à Adelaïde, il dit fiérement à leur commun Tyran, qu'il l'en rend témoin malgré lui. Adelaïde en pleurs n'oublie rien pour defarmer fon furieux Amant ; il lui répond que la grace de Nemours eft à l'Autel, & que fi elle balance à l'y fuivre, c'eft fait de ce trop heureux Rival.

Un Officier lui vient annoncer qu'on le trahit, & que c'eft le Duc de Nemours qui eft l'auteur de la trahifon ; Coucy vient l'inviter à fe défendre ; il répond à Coucy qu'il n'eft prefentement occupé que de fa vengeance contre fon Rival, & que dès qu'il l'aura remplie, il ira chercher la mort parmi fes ennemis ; Coucy frémit de cette réfolution ; Vendôme lui dit qu'il n'attend pas ce fervice de fa main, & qu'il en trouvera de plus fûrs ; Coucy craignant d'être prévenu, lui promet de lui donner des preuves de fon zèle dont il n'aura plus à douter. Vendôme le reconnoît pour fon véritable ami, & lui dit de l'avertir par un coup de canon de l'exécution de fa promeffe.

Au V. Acte, Vendôme tout plein de fa vengeance, dont il n'a pas voulu fe repofer fur un ami aussi vertueux que Coucy, demande à un de ses Gardes, si le Soldat qu'il a choisi pour tuer Nemours est prêt à exécuter ses ordres ; ce Garde lui répond qu'il n'en doit point douter, & qu'on a vû ce Soldat s'avancer vers la prison ; Vendôme ordonne qu'on se retire.

C'est ici le premier moment où la nature lui fait sentir des remords ; il flotte assez longtems entre la haine & l'amitié. Il se détermine enfin en faveur du sang ; il apelle ses Gardes : un Officier vient ; Vendôme lui ordonne d'aller faire révoquer l'ordre sanglant qu'il a donné contre son Frére ; cet Officier lui fait connoître qu'il craint qu'il n'en soit plus tems, & qu'on vient de transporter un Cadavre de la Prison par l'ordre de Coucy. Vendôme ne doute point que Coucy ne l'ait trop bien servi ; un coup de canon qu'il entend, ou qu'il croit entendre, ne lui permet plus de douter de l'assassinat ; il se livre tout entier aux plus vifs remords.

Adelaïde, qui ignore ce qui peut s'être passé, vient le trouver, prête à le suivre à l'Autel, puisque la vie de son Amant est à ce prix ; Vendôme ne lui répond que par des gémissemens, & lui dit enfin que Nemours n'est plus. Adelaïde l'acable de reproches & d'injures ; il veut se donner la mort ; Coucy arrive & lui retient le bras ; Vendôme me lui reproche d'avoir exécuté un arrêt dicté par la jalousie ; Coucy lui répond que le crime n'en auroit pas été moins commis, puisqu'une autre main en alloit être chargée. Adelaïde fait des reproches très-touchans à Coucy, dont elle n'auroit jamais soupçonné qu'un coup si funeste pût partir. Coucy se justifie enfin envers tous les deux ; il déclare que le corps qu'on a vû sortir de la Prison est celui du Soldat qui avoit déja le bras levé pour le poignarder, & qui auroit achevé le crime s'il n'avoit été poignardé lui-même. Il ordonne qu'on fasse venir Nemours ; ce Prince vient, son Frére le reçoit à bras ouverts ; il se punit des ordres cruels qu'il avoit donnés, en se privant d'Adelaïde, & se réconcilie avec son Frére, en lui cédant cet objet de son amour. La Tragédie finit par une ferme résolution que Vendôme fait de faire oublier ses égaremens à force de vertus ; il consent à rentrer sous l'obéïssance de son Maître. La fin de cette Piéce a paru très-touchante. Les principaux rôles, qui sont celui de Vendôme, d'Adelaïde, de Nemours, & de Coucy, ont été parfaitement bien remplis par le Sieur du *Frêne*, la Dlle. *Gossin*, le Sieur *Grandval*, & le Sieur le *Grand*.

LA HENRIADE.
LIVRE PREMIER,
EN VERS ITALIENS.

ONSIEUR NENCI, Académicien de Rome, a publié la Traduction en Vers Italiens du premier Chant de la Henriade. La richesse de sa langue, la liberté des Vers non-rimés, son génie & son goût, lui ont facilité le moïen de traduire ce Chant, avec autant de fidélité que d'élégance. Notre langue, plus bornée dans ses tours que l'Italienne, & qui d'ailleurs n'admet point les Vers non-rimés, a été jusqu'ici incapable de produire en Vers des traductions fidèles & agréables des Poëmes écrits dans quelqu'autre langue que ce soit. Toutes nos traductions en ce genre ne sont que des imitations. C'est ce qui a fait prendre le parti de traduire en Prose. Mais on peut dire aussi que des Vers traduits en Prose ne sont pas véritablement traduits. On est exact pour l'idée principale ; mais exprime-t'on l'idée accessoire ? On ne rend ni la cadence, ni l'harmonie, ni la hardiesse de l'expression. Une Prose Poëtique sent

LA HENRIADE. LIVRE PREMIER. 309

toujours la Profe, & fi elle s'en éloigne trop, elle devient ridicule. De-là je conclus que qui n'a lû Homére, Virgile, Horace, Ovide, &c. que dans des traductions Françaises, foit en Vers, foit en Profe, n'a aucune idée jufte de ces Auteurs; parce qu'il y a, felon moi, autant de diférence entre la traduction Françaife d'un excellent Ouvrage de l'antiquité & ce même Ouvrage, qu'il y en a entre deux Ouvrages modernes, dont l'un eft médiocre & l'autre eft admirable.

Or la langue Italienne l'emporte en cela fur la nôtre, & je pourrois accorder le même avantage à la langue Anglaife. Pour ne parler ici que de la premiére, il me fufit de citer ces premiers Vers de la traduction de la *Henriade*. Il eft inutile de citer l'original, que tout le monde fçait par cœur.

Canto quel grand' Eroe, Re della Gallia,
Re per conquifte, e pel fuo regio fangue,
Che apprefe a governar dal fato avverfo;
Perfeguitato, vinfe, e perdonò;
Ma ienna fperfe, la Lega, e l'Ibero,
E Vincitor fu de' Soggetti, e padre.

Je me contenterai de raporter un autre exemple, mais avec le texte Français. Il s'agit

git du Solitaire de Jerſai, que Henri va conſulter.

Un Vieillard vénérable avoit loin de la Cour,
Cherché la douce paix dans cet obſcur ſéjour.
Aux humains inconnu, libre d'inquiétude,
C'eſt-là que de lui-même il faiſoit ſon étude.
C'eſt-là qu'il regrettoit ſes inutiles jours,
Plongez dans les plaiſirs, perdus dans les amours.
Sur l'émail de ces prés, au bord de ces fontaines,
Il fouloit à ſes pieds les paſſions humaines :
Tranquille, il attendoit qu'au gré de ſes ſouhaits,
La mort vint à ſon Dieu le rejoindre à jamais.
Ce Dieu qu'il adoroit prit ſoin de ſa vieilleſſe ;
Il fit dans ſon déſert deſcendre la ſageſſe,
Et prodigue envers lui de ſes tréſors divins,
Il ouvrit à ſes yeux le Livre des Deſtins.

In queſto oſcuro e ſolitario loco
Un venerabil Veglio avea cercato,
Dalla corte lontan, la cara pace.
Incognito alle genti, e d'inquietudine
Libero, fea là ſovra lui ſuo ſtudio ;
De' ſuo' inutili giorni ivi doluaſi,
Speſi in piaceri, e negli amor perduti.
Sullo ſmalto dei prati, intorno ai fonti,

Calpeſtava

Calpestava l'umane sue passioni;
Tranquillo egli aspettava che la morte,
Alla voce de' suoi desir, venisse
A riunirlo per sempre al suo fattore.
Quel Dio, ch' egli adorava, ebbe ben cura
Dell' età sua senile, e la sapienza
Scender fece dal Ciel nel suo diserto;
E prodiga de suoi divin tesori,
A perse il libro de' destini a lui.

On souhaite que Mr. *Nenci* continuë de traduire avec le même soin & la même noblesse, & fasse admirer à ses compatriotes le génie, l'invention, l'ordonnance judicieuse qui régnent dans la fable du Poëme Français. Le Traducteur donnera une espéce d'immortalité à l'Auteur, qui à son tour la lui rendra.

Je suis, &c.

Ce 27. Novembre 1739.

A MON-

A MONSIEUR DE VOLTAIRE.

Toi qui chantas le grand Henri,
  Par des Vers si pompeux, d'un style si sublime,
Est-ce toi que l'on croit d'Apollon Favori,
  Qui viens de nous donner Zulime?
  Seul digne d'être comparé
  A nos plus excellens génies;
  Toi qui te vis si souvent admiré
  Pour tant de belles Tragédies,
Ton esprit cette fois s'est par trop égaré.
Ta Piéce tombe: eh bien, il faut braver l'orage:
Voltaire, ce malheur ne doit point t'allarmer.
Fais de nouveaux éforts, rapelle ton courage;
Sur-tout, de tes talens ose moins présumer:
  Consulte tes amis; leurs avis salutaires,
  Sur tes défauts, sauront t'ouvrir les yeux.
Lorsque l'on compte trop sur ses propres lumiéres,
Il est bien mal-aisé d'être toujours heureux.

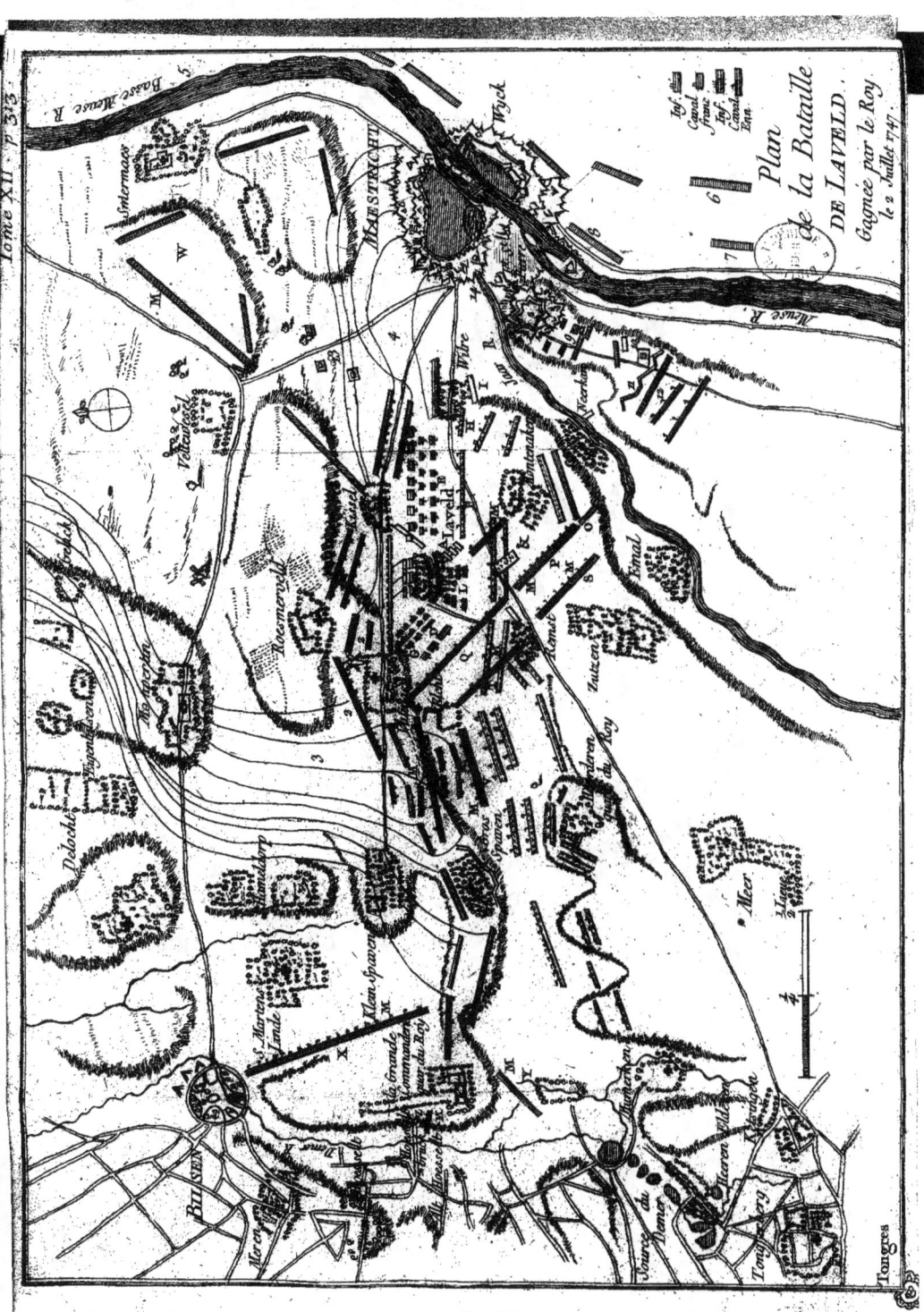

EPITRE
DE
Mr. DE VOLTAIRE
A SON ALTESSE
MADAME LA DUCHESSE
DU MAINE,
SUR LA
BATAILLE
DE LAUFELDT,
Gagnée par
LOUIS XV.
Le 2. Juillet 1747.

AUGUSTE Fille & Mere de Héros
Vous ranimez ma voix faible & cassée,
Et vous voulez que ma Muse lassée
Comme LOUIS ignore le repos ?
D'un craïon vrai vous m'ordonnez de peindre

O Son

Son cœur modeste & ses brillans exploits,
Et CUMBERLAND que l'on a vû deux fois
Chercher le Roi, l'admirer & le craindre.
Mais des bons Vers l'heureux tems est passé,
L'art des Combats est l'art où l'on excelle,
Notre Alexandre en vain cherche un Apelle ;
LOUIS s'éleve, & le siécle est baissé.
De Fontenoy, le nom plein d'harmonie,
Pouvait au moins seconder le génie :
Boileau pâlit au seul nom de Narden,
Que diroit-il, sinon loin d'Helderen
Il eût falu suivre entre les deux Nethes
Bathiany si savant en Retraites,
Avec d'Estrées à Rosmal s'avancer ?
La gloire parle, & LOUIS me réveille ;
Le nom du Roi charme toujours l'oreille ;
Mais que Laufeldt est rude à prononcer !
Puis quand ma voix par ses faits enhardie
L'auroit chanté sur le plus noble ton,
Qu'auroit-il fait ? blessé sa modestie,
Sans ajoûter à l'éclat de son nom ;
De votre Fils, je connais l'indulgence,
Il agréra mon inutile encens ;
Car la bonté, la sœur de la vaillance,
De vos Aïeux passa dans vos Enfans ;
Mais tout Lecteur n'est pas si débonnaire ;
Et si j'avais, peut-être téméraire,
Représenté vos fiers Carabiniers,

Donnant

Donnant l'exemple aux plus braves Guerriers ;
Si je peignois ce soutien de nos Armes,
Ce petit-Fils, ce Rival de Condé ;
Du Dieu des Vers si j'étais secondé,
Comme il le fut par le Dieu des allarmes,
Plus d'un Censeur encore avec dépit
M'accuserait d'en avoir trop peu dit.
 Très-peu de gré, mille traits de Satire,
Sont le loïer de quiconque ose écrire :
Mais pour son Prince il faut savoir souffrir.
Il est par tout des risques à courir ;
Et la censure avec plus d'injustice
Va tous les jours acharner sa malice
Sur des Héros, dont la fidélité
L'a mieux servi que je ne l'ai chanté.
 Auteurs du tems, rompez donc le silence,
Osez sortir d'une morne indolence ;
Quand LOUIS vole à des périls nouveaux,
Si les la Tour, ainsi que les Vanloos,
Peignent ses traits qu'un Peuple heureux adore,
Peignez son ame, elle est plus belle encore ;
Representez ce Conquérant humain,
Offrant la Paix le Tonnerre à la main :
Ne loüez point, Auteurs, rendez justice ;
Et comparant aux siécles reculez,
Le siécle heureux, les jours dont vous parlez,
Lisez Cézar, vous connaîtrez MAURICE.
 Si de l'Etat vous aimez les vengeurs,

Si la Patrie eſt vivante en vos cœurs,
Voïez le Chef dont l'active prudence,
Venge à la fois Génes, Parme & la France:
Chantez Belle-Iſle ; élevez dans vos Vers
Un Monument au généreux Bouflers:
Il eſt d'un Sang qui fut l'apui du Trône;
Il eut pû l'être, & la faulx du trépas
Tranche ſes jours échapez à Bellone,
Au ſein des Murs délivré par ſon bras :
Mais quelle voix aſſez forte, aſſez tendre,
Saura gémir ſur l'héroïque cendre
De ces Guerriers que Mars priva du jour
Aux yeux d'un R o i, leur Pere & leur amour!

    O vous, ſur-tout, infortuné Baviére,
Jeune Froulay, ſi digne de nos pleurs,
Qui chantera votre vertu guerriére!
Sur vos Tombeaux qui répandra des fleurs!
Anges des Cieux, Puiſſances immortelles,
Qui préſidez à nos jours paſſagers,
Sauvez Lautrec au milieu des dangers,
Mettez Ségur à l'ombre de vos aîles;
Déja Rocoux vit déchirer ſon flanc;
Aïez pitié de cet âge ſi tendre,
Ne verſez pas les reſtes de ce Sang,
Que pour L O U I S il brûle de répandre:
De cent Guerriers conſervez les beaux jours;
Ne frapez pas Bonac & d'Aubeterre,
Plus accablez ſous de cruels ſecours

Que sous les coups des foudres de la Guerre.
Mais, me dit-on, faut-il à tout propos
Donner en Vers des Listes de Héros;
Sachez qu'en vain l'amour de la Patrie
Dicte vos Vers au vrai seul consacrez;
On flâte peu ceux qu'on a célébrez,
On déplaît fort à tous ceux qu'on oublie.
Ainsi toujours le danger suit mes pas:
Il faut livrer presque autant de Combats,
Qu'en a causé sur l'Onde & sur la Terre,
Cette Balance utile à l'Angleterre.
Cessez, cessez, digne Sang de BOURBON,
De ranimer mon timide Apollon,
Et laissez-moi tout entier à l'Histoire,
C'est-là qu'on peut, sans génie & sans art,
Suivre LOUIS de l'Escaut jusqu'au Jart.
Je dirai tout, car tout est à sa gloire;
Il fait la mienne, & je me garde bien
De ressembler à ce grand Satirique,
De son Héros discret Historien,
Qui pour écrire en stile véridique
Fut bien païé, mais qui n'écrivit rien.

PROLOGUE

Recité sur le Théâtre de Sceaux devant S. A. S. Madame la Duchesse Du Maine, par Mr. de Voltaire, le 14. Décembre 1747.

Vous ! en tous les tems par Minerve inspirée,
Des plaisirs de l'esprit Protectrice éclairée,
Vous avez vû finir ce siécle glorieux,
Ce siécle des talens accordé par les Dieux.
    Vainement on se dissimule
Qu'on fait pour l'égaler des éforts superflus,
Favorisés au moins ce foible crépuscule
    Du beau jour qui ne brille plus.
Ranimez les accens des Filles de Mémoire,
De la France à jamais éclairez les esprits ;
Et lorsque vos Enfans combattent pour sa gloire,
    Soutenez-là dans nos Ecrits.
Vous n'avez point ici de ces pompeux Spectacles
Où les Chants & la Danse étalent leurs miracles ;
Daignez vous abaisser à de moindres sujets,
L'esprit aime à changer de plaisirs & d'objets :
                          Mais

PROLOGUE.

Mais nous possédons peu ; c'est ce peu qu'on vous donne ;
A peine en nos Ecrits verrez-vous quelques traits
D'un Comique oublié que Paris abandonne ;
Puissent tant de beautés, dont les brillants atraits
Valent mieux, à mon sens, que les Vers les mieux faits,
S'amuser avec vous d'une *Prude friponne*,
 Qu'elles n'imiteront jamais.
 On peut bien, sans éfronterie,
Aux yeux de la raison joüer la pruderie ;
Tout défaut dans les mœurs à Sceaux est combattu ;
Quand on fait devant vous la satyre d'un vice,
C'est un nouvel hommage, un nouveau sacrifice
 Que l'on présente à la vertu.

VERS
DE MONSIEUR
DE VOLTAIRE,
A MADAME
LA MARQUISE
DU CHASTELET,

Le jour qu'elle a joué à Sceaux le Rôle d'Iſſé.

TRE Phœbus aujourd'hui je deſire,
Non pour régner ſur la Proſe & les Vers,
Car à Du Maine il remet cet Empire,
Non pour courir autour de l'Univers;
Car vivre à Sceaux eſt le but où j'aſpire,
Non pour tirer des accords de ſa lire :
De plus doux chants font retentir ces lieux;
Mais ſeulement pour voir & pour entendre
La belle Iſſé, qui pour lui fut ſi tendre,
Et qui le fit le plus heureux des Dieux.

PARODIE

PARODIE
SUR LA
SARABANDE D'ISSÉ

HARMANTE Issé, vous nous fites entendre
Dans ces beaux lieux les sons les plus flateurs :
Ils vont droit à nos cœurs.
Leibnits n'a point de Monade plus tendre,
Newton n'a point d'*** plus enchanteurs,
A vos atraits on les eut vû se rendre,
Vous tourneriez la tête à nos Docteurs.
Bernouilli dans vos bras,
Calculant vos apas,
Eut brisé son compas.

VERS

Pour mettre au bas du Portrait de Marie-François Arrouet de Voltaire.

Es l'âge le plus tendre, il se rendit fameux;
Admiré dans Oedipe, il ouvrit sa carriére;
Il laissa dans Henri ses Rivaux en arriére,
Et n'emploïa jamais l'art de flâter comme eux.

RÉFLEXIONS SUR ALZIRE, OU LES AMÉRICAINS, TRAGÉDIE.*

ETTE Piéce a été jouée trente fois de suite pendant l'hyver de 1736. sur le Théâtre de Paris, avec des aplaudissemens toujours soûtenus & un concours de monde toujours égal. Mais on ne peut guéres juger du succés qu'une Tra-

---

* Extraites de la Bibliothéque Françaife, ou Histoire Littéraire de la France. *Tome XXIV. Partie II. Article VIII. pag.* 349. *& suiv.* à Amsterdam, chez H. du Sauzet, 1637.

Tragédie aura à la lecture, par le succès qu'elle a eu à la représentation. Souvent un Auteur doit une partie des suffrages à l'art des Acteurs ; & c'est ce qui a fait dire à quelques-uns de nos Poëtes Dramatiques, qu'il seroit à souhaiter que leurs Piéces parussent toujours avec tous les avantages qu'elles tirent du Spectacle, du jeu du Théâtre & des graces de la Déclamation.

La Tragédie d'*Alzire* est pleine de situations heureuses ; & presque tout l'éfet de ces situations dépend de la représentation qui en est l'ame. Cette Piéce doit par conséquent perdre considérablement à être lûë : cependant on la lit encore avec plaisir malgré cela ; & l'on peut dire que mille beautés de détail qui échapent au Spectateur, & qu'on retrouve à la lecture, dédommagent un peu de toutes les beautés inséparables du Théâtre, qui ne s'y retrouvent plus.

Voici le plan de ce Poëme. Alvarès Gouverneur du Païs qu'il avoit conquis en Amérique avec Ferdinand Cortès & les Pizzares, remet par ordre du Conseil d'Espagne le Gouvernement à son fils Gusman, * & lui donne en même-tems quelques conseils pour se captiver la bienveillance des naturels du Païs, qui doivent dorénavant ne faire qu'un Peuple

---

* Acte I. Scène V.

ple avec les Espagnols. Cette Alliance doit être cimentée ce même jour par le mariage de Gusman avec Alzire fille de Monteze, l'un des Princes du Potosi, qui s'est renduë Chrétienne aussi-bien que son Pere.

Ce mariage n'est pas tout de politique. Gusman aime éperduement Alzire, & en sa considération il délivre quelques prisonniers qu'il avoit fait depuis peu sur les Américains.

Les sentimens d'Alzire pour Gusman sont bien différens. Cette Princesse avoit été promise à Zamore, autre Prince du Potosi, qu'elle aimoit tendrement. Dans l'instant qu'elle alloit l'épouser, Gusman & les Espagnols surprirent le Palais de Zamore. Alzire & son Pere Monteze furent conduits à Lima ; on n'entendit plus parler de Zamore, & l'on crut qu'il avoit été tué. Voilà bien des raisons qui doivent porter Alzire à haïr Gusman, le tyran de son Païs & le meurtrier de son Amant. Elle ne balance pas cependant à se sacrifier à l'intérêt de ses anciens sujets, à qui son mariage avec Gusman doit procurer la paix. Mais quand le moment de la cérémonie est arrivé, * que Gusman vient la chercher pour la conduire aux Autels, elle ne peut retenir ses larmes ; elle voudroit du moins différer. Gusman plus fier encore qu'amou-

* Acte I. Scène V.

moureux, croit que toutes ces lenteurs blessent sa gloire. Il en fait des reproches à Alzire, & lui ordonne d'oublier son Zamore. Alzire lui répond que les larmes qu'elle verse pour Zamore sont un éfet de sa constance, qu'il a tort de les blamer; & qu'il doit plutôt s'ocuper à mériter, s'il peut, un cœur aussi fidèle.

Dans la I. Scène du II. Acte, Zamore, qu'on avoit cru mort, paroît au milieu d'une troupe d'Américains. Ce sont ceux que Gusman a fait tirer des fers, comme il s'y étoit déterminé dans la I. Scène du I. Acte. On aprend ici * que Zamore après avoir vécu long-tems errant, avoit enfin ramassé une troupe de soldats, qu'il avoit cachés dans les forêts voisines de Lima, & que lorsqu'il s'avançoit pour examiner les murs des Espagnols, on l'avoit arrêté avec quelques-uns de ceux qui l'acompagnoient. Alvarès cependant vient aprendre à tous ces Américains qu'ils sont libres. Zamore est frapé de cette générosité dans un Espagnol. Alvarès n'est pas moins étonné de reconnoître dans Zamore l'Américain qui lui sauva une fois la vie. Zamore s'informe à lui de Montèze. Alvarès lui dit qu'il est dans le Palais. Il paroît dans la IV. Scène. Zamore lui demande des nouvelles

* Acte II. Scène I.

velles d'Alzire, si elle vit, & si elle lui est encore fidèle. Monteze se contente de lui répondre qu'elle est Chrétienne. On vient alors annoncer à Monteze qu'on l'attend pour la cérémonie. (C'est pour le mariage d'Alzire & de Gusman qui va enfin s'acomplir.) Zamore peu satisfait de la réponse que lui fait Monteze, le veut suivre; on l'en empêche.

Alzire ouvre le III. Acte par un beau Monologue, où elle se reproche la foi qu'elle vient de jurer à Gusman au pié des Autels. * Un Américain entre qui se jette à ses piés. C'est Zamore qu'elle croïoit mort. La reconnoissance est des plus touchantes. Les regrets d'Alzire, les fureurs de Zamore, qui aprend qu'elle vient d'épouser Gusman, rendent cette Scène la plus intéressante de toute la Piéce. Alvarès cependant paroît avec Gusman. Zamore reproche à ce dernier toutes ses cruautés. La fierté de Gusman s'en irrite. Il fait arrêter Zamore. Dans ce moment on vient aprendre qu'on voit des Américains armés qui s'avancent vers la Ville. Gusman sort pour les combattre : il les défait.

Le commencement du IV. Acte semble languir un peu. Alvarès & Alzire tâchent tour-à-tour d'attendrir l'inexorable Gusman en faveur de Zamore. Mais Alzire a pris des voïes
plus

* Acte III. Scène IV.

plus sûres pour délivrer ce Prince. * Elle a gagné un des soldats de sa garde, qui le lui améne. Zamore veut engager Alzire à fuir avec lui. Elle lui remontre qu'elle est liée pour toujours à Gusman. Zamore devient furieux à ce nom. Il jure d'immoler ce Maître cruel. Elle lui représente que ce Gusman est son Epoux. Mais en vain veut-elle le retenir; il sort, & déguisé sous les habits du soldat qui le conduisoit, il va droit à l'apartement de Gusman & le perce. On l'arrête sur le champ. Le Conseil d'Espagne s'assemble, & le condanne à mourir aussi-bien qu'Alzire, qu'on croit complice.

† Alvarès vient leur annoncer ce funeste arrêt; mais il dit à Zamore qu'il est un moïen de se sauver; c'est d'embrasser le Christianisme. Zamore demande à Alzire ce qu'il doit faire, & voilà ce qu'elle lui répond.

Ecoute. Tu sais trop qu'un Pere infortuné
Disposa de ce cœur que je t'avois donné.
Je reconnus son Dieu. Tu peux de ma jeunesse
Accuser si tu veux l'erreur ou la foiblesse;
Mais des Loix des Chrétiens mon esprit enchanté,
Vit chez eux, ou du moins crut voir la vérité;
Et

* Acte IV. Scène IV.
† Acte V. Scène V,

Et ma bouche abjurant les Dieux de ma Patrie;
Par mon ame en secret ne fut point démentie.
Mais renoncer aux Dieux que l'on croit dans son
 cœur,
C'est le crime d'un lâche & non pas une erreur.
C'est trahir à la fois sous un masque hipocrite,
Et le Dieu que l'on sert, & le Dieu que l'on quitte;
C'est mentir au Ciel même, à l'Univers, à soi.
Mourons, mais en mourant sois digne encor de moi;
Et si Dieu ne te donne une clarté nouvelle,
Ta probité te parle, il faut n'écouter qu'elle.

Nous dirons en passant que cette Scène a paru très-bien conduite, & toute neuve. Dans la Scène suivante, Gusman blessé à mort par Zamore, s'avance soutenu sur les bras de ses soldats. C'est ici que son caractére change tout à coup. Son orgueil, sa cruauté, font place à la clémence, & il parle ainsi à Zamore:

Vis, superbe Ennemi, sois libre, & te souvien,
Quel fut & le devoir, & la mort d'un Chrétien.

Enfin Gusman céde Alzire à Zamore, lui rend ses Etats, & pour toute récompense l'engage à quitter le culte de ses faux-Dieux. Ce changement si peu attendu dans Gusman ne laisse pas de plaire, quoiqu'assurément il n'ait pas tout le mérite de la vraisemblance. On
voit

voit avec plaisir dans cette Scène, combien la clémence Chrétienne surpasse, étonne même la générosité Païenne. C'est-là que ces deux vertus sont représentées dans tout leur jour.

L'intrigue de cette Piéce est dévelopée avec assez d'art dans le I. Acte. Mr. de Voltaire a tâché, autant qu'il a pû, de bannir les personnages ennuïeux des Confidens, que Mr. Corneille l'aîné apelle quelque part *un mal nécessaire*. Les deux derniers Actes n'ont pas paru de la force du III. Mr. de Voltaire nous permettra de dire que cela lui arrive quelquefois. Chés lui le plus bel Acte n'est pas toûjours le dernier. Le II. de *Zaïre*, le IV. d'*Oedipe* remuent si puissamment les passions, & échauffent l'imagination à un tel point, que les Actes qui suivent, quoique pleins de belles choses, semblent froids, parce qu'ils sont un peu moins brillans, ou un peu moins intéressans.

Il a paru plusieurs Parodies d'Alzire. Les Comédiens Italiens en ont donné une intitulée, *les Sauvages* *. Mr. de Voltaire en faisant imprimer sa Piéce, a crû devoir répondre à quelques endroits de ces critiques par de petites † notes. Dans la III. Scène du V. Acte,

par

---

* Représentée le 5. Mars 1736. & imprimée à Paris chez Prault.

† On nous a assûré depuis peu que ces Notes viennent d'une autre main, & que M. de Voltaire n'y a aucune part.

par exemple, Alzire accablée de fes malheurs fe plaint de ce que la Religion Chrétienne qu'elle vient d'embraffer lui ôte la liberté d'attenter à fa vie.

Et quel crime eft-ce donc devant ce Dieu jaloux,
De hâter un moment qu'il nous prépare à tous?
Ce Peuple de vainqueurs armé de fon tonnerre,
A-t'il le droit affreux de dépeupler la terre?....
Et moi je ne pourrai difpofer de mon fang? &c.

Mr. de Voltaire a mis au bas de ces Vers cette remarque. *Cette plainte & ce doute font dans la bouche d'une Chrétienne nouvelle.* Mais je ne fais fi cette obfervation le juftifie entiérement auprès de tout le monde. Quand on fupoferoit qu'Alzire auroit dû avoir naturellement ces fentimens, Mr. de Voltaire eft-il bien excufable de les avoir exprimés? Il y a certains perfonnages qu'on ne doit jamais faire agir ni faire parler felon toute l'étenduë de leur caractére, fur-tout quand il s'agit de maximes contraires à la Religion. Les impreffions qu'elles font font d'autant plus dangereufes, qu'elles trouvent la plûpart des efprits difpofés à les recevoir.

Apuïons-nous fur le fentiment d'un Auteur, qui ne doit pas paroître fufpect à Mr. de Voltaire. C'eft Mr. Bayle. Voici ce qu'il dit dans fon Dictionnaire Critique de l'édition de Rotterdam

terdam 1720. au mot Eschile, Remarque F.

» Il n'y a point de gens qui se donnent
» plus de carriére en fait de maximes liber-
» tines, que ceux qui composent des Piéces
» de Théâtre. Car si on les veut tirer en cau-
» se, ils peuvent répondre, qu'ils ne font que
» prêter à des profanes, ou à des personnes
» dépitées contre leur fortune, les discours
» que le vraisemblable exige. Il est bien cer-
» tain que l'Auteur d'une Tragédie ne doit
» point passer pour croire tous les sentimens
» qu'il étale. Mais il y a des affectations qui
» découvrent ce qu'on peut mettre sur son
» compte, &c.

A Dieu ne plaise que nous mettions les sentimens d'Alzire sur le compte de Mr. de Voltaire, & que nous l'accusions d'être un * *homme sans Religion*, comme l'ont fait les personnes dont il se plaint dans sa Préface d'Alzire, qu'on pourroit plûtôt apeller son Apologie. Il y a long-tems qu'il a essuïé les mêmes reproches. Son *Oedipe* les fit naître en 1718. Il se justifia dans une Lettre imprimée

* Nous sommes très-persuadés que c'est une injustice d'attribuer à Mr. de Voltaire des sentimens qu'il desavouë. Mais on en veut moins à ses Ouvrages qu'à sa Personne; & ce n'est point en cherchant à rendre un Auteur odieux, qu'on prouve la justesse des critiques qu'on fait de ses productions, avec lesquelles sa Religion ne doit avoir rien de commun.

primée à la fin de cette Tragédie en 1719. & il se vit obligé de défendre sur cet article presque tous les Ouvrages qu'il donna depuis. N'est-il pas de l'intérêt d'un Auteur qui se voit dans de pareilles circonstances, de garder toutes les mesures possibles pour mettre sa gloire à l'abri d'une acusation aussi honteuse ? » Lorsque sous la fiction d'un personna-
» ge emprunté, il veut débiter des pensées,
» ne doit-il pas choisir des sujets, qui par
» les loix de la vraisemblance ne l'engagent
» à dire rien qui ne soit pas édifiant ? « C'est encore une réflexion de Mr. Bayle dans son Dictionnaire, au mot ERASME, Rem. Q.

Ajoûtez à cela que toute la Tragédie de Mr. de Voltaire est d'invention. On passe bien des choses aux Auteurs qui nous representent des Héros dont l'Histoire a déterminé les caractéres; parce qu'il ne leur est pas possible d'y rien changer. Mais lorsqu'ils créent eux-mêmes leurs sujets, ils sont responsables de toutes les fautes qui s'y trouvent.

Au reste, nous donnerons dans le Journal suivant des observations Critiques fort étenduës sur la Tragédie d'Alzire, dont nous espérons que le Public & Mr. de Voltaire lui-même ne seront pas mécontens. Le peu de place qui nous reste ne nous permet pas d'en faire usage dans ce Volume.

OBSERVATIONS
SUR LA
TRAGÉDIE D'ALZIRE,
PAR MONSIEUR V. D. V.*

Le succès extraordinaire qu'a eu la nouvelle Tragédie de Mr. de Voltaire, devroit ce semble me déterminer à n'en penser que du bien. Les suffrages du Public ne sont pas du nombre de ceux qu'il est permis de réfuter. Cependant sans apeller de son jugement, on peut trouver quelque chose à reprendre dans les Ouvrages qu'il admire. Son aprobation ne signifie autre chose, sinon que les beautés l'emportent sur les défauts, & il y a longtems qu'on a dit, que les bons Ouvrages sont les seuls qui méritent une Critique. Cette Critique

* Extraites de la Bibliothéque Française, ou Histoire Littéraire de la France. *Tome XXV. Partie I. Article I. pag.* 1. *& suiv.* à Amsterdam, chez H. du Sauzet. 1737.

tique en forme, je ne prétens pas la faire, mais seulement exposer les pensées d'un homme, qui n'étant pas Maître de l'Art, ne peut avoir de poids qu'autant que la raison apuïe ses jugemens.

On peut considérer dans une Tragédie, la Fable ou le Sujet; les caractéres des différens personnages; la conduite; les différentes parties; la diction, & la versification. C'est à ces six chefs que je raporterai toutes mes Observations sur Alzire.

Voici en peu de mots la Fable de cette Piéce. Gusman Successeur d'Alvarès son Pere dans la Vice-Roïauté du Pérou, aime & épouse malgré elle Alzire, fille de Monteze, Prince qu'il avoit subjugé depuis trois ans. Cette Princesse aimoit Zamore, autre Prince dont Gusman avoit conquis les Etats, & auquel elle avoit été promise avant la conquête; mais qu'elle croïoit avoir péri par les armes du Gouverneur Espagnol. Cependant il se trouve vivant; il lui parle; elle l'aime toujours, mais sa foi est engagée. Zamore animé par la vengeance & par l'amour, tuë Gusman aux piés d'Alvarès, auquel il avoit sauvé la vie quelque-tems auparavant dans une escarmouche où ils s'étoient rencontrés. Alzire est réputée complice, & les deux Amans sont condannés à mort par le Conseil. Gusman survit quelques instans à sa blessure, & acordant la grace à

l'un

l'un & à l'autre, il ferre de nouveau des nœuds que lui feul avoit brifés. Ce fujet eſt *tout d'invention*, comme Mr. de Voltaire a foin d'en avertir dans fon Difcours Préliminaire. Mais cela même qu'il a tout inventé, rend l'Auteur refponfable de tout. Un Poëte qui choifit un fujet connu, eſt gêné par l'Hiſtoire; la vérité de certains faits qu'il n'a pas dû altérer eſt une excufe toute prête, quand on lui reproche les défauts de fa Fable. Mais celui qui puife tout dans fon imagination, doit créer un fujet fans défaut. Je n'oferois décider que le Mariage d'Alzire en foit un. Mais il me femble que fon amour pour Zamore s'acommoderoit mieux avec nos mœurs, fi elle n'étoit que fiancée avec Gufman. L'idée que nous nous formons de l'héroïfme n'eſt-elle pas un peu choquée, quand nous voïons Alzire chercher les occafions, où elle ne peut que prévoir qu'elle fera follicitée à s'écarter de fon devoir? J'avouë que ce défaut, fi c'en eſt un, eſt compenfé par un grand nombre de beaux traits, auxquels le Mariage qu'Alzire vient de contracter donne lieu. Mais je ne fai fi la plûpart n'auroient pas pû être confervés, en la fupofant fimplement engagée par la parole de fon Pere, & par la fienne.

Un Poëte peut donner à des Perfonnages nés dans fon imagination tel caractére que bon lui femble. Il n'en eſt comptable à perfonne.

fonne. On peut cependant exiger de lui que ces caractéres foient vrai-femblables ; qu'ils foient intéreffans par leur influence fur l'action principale ; enfin, qu'ils foient foutenus. Sont-ce-là les caractéres des Héros de Mr. de Voltaire ? On ne peut guéres le nier à l'égard de Zamore & d'Alzire, & fur-tout à l'égard de cette derniére. Conftante dans fon amour pour fa Patrie, pour Zamore, & pour la vertu, fuivant l'idée qu'elle s'en forme, elle ne s'en dément jamais. Son caractére influë fur tout. Elle hait Gufman, le fleau de fa Patrie & le boureau de fon Amant. Elle fe fait un devoir d'obéïr à fon Pere en l'époufant. Mariée, ce même devoir l'empêche de fuir avec Zamore ; & c'eft ce refus, dicté par la vertu d'Alzire, qui acheve de le déterminer à ne pas diférer la mort de Gufman. Zamore eft un vrai Héros. L'amour de la Patrie, l'amour d'Alzire, & l'atachement à fa Religion, font les trois mobiles qui le font agir ; & la générofité qui convient à un Héros, ne fe trouve démentie par aucune de fes démarches. Gufman eft le fleau de l'Amérique, le deftructeur de fes Dieux, & fon rival. C'eft-là ce qui anime fa vengeance contre lui. Si la maniére dont il le tuë a paru lâche à quelques-uns ; c'eft que nos mœurs font barbares fur l'article des duels. Ce n'eft pas comme un ennemi particulier, c'eft comme un ennemi public que Zamore attaque Gufman, ou plûtôt comme un criminel, à l'égard duquel la notoriété des crimes difpenfe de toute formalité. Il s'agit, non pas de difputer avec lui de valeur, mais de le punir. Dans un tel cas, le moïen le plus fûr eft fans contredit le plus légitime. Les intérêts de la vengeance publique ne doivent pas être commis à l'incertitude d'un combat fingulier, où

Le coupable peut vaincre, & l'innocent périr.

D'ailleurs le difcours du Prince Amériquain, après avoir plongé l'épée dans le fein de Gufman, fent un homme généreux.

Zamore au même inftant dépouillant fa colére,
Tombe aux piés d'Alvarès & tranquile & foumis,
Lui prefentant ce fer teint du fang de fon Fils;
J'ai fait ce que j'ai dû; j'ai vengé mon injure,
Fais ton devoir, dit-il, & venge la nature:
Alors il fe profterne attendant le trépas.

Je fouhaiterois que la piété de Zamore ne fe démentit pas plus que fa générofité. Reconnoit-on ce Héros, qui exprime fi noblement à Monteze le motif qui l'a conduit à Lima.

La foif de te venger, toi, ta fille, & mes Dieux.

Ce

Ce Héros

. . . . Enyvré tour à tour,
De zèle pour ses Dieux, de vengeance & d'amour,

Qui reproche si amérement à Monteze l'abandon

De sa Religion, de la loi de ses Peres.

Ce Héros enfin qui aime mieux mourir que de renoncer aux Dieux qu'il a servis jusques-là, le reconnoît-on à cette apostrophe impie?

Dieux impuissans, Dieux vains de nos vastes contrées,
A des Dieux ennemis vous les avez livrées,
Et six cens Espagnols ont détruit sous leurs coups,
Mon Païs & mon Trône, & vos Temples & vous.

Il faut l'avouer; cette partie du caractére de Zamore n'est pas bien soutenuë.
Je n'ai pas, à beaucoup près, autant de bien à dire des autres caractéres que de ces deux-ci. Il y a encore trois personnages qui figurent dans la Piéce, Alvarès, Monteze, & Gusman, que je réserve pour le dernier. Mr. de Voltaire a eu dessein de peindre dans la personne d'Alvarès un Héros Chrétien. C'est ainsi qu'il s'en explique dans son Discours Préliminaire. » La Religion du Chrétien véri-
» table,

» ritable, est de regarder tous les hommes
» comme ses frères, de leur faire du bien,
» & de leur pardonner le mal. Tel est Alva-
» rès dans le cours de sa vie «. Nous pouvons ajouter, tel est-il aussi dans le cours de cette Tragédie. Je ne contesterai point la probabilité de ce caractére en lui-même, quoiqu'il puisse passer pour un prodige dans un Espagnol, l'un de ceux qui conquirent l'Amérique ; mais l'influence de ce caractére sur l'action qui fait le sujet du Poëme, ne me paroît pas assés marquée. Il n'influë à proprement parler que sur la délivrance de Zamore, qui est un simple incident. La grace que Gusman accorde à son rival n'est point l'éfet de ses conseils, mais d'une réflexion spontanée de son fils. Le Rôle de ce vertueux Vieillard n'est-il pas trop beau pour un Personnage presqu'épisodique ? Serai-je trop difficile de reprocher un autre défaut au Poëte à l'égard de ce caractére ? Il n'est point de vertu sans tache, je le sai ; mais il est des vices incompatibles avec la vertu portée à un certain degré. Alvarès ne dément-il pas un peu, je ne dis pas sa générosité seulement, mais même sa reconnoissance, par sa conduite à l'égard de Zamore & d'Alzire. Cette vertu, soutenuë de la générosité & de l'équité, ne demandoit-elle pas qu'il s'emploïât pour faire rendre la Princesse à un Amant auquel elle avoit été

promise

promife depuis long-tems, & auquel il étoit lui-même redevable de la vie, malgré l'amour d'un fils, dont le caractére devoit lui faire affés prévoir qu'Alzire ne feroit jamais heureufe avec lui ? J'avouë qu'il ne paroît pas clairement qu'il ait connu fon Libérateur pour l'Amant d'Alzire, avant la conclufion du Mariage ; mais Zamore lui en difant affés pour l'en inftruire, au moins autant que j'en puis juger, cela ne fufit-il pas. Il faudroit pour le juftifier qu'il parût clairement qu'il n'en a rien fçû. L'incertitude le laiffe chargé d'un foupçon peu honorable.

Pour Monteze, je ne puis pénétrer quelle raifon a pû déterminer Mr. de Voltaire à le faire paroître fur la fcène. C'eft un homme fans caractére ; ou fon caractére, s'il en a un, eft directement opofé au deffein de la Piéce, au moins fi ce deffein eft tel que l'Auteur nous le dit. Il a voulu *faire voir combien le véritable efprit de Religion l'emporte fur les vertus de la nature.* Se douteroit-on de ce deffein, quand on voit Zamore qui n'a que les vertus de la nature, peint avec les couleurs qui caractérifent un Héros, & Monteze qu'on nous donne pour un Prince animé de ce véritable efprit de Religion, agit en homme très-méprifable ? Je ne puis qualifier autrement la conduite qu'il tient envers Alzire fa fille, & envers Zamore à qui il l'a-

P 3 voit

voit promife de la maniére la plus folemnelle. Tant qu'il ignore que Zamore vit, je ne trouve pas étrange qu'il tâche de diffuader fa fille.

D'un amour infenfé pour des cendres éteintes.

Mais s'en tient-il-là ? Non. Il la force à former des nœuds que fon cœur abhorre; il plie fervilement fous le joug Efpagnol, & veut rendre fa fille complice de fa lâcheté. Et quels moïens emploie-t'il pour cela ? la violence, la féduction, une vaine montre de Religion & d'amour pour la Patrie, à la défenfe de laquelle il auroit dû, à l'exemple de Zamore, facrifier fa vie & fon repos, bien plutôt que le bonheur de fa fille. Il le veut : c'eft-là fa principale raifon. Dieu le veut. C'eft une raifon de fourbe. Par où connoiffoit-il la volonté de Dieu à cet égard ? Par où connoiffoit-il ce Dieu même, de l'autorité duquel il pare fes propres volontés ? Les raifons qu'il donne de fa converfion, fentent un homme pour qui la crainte de la Dragonade a été l'argument le plus perfuafif. Il avoit trouvé un honnête homme parmi les Chrétiens. Cela eft vrai ; mais tous les autres Chrétiens qu'il avoit connus étoient des monftres que l'humanité auroit eu honte d'avoüer. La vertu du feul Alvarès lui a apris à connoître ce Dieu,

à la

à la loi duquel il veut qu'Alzire *doive son ame entière*; quel cas fait-il de sa volonté, lors qu'Alzire guidée par la droite raison, lui représente combien ce qu'il exige d'elle est oposé à ce qu'un Dieu saint doit en exiger ? Il ne répond pas un seul mot à cette remontrance, qui étoit éfectivement sans replique.

---- Tremblés, en formant ces nœuds mal assortis,
Tremblés, vous qui d'un Dieu m'annoncés la vengeance;
Vous qui me commandés d'aller en sa présence
Promettre à cet Epoux qu'on me donne aujourd'hui,
Un cœur qui brûle encor pour un autre que lui.

Il veut lui faire croire que c'est son propre bonheur qu'il a en vuë.

Ai-je, fait, *lui dit-il*, un seul pas que pour te rendre heureuse ?
Jouïs de mes travaux; mais crains d'empoisonner
Ce bonheur dificile où j'ai sçû t'amener.

Est-ce un Pere tendre, vertueux ? est-ce même un homme compatissant, qui parle ainsi à une innocente victime, qui va être livrée à ce qu'elle envisage comme le sort le plus déplorable ? Ou est-ce un ennemi cruel qui insulte indignement une malheureuse Princesse ? Monteze peut-il croire que le sort d'Alzire doive être heureux, étant uni à celui d'un homme qu'elle hait & qu'elle a droit de détester, d'un homme ou plûtôt d'un monstre d'inhumanité dont les droits sur son cœur se réduisent à avoir saccagé sa Patrie, renversé le Trône de ses Ancêtres, & exercé sa barbarie sur un Amant chéri, que la promesse même de Monteze l'autorisoit à regarder comme son Epoux futur. Ou j'ai de bien fausses idées de la vertu & du vice, ou cette conduite du Pere d'Alzire est digne du dernier mépris. Voici cependant quelque chose de plus indigne encore. C'est sa conduite à l'égard de Zamore, lorsqu'il le sait vivant, qu'il lui parle, que ce Prince le presse de remplir ses engagemens. Sans doute ils subsistoient ces engagemens sacrés que le consentement libre de toutes les parties a seul le pouvoir de rompre. Zamore vivant mettoit en poudre toutes les raisons que Monteze avoit alléguées à sa fille pour faire cesser l'amour qu'elle lui portoit, malgré sa mort dont elle croïoit être certaine, Alzire n'étoit point encore à Gusman : les loix de la probité, de l'honneur, de la bonne-foi, vouloient donc que Monteze la donnât au Prince Péruvien. Il ne le fait pas cependant, & même à travers des plaintes hypocrites qu'il fait sur son sort, on voit qu'il voudroit que la nouvelle de la mort de Zamore n'eût pas été fausse. La vuë d'un homme à qui il veut manquer de parole l'importune. Il

aprend

aprend de sa bouche les excès dont Gusman est capable, & cela ne le dégoûte pas de donner sa fille à ce Tyran. Les sermens qui ont lié pour toujours Alzire à Zamore sont comptés pour rien, sous prétexte que les Dieux qui ont été pris à témoins dans ces sermens, sont des *Dieux enfans de l'imposture*, comme si cette belle maxime que Mr. de Voltaire met dans la bouche d'Alzire,

J'ai promis ; il sufit ; que t'importe à quel Dieu ?

N'avoit pas lieu à l'égard des fausses Divinités comme à l'égard du vrai Dieu. Enfin, comme si le Christianisme qu'il a embrassé eût éteint en lui tous les sentimens de l'honneur, il a la lâcheté de cacher à Zamore le dessein qu'il est prêt d'exécuter sur Alzire, & d'emploïer la violence pour l'empêcher d'en être instruit. Je ne sai de quelle trempe notre Poète a fabriqué le cœur de Monteze, qui tenant une pareille conduite, dit éfrontément à Zamore :

..... Va, mon cœur ne se reproche rien.

N'auroit-on pas fait plus d'honneur à la Religion, en donnant à Monteze un caractére tout oposé à celui qu'il soutient, en lui faisant puiser dans le sein même de cette Religion qu'il a embrassée depuis peu, des motifs qui le déter-

déterminent à un procédé noble & digne d'un Héros. Un profélite tel que Monteze n'eſt pas, ce me ſemble, une grande conquête pour le Chriſtianiſme; ſi on le compare avec Zamore & avec les Amériquains qui accompagnent ce dernier, on ne découvrira pas facilement dans ce tableau, *combien le véritable eſprit de Religion l'emporte ſur les vertus de la nature.* Si Mr. de Voltaire s'eſt véritablement propoſé, comme il l'aſſûre & comme il eſt juſte de l'en croire, de relever l'honneur de la Religion Chrétienne, il nous paroît qu'il n'a pas lieu de s'aplaudir du ſuccès. Ce qui augmente ici le tort du Poëte, c'eſt que toute cette méchanceté qu'il prête à Monteze, eſt autant de perdu pour le fond de la Piéce. Ce caractére qui me paroît ſi odieux, n'influë en rien ſur l'action principale. Il eût ſufi pour lier l'intrigue, de le faire impérieux & entier dans ſes volontés, & Alzire un peu plus timide à expliquer ſes ſentimens en ſa préſence. Peut-être même eût-il été plus à propos de ne le point introduire du tout ſur la ſcène, & de faire ſimplement connoître ſes ordres par les diſcours généraux qu'Alzire ou quelqu'autre auroit tenus ſur l'autorité paternelle. Ce qu'il y a d'odieux à l'égard de Zamore auroit pû être ſauvé par une conduite mieux ménagée de toute l'action, comme je le ferai voir plus bas. M'eſt-il permis de dire encore un mot ſur Monteze?

teze ? Son nom même me choque. Peut-être suis-je trop délicat. Mais il me semble qu'un nom connu pour être celui d'une Famille Française, m'oblige à faire sans cesse violence à mon atention, pour me rapeller que c'est ici le nom d'un Prince Amériquain.

Le caractére de Gusman me paroît beaucoup plus défectueux encore que tous les autres. Je ne contesterai pas à Mr. de Voltaire, l'art d'avoir sçû le rendre intéressant, & de lui avoir donné une influence générale sur toute l'action ; mais je ne saurois lui pardonner de l'avoir fait si peu vrai-semblable, & de l'avoir si mal soutenu. Il semble qu'il a entiérement perdu de vûë cette régle d'Horace & du bon sens :

Si quid inexpertum scenæ committis, & audes
Personam formare novam, servetur ad imum
Qualis ab incepto processerit, & sibi constet.

Le Gusman du dénouëment n'est point celui de la Tragédie. Dans toute la Piéce Gusman est un monstre de brutalité, d'orgueil, & d'inhumanité ; à la fin, c'est un Héros qui fait reconnoître ses fautes & pardonner celles des autres. Si Mr. de Voltaire a eu dessein de surprendre par un dénouëment inattendu, je crois qu'il peut se flâter d'avoir réussi ; car rien n'est moins préparé que l'Héroïsme de

Gufman. Je conviens que cet Héroïsme est nécessaire pour le dénouëment de la Piéce, mais je conclus de-là qu'il falloit donner à Gufman un caractére tout différent de celui qu'on lui a donné. Zamore après avoir assassiné le Vice-Roi, ne peut obtenir sa grace que de ce Vice-Roi lui-même. Cela est clair. Ce Vice-Roi ne peut la lui accorder que par un effort de générosité peu commun. Cela est clair encore. Mais est-il vrai-semblable que cet exemple de générosité puisse être donné par une ame basse, par un homme qui n'a jamais rien fait d'héroïque durant tout le cours de sa vie, qui n'a jamais montré rien de noble dans ses sentmens ? C'est-là le cas de Gufman. La maniére dont il a fait la guerre aux Péruviens, la lâcheté qu'il a euë de faire apliquer à la torture un Prince tel que Zamore, afin de lui enlever ses trésors, l'air dont il reçoit les avis que son Pere lui donne sur la douceur dont il est à propos d'user pour gagner le cœur des Amériquains, les détestables principes qu'il avance, sans honte, sur la maniére de gouverner un Peuple conquis.

Il faut toujours qu'il tremble & n'aprenne à nous voir,
Qu'armés de la vengeance ainsi que du pouvoir....
Tout pouvoir, en un mot, périt par l'indulgence,
Et la sévérité produit l'obéïssance.

Tout

Tout cela décele une baffeffe d'ame, & une inhumanité qu'il eft difficile de furpaffer. Ce ne font pas-là les feuls traits qui caractérifent le Vice-Roi du Pérou. Il eft l'orgueil & l'arrogance même. Que de hauteur, & de hauteur mal placée dans toutes les réponfes qu'il fait à Zamore ! Lui, petit particulier, élevé par fes crimes & par la faveur de fon Roi, traiter d'efclave, un Prince malheureux que le fort des armes a rendu fon prifonnier ! Quoi de plus infolent que cette rodomontade ?

Ce monde eft fait pour vous, vous l'étiez pour la gloire;
Eux pour porter vos fers, vous craindre & vous fervir.

Eft-ce ainfi qu'un Ennemi généreux dépeint à fes foldats des ennemis pleins de valeur, des ennemis qui supléent par leur bravoure au défaut d'armes propres à la défenfe & à l'attaque ? Que d'impertinence & de fot orgueil dans ce vers !

J'ai déja trop rougi d'époufer une efclave.

On fait affés que dans les premiers tems de la conquête de l'Amérique, ce n'étoient pas des gens de la premiére qualité qui ocupoient les poftes les plus éminens. Mais Gufman fût-il Prince, n'auroit point à rougir d'époufer une Prin-

Princesse telle qu'Alzire. J'ai peine à pardonner aux Grecs & aux Romains d'avoir considéré quelquefois comme esclaves des Princesses que le sort de la guerre faisoit tomber entre leurs mains, & je ne puis pardonner à ceux qui les ont méprisées. Cependant les idées de leur éducation les y autorisoient en quelque sorte. Mais qu'un homme élevé dans des principes diamétralement oposés, ait honte, ou au moins rougisse d'épouser la fille d'un Prince dont il a envahi les Etats, & cela sous prétexte qu'elle est son esclave, c'est le comble de l'extravagance. Gusman dévroit se tenir fort honoré de tout ce dont il ose dire qu'il a rougi.

Ce n'est pas tout encore. Les mœurs les plus farouches sont quelquefois civilisées par l'amour; mais un homme que l'amour ne polit point, doit être sensé défespéré à cet égard. Tel est Gusman. Il peut sans médisance passer pour un *bouru* après son mariage. Il ne faut que voir la maniére séche & impérieuse dont il parle à Alzire. Peut-être le caractére d'Espagnol & de jaloux pourroit-il faire passer cela. Mais avant même d'avoir obtenu Alzire, comment lui parle-t'il ? Comment parle-t'il de ses desseins sur elle ? En vrai brutal.

Je l'aime, je l'avouë, & plus que je ne veux ;
Mais enfin je ne puis, même en voulant lui plaire,

De

De mon cœur trop altier fléchir le caractére,
Et rampant sous ses loix, esclave d'un coup d'œil,
Par des soumissions caresser son orgueil.
Je ne veux point sur moi lui donner tant d'empire.
Vous seul vous pouvés tout sur le Pere d'Alzire :
En un mot, parlés-lui pour la derniére fois.
Qu'il commande à sa fille, & force enfin son choix !

 Que de noblesse dans cette harangue ! vouloir épouser par force une Princesse qui a donné son cœur à un autre ! Il faut avouër, à la gloire de Mr. de Voltaire, que cela est *tout d'invention*. Un Amant de cette espéce étoit encore à paroître sur la scène, pour y figurer en Héros. Alzire a grand tort de ne se pas rendre aux desirs d'un Amant si passionné, & rien sans doute n'est mieux fondé que ce qu'il lui dit en l'abordant :

---------- J'ai sujet de me plaindre,
Que l'on opose encore à mes empressemens
L'offensante lenteur de ses retardemens.

 Ce début n'est-il pas bien galant ? N'annonce-t'il pas une ame d'une trempe tout-à-fait propre à devenir celle d'un Héros, & même d'un Héros Chrétien ? Quoiqu'il en soit ; voilà l'homme qui tout à coup revêt les sentimens les plus Héroïques. Cet assemblage monstrueux des vices les plus détestables, est
trans-

transformé en un clin d'œil en un Prédicateur zèlé des devoirs les plus pénibles du Christianisme, & qui plus est en un Prédicateur qui prêche d'exemple. Voici comme il parle à Zamore :

Il est d'autres vertus que je veux t'enseigner ;
Je dois un autre exemple, & je viens le donner....
Je meurs, le voile tombe, un nouveau jour m'éclaire ;
Je ne me suis connu qu'au bout de ma carriére.
J'ai fait jusqu'au moment qui me plonge au cercueil,
Gémir l'humanité du poids de mon orgueil.
Le Ciel vange la Terre : il est juste ; & ma vie
Ne peut païer le sang dont ma main s'est rougie.
Le bonheur m'aveugla, la mort m'a détrompé,
Je pardonne à la main par qui Dieu m'a frapé.

Cela est beau, cela est magnifique ; cela exprime noblement les sentimens d'un Chrétien. Mais en vérité un tel Chrétien se fait-il en un instant ? Je ne prétens point nier l'éficacité de la Grace. Mais n'est-elle point ici un peu *Deus ex Machina* ? Mr. de Voltaire auroit-il voulu dans cette Piéce & dans Zaïre donner satisfaction à ceux qui l'ont accusé de *Sémipélagianisme* ? J'avouë que le Jansénisme est d'un grand secours pour le dénouëment d'une Tragédie : mais je voudrois qu'un Poëte ne le fût qu'à la derniére extrêmité.

Quand

SUR ALZIRE.   353

Qand Dieu veut sauver l'ame, en tout tems en tout lieu,
L'indubitable éfet suit le vouloir d'un Dieu.

Qui en doute ?

Dieu peut en un instant, s'il veut agir en maître,
Faire un Chrétien, un Saint, d'un scélérat, d'un traître.

Mais comme ce n'est pas-là le cours ordinaire, un Poëte ne doit point en imaginer legérement des exemples.

Nec Deus intersit nisi dignus vindice nodus Inciderit.

L'action de Dieu doit être ménagée. Il n'y a que la nécessité qui excuse un Poëte, qui fait intervenir la Grace victorieuse pour trancher un nœud qu'il a formé. Cette nécessité ne se trouve pas ici, & par conséquent Mr. de Voltaire est inexcusable d'avoir donné à Gusman un caractére que ces derniéres démarches démentent si fort. On sent bien par ce que j'ai dit ci-dessus, que cela ne regarde pas l'Héroïsme de Gusman. Il est nécessaire pour sauver Zamore ; mais je voudrois que ce Vice-Roi eût toûjours été Héros. L'intrigue n'y auroit rien perdu, & il auroit soutenu son caractére. Je crois même que ce changement
auroit

auroit pû fe faire à peu de frais. Supofons pour un inftant Gufman pénétré des fentimens qu'exprime Alvarès, & réglant fa conduite fur les maximes qu'il a aprifes de fon Pere. Pour lui donner ocafion d'étaler ces magnifiques fentimens, & ne pas perdre les beaux vers où notre Poëte les a exprimés, imaginons un Confident Machiavelifte qui tâche d'infpirer à Gufman les fentimens que Gufman même paroît ici produire de fon propre fond. Je ne crains point de nuire à l'intrigue en faifant ainfi de Gufman un vrai Héros. L'amour eft compatible avec la vertu, & cela même qu'il peut quelquefois l'obfcurcir, donneroit lieu à des fituations intéreffantes par l'embarras que Gufman trouveroit à fe déterminer fur le fort de fon rival. Un feul inftant où l'amour & la jaloufie triompheroient de la juftice & de la générofité, fufiroit pour juftifier Zamore qui l'affaffine, en lui donnant l'aparence d'un Tyran, & ne préjudicieroit pas affés à fa gloire pour lui ôter le titre de Héros, s'il condannoit bien-tôt une fentence que la précipitation & la paffion, foutenuës des follicitations de fon Confident, lui auroient arrachée, & pardonnoit comme il fait à Zamore. Qu'on ne craigne point de rendre Alzire inexcufable de ce qu'elle ne l'aime point. Le mérite de Zamore, qui d'ailleurs étoit premier en date ; la qualité de fleau & de

SUR ALZIRE.

destructeur de sa Patrie, sont pour Alzire des raisons sufisantes contre Gusman. On pourroit même, pour colorer la haine d'Alzire, faire le Vice-Roi du Pérou Ministre de quelques violences, en observant de ne l'en pas faire le premier & principal Auteur. C'est ce qu'a fort ingénieusement fait à l'égard de *Cortès* un Poëte Anglais, dont quelques personnes prétendent* que le secours n'a pas été inutile à Mr. de Voltaire. Ce Poëte met toute l'injustice que les Mexicains trouvent dans la conduite de Cortès, sur le compte de l'obéïssance absoluë. *Je ne suis pas venu*, dit-il, *pour disputer sur les ordres que mon Prince m'a donnés, mais pour les exécuter. Les Princes peuvent se tromper, mais il n'apartient pas aux particuliers de juger de leurs actions.* Avec une pareille excuse, Gusman sans être excusable aux yeux d'Alzire, ne cesseroit pas d'être Héros aux yeux du Parterre, & soutiendroit son caractére jusqu'à la fin.

Dans

---

* Je viens de lire avec soin la Tragédie de Dryden, d'où l'on prétend que Mr. de Voltaire a emprunté bien des choses. Elle est intitulée : *The Indian Emperor or the conquest of Mexico*. Je puis assurer que l'accusation de Plagiarisme n'est nullement fondée. A peine trouve-t'on deux idées qui se ressemblent. Si quelque chose peut faire croire que le Poëte Français a lû la Piéce Anglaise, c'est le soin qu'il a de ne se rencontrer avec Dryden en quoi que ce soit.

Dans la conduite de la Piéce, il me semble qu'il y a des choses à loüer & d'autres à blâmer. Je ne m'étendrai pas sur la loüange. Comme elle ne fournit point matiére à discussion, il sufit d'indiquer. Il est très-sage d'avoir fait célébrer le mariage d'Alzire avant qu'elle eût choisi la mort, préférablement à la main de Gusman. La reconnoissance entre ces deux Amans est encore ménagée de la maniére la plus propre à sauver tout l'honneur d'Alzire. C'est à quoi concourt encore la prison, fort heureusement imaginée & placée fort à propos, où Gusman confine Zamore, & le tems que le Poëte a ménagé pour les diférentes entrevuës que ce Prince a avec Alzire. Il ne la voit que dans les instans de l'action théatrale. Il n'y a pas un seul moment où le Spectateur ne soit instruit de ce que fait ce malheureux Amant, ce qui justifie pleinement la Princesse du soupçon de s'être laissé aller à quelque faux pas. J'observe ceci pour faire voir combien est mal fondée la plaisanterie de ceux qui ont dit, que Gusman est *le Mari Cocu, battu & content*.

Je ne dissimule point le bon ; mais je ne dissimulerai pas non plus qu'il y a des défauts dans la conduite de cette Tragédie. N'en est-ce pas un, par exemple, de n'avoir pas remis après la célébration du mariage l'entrevuë de Zamore & d'Alvarès, & la conversation que
ce

ce Prince a avec Monteze. On voit du premier coup d'œil que ce petit changement auroit sauvé ce que nous avons remarqué de vicieux dans les deux caractéres d'Alvarès & de Monteze, & auroit contribué par conséquent à rendre la Piéce plus parfaite. Je n'en dis pas davantage sur cet article. Je viens aux diférens morceaux de l'Ouvrage.

C'est ici que Mr. de Voltaire a de quoi triompher. Il y en a plusieurs d'impaïables, & je ne doute pas que ce ne soit à ces beautés, indépendantes les unes des autres, qu'il est redevable du succès de son *Alzire*. Le sentiment lui a sans doute été plus favorable que ne l'auroit été une exacte discussion. Pour moi, j'admire les représentations qu'Alvarès fait à son fils, & la peinture qu'il fait des mœurs, tant des Espagnols que des Américains, dans la premiére Scène. J'admire cette réponse de Zamore aux fidèles Américains, qui témoignent être prêts de mourir avec lui.

Après l'honneur de vaincre, il n'est rien sous les Cieux,
De plus grand en éfet qu'un trépas glorieux.
Mais mourir dans l'oprobre & dans l'ignominie;
Mais laisser en mourant des fers à sa Patrie,
Périr sans se venger, expirer par les mains
De ces Brigans d'Europe, & de ces Assassins,
Qui de sang enyvrés, de nos trésors avides,

De

De ce monde ufurpé défolateurs perfides,
Ont ofé me livrer à des tourmens honteux,
Pour m'arracher des biens plus méprifables qu'eux:
Entraîner au tombeau des Citoïens qu'on aime,
Laiffer à ces Tyrans la moitié de foi-même,
Abandonner Alzire à leur lâche fureur,
Cette mort eft afreufe, & fait frémir d'horreur.

J'admire encore une infinité d'autres endroits, que je ne pourrois copier fans tomber dans une longueur exceffive. Mais mon admiration ne m'aveugle point fur les défauts. Je me borne à deux que je rencontre dans la premiére Scène. L'expofition en général ne me paroît point du tout naturelle. Par la maniére dont Alvarès ouvre la Scène, on juge qu'il vient de recevoir d'Efpagne des dépêches long-tems atenduës qui le mettent en état de remettre le Gouvernement à fon Fils.

Du Confeil de Madrid l'autorité fuprême,
Pour Succeffeur enfin me nomme un Fils que j'aime.
Faites régner le Prince & le Dieu que je fers
Sur la riche moitié d'un nouvel Univers.
Gouvernés cette rive en malheurs trop féconde,
Qui produit les tréfors & les crimes du monde.
Je vous remets, mon Fils, les honneurs fouverains,
Que la vieilleffe arrache à mes débiles mains.

En

En lifant ce début, je crois voir Alvarès fon paquet à la main remettre à Gufman la Patente de Vice-Roi ; & je fuis fort furpris de voir un inftant après ce même Alvarès demander une chofe qu'il ne tenoit qu'à lui de faire avant de fe démettre de l'autorité fuprême ; & qui plus eft, je ne puis pas bien démêler comment avant l'ouverture de la Scène, qui me paroît coïncider avec le commencement de la dignité de Gufman, celui-ci a pu faire arrêter dans les murs même de Lima des prifonniers, dont fon Pere, qui eft cenfé avoir eu alors tout pouvoir, defire la liberté. Voici, felon moi, un autre défaut. Gufman après avoir long-tems foutenu le perfonnage de Tyran, fe rend enfin aux priéres de fon Pere & lui dit :

Eh bien, vous l'ordonnez, je brife leurs liens.
J'y confens ; mais fongés qu'il faut qu'ils foient
  Chrétiens.
Ainfi le veut la Loi. Quitter l'Idolâtrie,
Eft un titre en ces lieux pour mériter la vie.

N'y a-t-il pas-là une contradiction ? Gufman dit qu'il acorde, & il n'acorde éfectivement rien dès-là qu'il exige tout ce que la loi elle-même exige, à moins que foutenant encore le caractére de Tyran, il ne prétende faire une grace en ne commettant pas une injuftice.
           Je

Je n'ai plus que deux articles à examiner ; la Diction & la Versification. Je tâcherai d'être court sur l'un & sur l'autre. Je crois qu'un Poëte Français doit parler Français, non-seulement d'une maniére à être entendu, un Crocheteur en fait autant, mais encore d'une maniére pure & élégante. Mr. de Voltaire le fait-il toujours ? C'est ce dont je laisse à juger à l'égard de quelques exemples * que je vais produire. Peut-on apeller les Américains *des Mortels nouveaux ?* Quand l'usage a établi qu'un mot joint avec un autre mot déterminé a un sens diférent de son sens ordinaire, cette nouvelle signification ne demeure pas attachée à ce mot, lorsqu'on le fait passer dans une autre phrase sans son premier compagnon. Ainsi l'usage a déterminé que le mot *nouveau* joint au mot *Monde*, signifie *nouvellement découvert*; mais il ne s'ensuit pas de-là qu'on puisse apeller les Riviéres, les Forêts, &c. de l'Amérique, *des Riviéres & des Forêts nouvelles.* On pourroit le dire cependant avec autant de droit que *des Mortels nouveaux.*

Quelques vers après on lit, *régir* s o u s *d'équitables Loix.* Ne dit-on pas régir *par* des Loix, plûtôt que *sous ?* Au vers suivant, Mr. de Voltaire apelle Lima *la Ville des Rois*, sans autre désignation. Il est vrai que c'est ce que signifie

* Scène I.

fie en Espagnol *Villa de los Reïes*. Mais les noms des Villes se traduisent-ils ? Un homme qui apelleroit Athénes, *les Minerves*, sous prétexte que c'est ce que signifie αθηαι, seroit-il intelligible ? Je doute que cette expression de Gusman, *je dois recevoir vos Loix plutôt que d'en donner*, soit Françaife. Le *de* n'est-il pas superflu ? *Plutôt qu'en donner* s'entendroit, mais le vers n'y seroit point. Je ne sçai si *consumé de travaux*, peut se dire ? Je doute encore plus de cette autre expression,

Je l'atens comme ami, (cette grace,) *je la demande* EN PERE.

Que signifie *demander en Pere ?* Est-ce demander avec autorité ? C'est le sens le plus naturel, mais ce n'est certainement pas celui de l'Auteur.

Empêchons, croïez-moi, que ce Peuple orgueilleux,
Au fer qui l'a dompté n'accoûtume ses yeux :
Que méprisant nos loix & prompt à les enfraindre,
Il n'ose contempler des Maîtres qu'il doit craindre.

Cet *empêchons qu'il n'ose* est-il bien Français ? *n'oser* par l'usage n'est presque qu'un seul mot qui signifie, *manquer de hardiesse*. Il n'en est pas comme de *n'aimer pas*, *n'aller pas*, &c.

Q   L'ex-

L'expreffion de Gufman fignifie donc proprement, *Empêchons les Américains de manquer de hardieffe*, ou, ce qui eft la même chofe, *encourageons-les*. C'eft précifément le contraire de ce que l'Auteur a voulu lui faire dire.

Le vers fuivant ne me paroît pas exempt de faute.

Il faut toujours qu'il tremble, & n'aprenne à nous voir,
Qu'armés de la vengeance ainfi que du pouvoir.

On fauveroit les tranfpofitions vicieufes du premier de ces deux vers en le tournant ainfi:

Il doit, toujours tremblant, aprendre à ne nous voir.

Dit-on *foumis au châtiment*, pour dire, foumis lorfque l'on y eft contraint par les châtimens?

Je ne fai fi Mr. de Voltaire a prétendu donner au mot *Tropique* une fignification nouvelle dans ces vers d'Alvarès:

Des bords de l'Orient n'étois-je donc venu....
Que pour voir abhorrer fous ce brûlant Tropique,
Et le nom de l'Europe, & le nom Catholique?

Mais je fai qu'à fuivre fa fignification ordinaire, il ne réveille ici aucune idée. Les Tropiques font les mêmes à l'Orient & à l'Occident.

cident. La Zone qui est renfermée entre les deux Tropiques porte le nom de brûlante ou de torride, mais je ne sache pas que les Tropiques eux-mêmes aïent jamais pu le porter. En tout cas, il ne conviendra pas à l'un plutôt qu'à l'autre. Il y a plus ; Lima où est Alvarès est fort éloignée du Tropique le plus voisin ; & l'extrémité du Pérou qui est sous ce Tropique est si peu de chose, qu'il seroit ridicule de prétendre qu'elle donne la dénomination à un si grand Païs. Il faut donc que par être sous le Tropique, Mr. de Voltaire ait entendu être entre le Tropique & la Ligne. C'est aux Géographes à voir s'ils peuvent lui passer cette signification.

Puisque nous sommes sur la Géographie, voici un autre endroit qui ne fait pas honneur à celle de Mr. de Voltaire. Il fait dire à Alvarès, que

Cortès, * Herman, Pizare, ont dirigé sa course,
Des Mers de Magellan jusqu'aux Astres de l'Ourse.

Placeroit-il par hazard ces Astres vers le 19. degré de Latitude Septentrionale où Cortès aborda

* J'ignore qui est cet *Herman* qui vient remplir la mesure du vers. S'il y a faute d'impression, & que Mr. de Voltaire ait mis *Fernand Cortès*, je ne vois pas par quelle bizarrerie Cortès aura son nom de Bâtême, & *François Pizare* ne l'aura point.

aborda au Mexique, ou vers le 30. en deça duquel, fi je m'en fouviens bien, fes conquêtes ont trouvé leur terme. En ce cas, voilà le Monde bien racourci du côté du Nord, & nous qui vivons entre le 42. & le 54. nous n'avons qu'à chercher notre Domicile bien loin par-delà la grande & la petite Ourfe.

 Revenons au langage de notre Poëte Géographe. Je ne crois pas qu'on puiffe apeller Deferteurs d'une Loi, des gens qui font toujours profeffion d'y être foumis, quoiqu'ils la violent éfectivement. On les apellera bien en Latin *Defertores Legis*; mais *Defertor* ne fignifie pas un Deferteur. C'eft *transfuga*. Voici deux *par* qui ont quelque chofe de rude.

Je me vis entouré *par* ce Peuple en furie,
Rendu cruel enfin *par* notre barbarie.

On auroit pu mettre *de* à la place du premier.

Prétendez-vous, mon Fils, cimenter ces liens,
Par le fang répandu de fes Concitoïens.

Je doute que ce tour-là foit fort bon pour dire, *en répandant le fang*. Je ne fais pas non plus fi l'on peut dire qu'une perfonne *eft le modèle* d'un Peuple, pour dire que ce Peuple eft difpofé à l'imiter dans la fuite? Toutes ces fautes, fi c'en font, fe trouvent dans la premiére Scène du I. Acte. Elles me paroiffent
beau-

beaucoup plus clair-semées dans la suite. Il s'en trouve cependant quelques-unes. Par exemple, dans la Scène suivante, *rendre éclairées les bornes du Monde*; dans la cinquiéme, *s'armer de la nuit du trépas*, pour dire, être encore redoutable après la mort, & dans la seconde du II. Acte, *s'acquitter vers* quelqu'un pour *envers*. Je ne m'arrête plus qu'à un endroit, qui paroît fait pour

 Aux Saumaises futurs préparer des tortures.

Je n'y entends absolument rien, quelqu'éfort que je puisse faire pour en pénétrer le sens. Le voici.

J'ai porté mon couroux, ma honte & mes regrets,
Dans les sables mouvans, dans le fond des forêts,
De la Zone brûlante & du milieu du Monde,
L'Astre du jour a vû ma course vagabonde,
Jusqu'aux lieux où cessant d'éclairer nos climats,
Il ramene l'année, & revient sur ses pas.

Cela est bien harmonieux. Mais que signifient les deux derniers vers ? Cela veut-il dire du Nord au Sud, ou de l'Est à l'Oüest ? C'est une figure hardie, me dira-t'on ; à la bonne heure, mais encore cette figure doit signifier quelque chose. Je me représente le Soleil placé dans la Zone Torride, ou peut-être sur l'Equateur, (car Mr. de Voltaire pourroit bien changer la signification du mot *Zone*, comme il a fait celle du mot *Tropique*) & occupé à regarder Zamore qui va.... où ? je n'en sais rien ; jusqu'aux lieux où cessant d'éclairer le climat de la Zone Torride, ce même Soleil raméne l'année, & revient sur ses pas. Où sont ces lieux-là ? Les Zones Glaciales sont privées pendant un tems de la clarté du Soleil ; mais je ne savois pas encore que cela eût lieu dans la Zone Torride. Peut-être trouverons-nous mieux notre compte à entendre cela des lieux où est le Soleil lorsqu'il fait nuit en Amérique. Alors Mr. de Voltaire n'aura qu'à nous aprendre où Zamore a trouvé des Vaisseaux pour se transporter à la hauteur de l'Isle de St. Bernard, où il doit être midi lorsque le Soleil se couche au Pérou. Mais je ne sai encore comment cela s'accommodera avec ce qu'il dit du retour de l'année & du Soleil retrograde. Ce dernier Article me fait croire, que ce pourroit bien être le Soleil qui voïage. La construction de la phrase peut recevoir ce sens. Mais je n'y comprends encore rien. Je vois seulement qu'au lieu des lieux où Zamore a erré, Mr. de Voltaire en suivant cette idée, aura voulu spécifier le tems qu'il a été errant & vagabond. Mais quel est ce tems ? Interprétons la Zone Brûlante, par le milieu du Monde, & prenons-là pour l'Equateur.

Mesu-

Mesurons ensuite le tems que le Soleil met pour aller de-là jusqu'à l'endroit où il raméne l'année, & revient sur ses pas : Je crois qu'on a voulu désigner par-là le point de section du Colure des Solstices & de l'un des deux Tropiques. Ce tems n'est que de trois mois; & par conséquent ce n'est pas ce que Mr. de Voltaire a voulu dire, car il paroît par d'autres endroits de la Tragédie que les courses de Zamore ont duré environ trois ans. D'ailleurs dès que nous revenons au cours annuel du Soleil, où imaginons-nous les lieux où cet Astre cesse d'éclairer le climat du Pérou ? je laisse à plus habile que moi le soin de le deviner, & je conclus comme dessus que je n'y entends rien. Je n'ai garde cependant de prétendre qu'un aussi habile homme que Mr. de Voltaire soit ici sans excuse. Il nous avertit dans une note sur le dernier de ces vers, que *l'Astronomie, la Géographie, la Géométrie étoient cultivées au Pérou*. Peut-être a-t'il voulu donner un échantillon de l'habileté des Péruviens & parler leur langage, que je ne suis pas obligé d'entendre.

Je paroîtrai bien hardi d'ataquer Mr. de Voltaire jusques sur la Versification. On sait que c'est son fort, & je lui rends justice comme les autres. Ses Vers en général sont nombreux & pleins d'harmonie. On n'y sent pas cette gêne à laquelle la mesure & la rime asserviffent.

serviſſent. Ils ſont aiſés & tels pour l'ordinaire, qu'en les entendant on penſe qu'on auroit parlé comme lui, ſi l'on avoit eu à exprimer les mêmes penſées. Sa rime eſt riche & ne ſe ſent point de la ſtérilité de certaines terminaiſons. On le retrouve ici le même que dans ſes autres Ouvrages; mais ici, comme ailleurs, tout n'eſt pas également parfait. Des Epithétes qui ne ſignifient rien, viennent quelquefois au ſecours d'un vers eſtropié, auquel ſans cela il manqueroit quelques ſyllabes. Mr. de Voltaire emploïe celle de *triſte* dans deux endroits où il n'y a pas d'autre motif qui ait pu le déterminer à le faire. Dans la première Scène du I. Acte, Alvarès dit en parlant des cruautés inouïes de ceux qui ont conquis l'Amérique;

 Et j'ai pleuré long-tems ſur ces TRISTES Vainqueurs,

Le mot *triſte* ne ſignifie pas plus dans cet endroit, que ſi l'on y ſubſtituoit *la la*, ou quelque refrein de chanſon. Les victoires des Cortès & des Pizares étoient triſtes pour ceux qui étoient les victimes de la barbarie Eſpagnole; mais les Vainqueurs eux-mêmes ne l'étoient nullement.

 Dans la ſeconde Scène du II. Acte, Alvarès reconnoiſſant Zamore, après l'avoir méconnu quelques inſtans, s'écrie :

SUR ALZIRE.

Mes yeux, mes TRISTES yeux afoiblis par les ans,
Hélas ! avez-vous pu le chercher si long-tems ?

Que font-là les *tristes yeux ?* Alvarès est ravi de retrouver Zamore : il est d'ailleurs dans une circonstance qui ne lui inspire que la joïe. Il n'y a absolument que la mesure du vers qui ait pu l'atrister. Voici un autre mot inutile. C'est au commencement de la seconde Scène du I. Acte. Alvarès quitte Gusman, & aborde Monteze, en disant :

Eh bien, votre sagesse & votre autorité
Ont d'Alzire *en éfet* fléchi la volonté.

Que fait-là cet *en éfet ?* Ordinairement ce mot est une espéce de conjonction, & ne doit par conséquent se trouver qu'à la suite de quelqu'autre chose. Jamais il ne peut avoir lieu dans le début d'une conversation. D'ailleurs il emporte une espéce d'affirmation, soit ironique, soit réelle, qui ne peut avoir lieu ici. Alvarès est censé interroger Monteze, pour aprendre de lui le succès qu'ont eu ses sollicitations auprès d'Alzire. Ainsi je suis sûr que Mr. de Voltaire n'auroit pas seulement pensé à cet *en éfet*, s'il n'avoit pas eu besoin de trois syllabes. Peut-être le vers seroit-il aussi bon, & le sens mieux exprimé, en disant,

Auront d'Alzire enfin fléchi la volonté.

Jufqu'ici nous n'avons vû Mr. de Voltaire facrifier que la raifon à la mefure & à l'harmonie. Voici un vers où il facrifie l'harmonie à la mefure & à la rime, & à une rime encore qui n'eft pas des plus riches. C'eft au commencement de la cinquiéme Scène du dernier Acte. Zamore parle à Alvarès, qui vient lui aporter la réfolution du Confeil à fon égard.

Parle, *dit-il*, fans te troubler, comme je te vais
    t'entendre,
Et fais livrer fans crainte aux fuplices tout prêts,
L'affaffin de ton Fils & l'ami d'Alvarès.

Ces *fuplices tout prêts* ne fonnent pas beaucoup mieux à mon oreille que le

--- *liés-lui les mains & les piés de ces cordes.*
S. B. *Seigneur, fouvenez-vous de vos mifericordes.*

de la Tragédie de Ste. Barbe. Ce *tout prêts* eft troupes auxiliaires, & troupes encore qui font affés mal leur devoir. On rime pour l'oreille, dit Mr. de Voltaire. Cela eft vrai. C'eft pourquoi *prêts* & *Alvarais* rimeroit, mais *Alvarès* eft un fon tout diférent. C'en eft affés

fur

fur de pareilles vétilles. Je ne doute pas que Mr. de Voltaire n'eut pu éviter ces défauts, s'il avoit voulu s'en donner la peine. On dira peut-être qu'il l'auroit dû, parce que quelque peu confidérables que foient les fautes que je lui reproche, ce font des fautes cependant, dont l'exemption par conféquent auroit rendu fa Piéce plus parfaite.

Je ne dirai qu'un mot du *Difcours Préliminaire*. C'eft un morceau affés fingulier dans fon efpéce, & qui renferme de très-bonnes réflexions. Le nom de *Difcours Préliminaire* ne lui convient que parce qu'il fe trouve placé à la tête de la Tragédie d'Alzire. Il figureroit également bien au-devant de tout autre Ouvrage. C'eft un *Difcours Préliminaire univerfel*. On n'y voit pas

Un Auteur à genoux dans une humble Préface;

demander grace à fon Lecteur. Après avoir dit quatre mots fur fon fujet, l'Auteur prend le ton Philofophique contre ceux qui ont ofé attaquer Mr. de Voltaire dans des Ecrits publics qu'il traite de *Libelles*. Il répond à quelques acufations perfonnelles, dans lefquelles il ne me convient pas d'entrer. J'eftime le mérite & les talens de Mr. de Voltaire, & je ne me fuis propofé que d'examiner les défauts de fa Tragédie avec la même équité qui ne me permet pas d'en diffimuler les grandes beautés.

Un ami de Mr. de Voltaire a fait inférer dans une Brochure périodique intitulée, *The Prompter* qui paroît à Londres, un Article fur *Alzire* qui a été tranfporté de-là dans une autre Brochure intitulée, *The Gentleman's Magazine*. C'eft-là que je l'ai lû au mois de Mai 1736. *pag.* 256. L'Auteur de cet Article penfe fi avantageufement fur le compte de Mr. de Voltaire, qu'il croit le cas que les Français font du génie de ce Poëte, juftifie fufifamment ce que l'Empereur Charles-Quint a dit d'eux, qu'ils font éfectivement très-fages lorfqu'ils paroiffent donner dans la folie. Il n'ignore pas ce qu'on a répandu contre la perfonne de cet Écrivain, & il fait peu de cas de tout ce qu'on a dit à fon defavantage. Quoiqu'il en foit, pour donner aux Anglais une idée *d'Alzire*, l'Auteur de l'Article dont nous parlons donne la traduction de quelques endroits du I. Acte. Ce n'eft pas une traduction fervile. On y change, on ajoute, on retranche. Gufman, par exemple, qu'on y apelle *D. Carlos*, eft moins brutal que dans les Français. Il ne débute pas par rudoïer Alzire. Voici fes paroles en l'abordant. *Princeffe vous donnés lieu à un Amant de croire que ces longs délais qui retardent votre confentement, viennent d'un cœur trop infenfible, pour fentir la flâme qui le brûle.* En Français, il parle de fes ménage-

ménagemens comme d'une chose passée.

Je voulois vous devoir à ma flâme, à vous-même.

En Anglais, il les met au present. » Je dois
» vous gagner & non vous forcer ; je vou-
» drois vous devoir toute entiére à vous-mê-
» me, & je ne pourrois goûter aucune joïe,
» si en me faisant ce don il vous en coûtoit
» des regrets. « Il ne lui dit pas simplement
qu'il *voit sa franchise*, mais qu'il l'aime, &
qu'il n'a à lui reprocher que ce qui en est le
principe :

I love your frankness, but reproach it's cause.

Au lieu de ces vers, si impérieux & si durs
à digérer pour une Belle,

Cessés de m'offenser, & cessés de le plaindre,
Votre devoir, mon nom, mon cœur en sont blessés,
Et ce cœur est jaloux des pleurs que vous versés.

Le Traducteur a mis. » Cessés de vous plain-
» dre & vous pourrés m'entendre : ma répu-
» tation & votre devoir exigent l'un & l'au-
» tre que vous changiés ; & je dois souhai-
» ter que ce changement vous mene des lar-
» mes à la joïe.

Monteze me paroît un peu moins afreux

dans

dans l'Anglais que dans le Français. Il n'adresse point à sa fille ce vers insultant,

Ai-je fait un seul pas que pour te rendre heureuse ?

Mais *pourquoi vis-je encore, si ce n'est pour relever tes espérances ?* & il l'exhorte à *se perdre noblement elle-même.* D'un autre côté cette réponse d'Alzire au *aprend à te dompter* de son Pere

----Faut-il aprendre à feindre ?
Quelle science ! Hélas !

Me paroît l'emporter de beaucoup sur cette réponse que le Traducteur Anglais met dans sa bouche. » Cruel devoir ! Défaut trop su-
» blime ! Ainsi nous feignons des vertus pour
» parvenir au Trône ! Notre sincérité parti-
» culiére est absorbée par ce que nous de-
» vons au Public. «

Je finis par un endroit qui n'auroit pas été soufert sur le Théâtre Français. Il est inféré dans la réponse qu'Alvarès fait à Gusman qui vient de plaider la cause de la Tyrannie.
» Irons-nous, *dit-il*, porter dans cet Etat,
» sans être attaqués, le meurtre & le carnage,
» parce que nos SACRE'S IMPOSTEURS
» osent dire ; ô blasphême ! que cela est dû
» aux Autels de notre Dieu qu'on a deshono-
» rés ?

» rès ? Irons-nous dépeupler les Roïaumes &
» tuer les hommes pour les fauver ? Si tels font
» les fruits des foins religieux de l'Efpagne,
» je ne fuis donc venu des extrémités de no-
» tre Hémifphére aporter dans ce Nouveau
» Monde le nom de notre Sauveur, que pour
» le rendre odieux à une moitié du Globe,
» fous prétexte que l'autre moitié eft animée
» d'un zèle qui ne connoît point la pitié. Non,
» mon cher fils, tu t'égares. Il n'y a qu'un
» feul Créateur. Ses regards & fes foins s'é-
» tendent également à tout le Genre-humain.
» Ses Loix mettent le cœur plus au large :
» Mais nous qui voudrions ainfi travailler à
» la propagation de la Foi en détruifant les
» hommes, & mêler avec les principes d'une
» Religion naiffante, l'or & le fang, ne don-
» nons-nous pas lieu à ces Idolâtres de pren-
» dre de ce qu'ils nous voient faire un hon-
» nête prétexte de fe moquer de tout ce que
» nous leur enfeignons.

» GUSMAN. Mais ces favantes lumié-
» res de notre Eglife infaillible, aux foins de
» qui ma jeuneffe a été confiée, & dont le
» zèle prive ces Ames de repos pour les fau-
» ver, ne m'ont-ils pas apris que l'ignoran-
» ce qui s'écarte du droit chemin doit être
» contrainte ?

» ALVARES. Nos Pretres font tous
» pour la vengeance, la violence & le feu.

» Ils

» Ils n'imitent de leur Dieu que la foudre.
» C'est-là ce qui nous fait paroître des Bar-
» bares; & ce que nous paroissons nous le
» sommes effectivement. L'Espagne a enlevé
» tout ce que ce Nouveau Monde produit.
» Elle s'est aproprié jusqu'à son naturel sau-
» vage. «

Je laisse à penser si de pareils traits eussent échapé aux Censeurs Roïaux ?

STANCES

STANCES
DE MONSIEUR
DE FORMONT,
SUR LA MORT
DE MONSIEUR
DE LA FAYE,
A MONSIEUR
DE VOLTAIRE.

E l'esprit raisonneur la méthode empesée
    Du génie éteint les ardeurs ;
D'Apollon aujourd'hui la lyre est mépri-
    sée ;
    Il fuit, & céde à nos erreurs.

La Faye en qui le goût de Chaulieu, de Voiture,
    Soutenoit son culte mourant,
Sût par ses Vers heureux embellir la nature
    Du coloris le plus riant.

                                       Son

Son pinceau délicat, peut-être un peu timide,
    Aux régles fut toujours soumis ;
L'instinct audacieux & qui marche sans guide,
    Est plus brillant, mais moins précis.

Pour ces sons enchanteurs la Mort n'a point d'oreilles,
    Et sans choix, de la même faulx,
Elle frape la Faye, illustre par ses veilles,
    Ou le plus vil de ses Rivaux.

Jadis dans nos beaux jours, dans ces jours d'abondance,
    Quand les Dieux de tous leurs trésors,
D'une prodigue main favorisoient la France,
    Il eût charmé par ses acords.

Quelle perte en ces tems, où pour nous plus sévére
    Le Ciel est devenu d'airain !
Que du goût corrompu l'audace téméraire
    Sur les Arts répand son venin.

Cher Voltaire, toi seul, consoles le Parnasse :
    Toi, qui savant sur tous les tons,
Sublime, ingénieux, remplis si bien la place
    Des Ovides & des Miltons.

RE'PONSE

RÉPONSE
DE MONSIEUR
DE VOLTAIRE,
A MONSIEUR
DE FORMONT.

E reçois trois de vos Lettres ce matin ; je répons d'abord à celle qui m'intéresse le plus ; & vous vous doutez bien que c'est celle qui contient les Vers sur la Mort de ce pauvre Mr. de la Faye.

Vos Vers sont comme vous, & partant je les aime.
Ils sont pleins de raison, de douceur, d'agrément ;
En peignant notre Ami d'un pinceau si charmant,
    Formont, vous vous peignés vous-même.

EPIGRAMME

EPIGRAMME
SUR
M. DE LA MOTTE,
FAITE EN M. DCC. XLIV.

Au sujet du Poëme de l'Abbé du Jarry, concernant le Vœu de Louïs XIII. qui a remporté le Prix de l'Académie, au préjudice de l'Ode de M. de Voltaire.

A Motte préfidant aux Prix
Qu'on diſtribuë aux beaux Eſprits,
Ceignit de Couronnes Lyriques
Les Vainqueurs des Jeux Olympiques;
Il fit un vrai pas d'Ecolier,
Et prit, aveugle Agonothéte,
Un chêne pour un olivier,
Et du Jarry pour un Poëte.

LA NAISSANCE DE CLINQUANT ET DE SA FILLE MÉROPE.

CONTE ALLÉGORIQUE ET CRITIQUE.

Hoc legite austeri, crimen amoris abest.

Lisez ceci, Dévots du jour,
Vous n'y trouverez point d'Amour.

LA NAISSANCE DE CLINQUANT ET DE SA FILLE MÉROPE.

Ous le régne du plus grand Roi du monde, nâquit un SYLPHE; c'est-à-dire, un *Être* tout *Esprit*, & qui n'avoit que les aparences d'un corps. *Les Fées* furent invitées à fa Naiſſance, & honorérent ſon Berceau de leur préſence. Chacune, ſelon l'uſage ordinaire en ſemblable rencontre, lui fit ſon *Préſent*. Je ne parlerai point des belles qualités dont elles ornérent ſon *cœur*; qu'il ſoit né Noble, Généreux, Sage,

ge, bon Ami, bon Citoïen, c'eſt ce que je ne ſçai point, ou ne veux pas ſçavoir, & dont j'avertis que je ne dirai pas le mot. Comme je n'ai connu ce *Sylphe* que par ſes *Ouvrages*, je ne parlerai de lui que comme Auteur, & de tout tems il fût permis de critiquer les productions de l'eſprit ; l'honneur & la probité n'ont interdit que la critique perſonnelle ; je ne ferai qu'imiter le Sylphe dont je décris une partie de l'Hiſtoire. Il ſe joüa dans ſa jeuneſſe aux dépens des Auteurs du premier ordre, & leur fit leur Procès avec trop d'eſprit pour s'en être fait des Ennemis. Les Critiques ſages ſont des jeux de l'imagination que l'on ſe permet, & dont un galant homme ne fait que badiner lui-même. Revenons ; car cette parenthèſe commence à être un peu longue. Chaque *Fée* donc, ſelon l'uſage, lui fit ſon préſent. *Bel-Eſprit* fut la premiére qui combla *Clinquant* de ſes faveurs ; elle en fut ſi prodigue, que quand la *Fée Imagination* vint à ſon tour, elle trouva la tête du nouveau-né ſi pleine, qu'il lui fut impoſſible d'y rien faire entrer davantage ; pour le dédommager, elle pria la *Fée Reminiſcence*, ſon amie, de lui paſſer la main ſur la tête, & de lui communiquer par-là le *Don* de n'oublier jamais ce qu'il auroit lû ou entendu, pour s'en ſervir au beſoin, & quand dépourvû des faveurs d'*Imagination*, il ſe trouveroit embarraſſé.

Ce ne fut pas-là le plus grand des malheurs qui arrivérent à Clinquant, une vieille Fée, nommée *Bongoût*, que l'on avoit oublié d'inviter, parut tout à coup en couroux au milieu de l'Affemblée, au moment que l'on s'y attendoit le moins; toutes les Fées tremblérent, & Bel-Efprit vit bien que fes faveurs alloient devenir inutiles, fi celles de Bongoût n'y étoient pour quelque chofe; mais loin que cette Fée parût favorable au jeune Sylphe, elle jura de lui être contraire toute fa vie.

Par bonheur que les Fées, *Intrigante* & *Cabale*, fœurs jumelles, qui ne fe quittent prefque jamais, cachées derriére une tapifferie, n'avoient pas encore parlé; quoiqu'elles ne puffent pas empêcher l'effet des menaces de Bongoût, elles y remédiérent cependant; elles le pouvoient mieux que perfonne. Combien de fois ces deux impérieufes n'avoient-elles pas contrebalancé la puiffance de toutes les autres Fées?

Intrigante, eft pour les hommes qui courrent la carriére de la fortune ou de la gloire, ce qu'eft un bon guide pour des voïageurs qui ont de vaftes Forêts à traverfer. Sans guide on fe perd, fans Intrigante on refte en chemin; c'eft elle qui tient le fil du labirinthe du monde; elle fait donner aux Ouvrages un éclat qui frape d'abord, & en impofe aux yeux du vulgaire. Sans les bonnes graces de cette Fée, on parvient rarement, quelque talent que l'on ait. L'état malheureux où fon abfence nous laiffe, eft un fecond néant dans lequel nous demeurons enfévelis ; ce font fans ceffe des barriéres d'airain à franchir, des obftacles infurmontables à vaincre, capables de rebuter les plus hardis, & que l'on ne peut furmonter fans elle. Que c'eft être déja bien avancé dans la carriére des Lettres, que d'être né avec les faveurs d'Intrigante ! Que la fituation d'un Auteur dont elle a fait un homme à la mode, eft différente de celle d'un Auteur qui ne connoît que fon Cabinet, fes Livres, & quelques amis fidelles qu'il confulte, & à qui il ne demande rien ! Tout ce qui fort de la plume de celui-ci a part à fa fortune, & le premier ne dit rien & ne fait rien qui ne fe fente de l'obfcurité dans laquelle il eft enféveli. Et qui pourroit publier fes Oüvrages? ne fait-on pas que la *Fée Renommée*, après bien des combats livrés, eft enfin devenue efclave de Cabale & d'Intrigante, & ne marche plus qu'à leurs ordres ? Son cheval, autrefois fans bride, volant au hazard où fon caprice l'emportoit, retenu maintenant par des rênes d'or, gémit d'une chaîne fi belle, & regrette fa liberté ravie.

Clinquant entra dans le monde avec tous les avantages qu'Intrigante y procure. Elevé jufques au Ciel, par les Fées du premier ordre,

dre, il aprit à leur Cour les graces du langage, & le grand ufage lui donna la verfification. Ses Vers volérent de Belles en Belles, & chantés par cent bouches, coururent tous les Cercles & les Provinces.

De tous les Voïages de Clinquant dans les *Efpaces Imaginaires*, je ne raporterai que celui qu'il fit au Temple de Thalie, dont voici la defcription. Que l'on fe repréfente un grand Souterrain, où les raïons du foleil ne pénétrent jamais, & où ne brillent d'autres lumiéres que celles de plus de 200. flambeaux. C'eft-là que la Mufe tragique tient fa Cour, dans des Palais auffi artificiels que les lumiéres qui les éclairent. Environ dix Miniftres impérieux, & autant de Prêtreffes qui fervent à la fois & Thalie, & Vénus, reçoivent les préfens que l'on vient offrir à leur Souveraine, à qui ils ne rendent plus de compte depuis long-tems. C'eft à ce Tribunal augufte que les *Génies* viennent rendre les leurs, & aporter le fruit de leurs veilles, pour en recevoir la récompenfe. C'eft-là que l'on décide de leur mérite, & s'ils font dignes d'avoir part aux faveurs que la *Fée Argentine* répand fans ceffe dans cette Cour.

Clinquant las de ne devoir fes fuccès qu'à des coups du hazard, comme au jeu d'un Acteur ou d'une Actrice, voulut faire un voïage au *Temple de bon Goût*, à deffein de la fléchir

fléchir, & d'en raporter quelqu'avantage : mais cette Fée confervant toujours fon ancienne haine, d'un coup de baguette fit fortir un *Temple* de deffous terre, & le peupla de *Fantômes*. Clinquant enchanté par la Fée, crut converfer avec Homére, Virgile, Horace, Corneille, Racine, & les plus beaux Génies. Par la puiffance de Bongoût ces machines inanimées, enfans de fa baguette, lui communiquérent des idées fi bizares & fi ridicules, qu'au fortir du Temple, il crut être le feul Auteur de fon tems à qui Bongoût avoit fait part de fes faveurs. A fon retour, il mit lui-même en Vers ce voïage, qui n'étoit qu'un beau rêve. Ce ne fut pas le dernier qu'il fit.

Les Fées, protectrices de Clinquant, irritées de tous les tours que Bongoût joüoit à leur Favori, entreprirent de le mettre, malgré elle, & fes fecours, au-deffus de tous les *Génies* de fon tems, par un Ouvrage qui pût lui mériter l'immortalité ; perfuadées fans doute que tout ce qu'il avoit déja fait, ne pouvoit l'y conduire.

Bel-Efprit enleva donc le Sylphe entre fes bras, & le porta au Parnaffe, pour que l'air que l'on refpiroit en ce lieu, lui communiquât la chaleur divine qui s'empare de tous fes heureux habitans. A peine furent-ils arrivés aux pieds du Mont Sacré, qu'ils aperçurent Bongoût à la porte du Sanctuaire des Mufes.

Quel

Quel spectacle pour eux ! La Fée voulut tenter le passage ; mais en un moment, par ordre de Bongoût, à qui de tout tems cette porte fut confiée, les ponts-levis furent levés, & les barriéres fermées. Ce fut alors que Clinquant reconnut le tort que l'on avoit eu de n'avoir pas invité Bongoût aux Fêtes qui se donnérent à sa naissance : mais il n'étoit plus tems ; l'arrêt étoit porté, & la haine de cette Fée devoit être éternelle.

Bel-Esprit, sans se rebuter, courut avec son Eléve à l'autre porte, confiée à Imagination. Elle étoit encore fermée ; cette aimable Fée étoit absente : on sait que toujours en l'air, elle ne peut demeurer long-tems à la même place. Nos deux Pélerins l'aperçurent de loin toute nuë, & les cheveux épars, qui couroit dans un bois avec une legéreté incroïable ; ils la regardérent quelque-tems : tantôt elle s'arrêtoit, & se couchoit sur un gazon, en se mordant les doigts ; puis se relevant tout d'un coup avec précipitation, environnée de gens aussi fols qu'elle, de Poëtes, de Peintres, elle franchissoit avec eux une plaine d'un saut ; aussi prompte que le regard, elle les portoit au haut des montagnes, les élevoit même dans les airs ; souvent quelques-uns se perdoient dans les nuages : mais Bongoût alloit alors au-devant d'eux, & les ramenoit chez elle écrire ou peindre ce qu'ils avoient vû, & cette bonne Fée prenoit soin elle-même d'éfacer ce que la hauteur où Imagination les avoit élevés, leur avoit fait voir de travers : cela n'est pas étonnant, la tête tourne souvent dans les espaces imaginaires, & sans Bongoût l'on peut s'y perdre.

Le Sylphe enchanté de tout ce qu'il voïoit, suivit quelque-tems des yeux Imagination, mais il la perdit bien-tôt de vûë, & désespéra de pouvoir la joindre. Ses Favoris, outre une clef du Bois Sacré, ont encore un Agenda, & une route qui dirige leurs pas de façon, que quand ils ont besoin de leur Protectrice, ils la trouvent à point nommé.

Ces secours manquoient à Clinquant ; apercevant de loin dans les Jardins de cette Fée capricieuse, Ovide, Homére, Corneille, il leur cria : *Faites ouvrir, c'est l'Auteur du Poëme de la Ligue.* Ces grands hommes retournérent la tête, puis se regardant, en souriant, continuérent leur route.

Clinquant réduit à renoncer à la flâteuse espérance d'entrer au Parnasse, soupira ; mais sa Fée Conductrice le consola, & lui promit de le faire triompher, malgré ses ennemis. Comme il retournoit sur ses pas, il tomba dans un Bourbier. Il se souvint alors du Poëme qu'il fit dans sa jeunesse, intitulé : *Le Bourbier du Parnasse.* C'étoit sans doute Apollon qui punissoit ce *Sylphe* de la témérité qu'il avoit eu d'y faire tomber autrefois lui-même un Poëte du premier ordre. Le Sylphe se releva sans rien dire; pouvoit-il se plaindre d'être tombé où il avoit jetté l'illustre de la Motte, qui du haut du Parnasse rioit de cet événement dont il avoit été le témoin ? Phœbus, pour toute faveur, voulut bien sécher Clinquant d'un de ses raïons.

Bel-Esprit consola son *Favori* le mieux qu'il lui fut possible, & le conduisit dans une des avenuës du Parnasse, chez une Fée de ses amies, nommée *Réminiscence*. C'étoit celle qui en passant sa main sur la tête du jeune Sylphe, le jour de sa naissance, lui avoit communiqué le don de n'oublier jamais ce qu'il auroit une fois entendu, pour s'en servir au besoin. Cette Fée, qui malgré son talent merveilleux, n'avoit pas fait fortune, donnoit gîte en ce lieu à ceux qui ne pouvoient ateindre jusques au Mont Sacré, ou qui refusés à la porte, revenoient sur leurs pas. L'eau d'Hypocrène qu'elle distribuoit, & qui n'étoit qu'une veine empoisonnée de cette fameuse Fontaine, si connuë de Racine & de Corneille, avoit une partie de la vertu du Fleuve Léthé, faisant oublier que l'on avoit vû ailleurs ce que l'on savoit. Elle communiquoit à l'esprit une yvresse si charmante, qu'elle persuadoit à ceux qui en avoient bû, qu'ils étoient les Auteurs de tout ce que Réminiscence leur rapelloit;

dans cette agréable persuasion, charmés de se trouver une imagination si abondante, ils écrivoient, & étoient Copistes sans le savoir.

On voit en tout tems, dans ce séjour agréable, une multitude innombrable d'Auteurs, qui désespérans d'aller plus loin, s'enyvrent chez Réminiscence. Autour d'un Jardin d'une grandeur immense, sont de petits Cabinets de verdure, où des Ecrivains en tout genre composent des chefs-d'œuvres à peu de frais.

Le Sylphe fit le tour de ces Berceaux fortunés ; il voïoit dans les uns, des Mathématiciens, des Philosophes, des Historiens, qui croïant avoir fait de nouvelles découvertes, écrivoient celles des Anciens. Dans les autres, des Poëtes qui réchauffoient des Historiettes de Romans, dont ils croïoient faire des Comédies, ou des Tragédies. Plus loin, sous des Cabanes plus vastes, & construites en forme de Théâtre, plusieurs Troupes de Comédiens aprenoient leurs Rolles, dans un terrain consacré à *Mémoire*, sœur de Réminiscence. Ils s'imaginoient être originaux dans leur façon de joüer, oublians qu'ils n'étoient que de fades Copies de leurs prédécesseurs.

Ce fut-là que la Fée Bel-Esprit & Clinquant s'arrêtèrent, pour voir les répétitions de quelques Piéces qu'on alloit représenter, & qui devoient être joüées au Parnasse, en presence des Dieux & des Déesses que Jupiter y devoit
con-

ET DE SA FILLE MÉROPE. 393

conduire. Sur le premier de ces espéces de Théâtres, une Troupe Italienne répétoit la Tragédie de Mérope de Maffei.

Bel-Esprit fit asseoir Clinquant. Le Sylphe, enchanté de l'intérêt vif de cette Piéce, de la tendresse de Mérope pour son Fils, fut frapé de la beauté de cet Ouvrage; il admira sur tout comme l'Auteur avoit écarté de sa Tragédie jusqu'au mot d'*Amour*; cela lui parut nouveau, & il souhaita plus d'une fois être l'Auteur de ce Poëme.

La Fée Bel-Esprit, qui de son côté voïoit bien que n'aïant pû joindre Imagination, elle auroit bien de la peine à faire faire à son Favori un chef-d'œuvre capable de braver Bongoût, engagea le Sylphe à traduire cette Tragédie: » Mon Fils, lui dit-elle, cette Piéce charman-
» te est Italienne, peu connuë en votre Pa-
» trie; vous dévriez la mettre en Français,
» peut-être ignorera-t'on ce larcin; on peut
» passer pour très-honnête homme en son
» Païs, quand on a la prudence de voler sur
» les terres étrangéres; d'ailleurs voler sur le
» Païs ennemi, ce n'est pas un crime, & cela
» s'apelle * *enrichir son Païs des tresors qui ne*
» *sont pas nés dans son sein*, & s'enrichir en-
» core plus soi-même à bon marché.

Clinquant goûta cette proposition, & fit
des

* M. de Voltaire dans son Epitre à M. de Maffei.

des vœux pour que Mérope Italienne ne paſſât jamais les Alpes. La gloire de traduire ne le flâtoit cependant pas beaucoup. Si cette Mérope étrangére perce en France, ſe diſoit-il en lui-même, me voilà déclaré ſimple Traducteur. Il communiqua ces réflexions à la Fée, qui le raſſura, en lui diſant qu'Argentine remédiroit à tout cela, & diſpoſeroit le Parterre à crier *Miracle*, comme à la plus grande des nouveautés. Le Sylphe, encouragé par cette promeſſe, & qui ſavoit déja par expérience le pouvoir d'Argentine, ſe livra à cette idée.

La Piéce de Mérope finie, il paſſa dans la Cabane ſuivante, où des Comédiens Français repreſentoient *Amaſis*. Il fut frapé de la reſſemblance de ces deux Piéces ; mais il trouva dans celle-ci des coups de Théâtres ſi ſurprenans, qu'il ne les oublia pas. Plus loin, ſur un autre Théâtre, on joüoit *Guſtave* ; on en étoit au quatriéme Acte, quand Clinquant entra. Il entendit avec plaiſir le reſte de la Piéce, dont Bel-Eſprit lui fit l'analiſe pour le mettre au fait, puis fut avec ſa Conductrice ſe repoſer ſous un Berceau voiſin. Fatigué d'avoir fait tant de chemin, il demanda à boire un coup : on ſait la vertu de l'eau de l'Hypocréne qui coule dans les Jardins de Réminiſcence. Le Sylphe s'enyvra, & oubliant qu'il venoit d'aſſiſter à des Tragédies ſuperbes, qu'il vouloit même traduire la premiére, il ſe livra aux

idées

idées qui lui vinrent. Tant de belles situations lui passant par l'esprit, il crut les imaginer, & sur le champ voulut en composer une Tragédie. La Fée l'encouragea à faire des merveilles, persuadée qu'il ne pouvoit que produire des coups de Théâtre triomphans après ceux qu'il venoit de voir.

Voilà donc Clinquant la plume à la main. Il avoit sous ces Berceaux tout ce qu'il falloit à un Auteur pour écrire. D'abord il trouva Mérope, dont le nom lui étoit resté, un sujet digne d'être mis sur le Théâtre. Il en fit, ou crut en faire une Mere tendre, compatissante ; & avec le secours de cette eau divine que Réminiscence lui envoïoit de tems en tems, il commença son premier Acte.

Bongoût qui avoit assisté aux representations des Piéces qu'elle avoit composées elle-même, de concert avec Imagination, aïant vû la Fée Bel-Esprit y conduire son Favori, craignit que Réminiscence ne le servit trop bien : il étoit sur son terrain ; Bongoût ne pouvoit s'oposer au bien qu'elle pouvoit faire à Clinquant ; cela ne laissa pas de l'embarrasser. Faisant cependant réflexion que sans ses secours, les plus belles choses perdent leur mérite, elle ne douta pas qu'en refusant ses faveurs au Sylphe, il ne feroit rien de digne de l'immortalité, l'objet de tous ses vœux : mais pour plus grande sûreté, elle voulut assister secrettement à la composition du chef-d'œuvre qu'il devoit produire avec Bel-Esprit son ennemie. Elle pria *Rapsaudie* de la suivre. Cette Fée roturière, est une des filles de Réminiscence, dont l'emploi est d'aller de Cabane en Cabane coudre ensemble les différens traits que les Auteurs subalternes croient avoir imaginés. Bongoût lui ordonna de coudre de fil blanc * les Vers noirs de Clinquant, pour que les coutures pussent être aperçuës de tout le monde. Rapsaudie le lui promit & le lui tint.

La *Fée Critique* suivit aussi Bongoût à la Cabane du Sylphe *Rapsaudeur*. Ces Fées se cachérent dans un nuage, & des Tablettes à la main, se préparérent à faire leurs Remarques sur les productions de Clinquant, à dessein de s'en divertir au Parnasse, & de les publier.

Le Sylphe, dans son yvresse, se persuade avoir enfin rendu Imagination sensible ; il s'aveugle jusqu'à croire que cette ingrate & cruelle Fée lui prodigue enfin ses plus douces caresses ; il la remercie de ses faveurs, & croit à chaque ligne voir naître un fruit de leur réconciliation : mais on verra que Maffei, Amasis & Gustave eurent les gands de la
Fée

* L'Auteur de Mérope Françaife, dans son Epitre au Marquis de Maffei, apelle Vers blancs, les Vers sans rimes ; par conséquent les Vers rimés peuvent être apellés Vers noirs.

Fée Imagination, & que Clinquant n'eût que l'honneur commun à plus d'un pere Français, d'avoir un enfant qui ne lui devoit que ses habits & son entretien.

Le premier Acte fini, Clinquant le lût & relût tout haut, avec la joïe d'un pere qui caresse un enfant nouveau né qu'il s'imagine être de lui, en qui même il croit déja démêler quelques-uns de ses traits : il admiroit sur-tout la peinture que Mérope fait des horreurs dont elle fut témoin, le jour malheureux qu'elle perdit & Cresfonte & ses fils. Ce récit touchant commence par ce Vers:

Mon époux fut trahi des Mortels & des Dieux.

La même description se trouve aussi dans la premiére Scène d'Amasis; Phanés, dans une situation tout-à-fait semblable, en parlant de la mort du Roi, dit aussi :

C'est-là, qu'abandonné des Dieux & des Mortels,
Il tomba sous l'effort de mille bras cruels.

Bongoût faisoit à peine atention à cette bagatelle, qui pouvoit fort bien n'être qu'un jeu du hazard ; mais elle voïoit avec une joïe extrême que cette nouvelle Mérope ne passeroit jamais que pour une Traduction libre, ce qui ne seroit pas grand honneur à Clinquant,

qui

qui n'auroit par ce moïen qu'une très-petite part aux aplaudiffemens qu'on pourroit prodiguer à cette Piéce.

Critique lui fit remarquer que dans la Tragédie Italienne, l'action commençoit fans languir, avec l'expofition. Polifonte & Mérope y ouvre le Théâtre, lui dit-elle ; le Tyran déclare à cette Reine qu'il veut l'époufer. La Scène fuivante, on leur aprend qu'on vient de conduire dans Meffène un jeune Meurtrier : Polifonte demande à le voir, on lui améne ; il l'interroge & veut le faire mourir. Mérope s'intéreffe au fort de cet infortuné, qu'elle ignore être fon Fils, & demande fa grace. Voilà le premier Acte de la Mérope de Maffei. Bongoût ne pût s'empêcher de rire, voïant que le Sylphe s'imaginoit avoir renchéri fur fon Original, & ne plus paffer pour Traducteur, parce qu'il confervoit pour le fecond Acte une partie de ce que l'Italien avoit mis au premier, & qu'il avoit fait fon premier de ce qui avoit fervi de matiére à une partie du fecond de Maffei. Que le voilà bien déguifé, s'écria Critique avec un fouris malin ! qui ne voit pas qu'il gâte cet Ouvrage, au lieu de l'embellir ? l'expofition n'eft-elle pas d'ordinaire affez ennuïante ? pourquoi l'allonger ainfi, & en faire un Acte entier ? Une Scène eut fuffi.

Cette Fée avoit-elle tort ? Elle écrivit ces mots

mots sur ses Tablettes : *Sachez, Races futures, que Clinquant, pour aprendre au Public que Mérope atend son Fils, qu'un Tyran veut épouser cette Reine & se défaire d'Egiste, fit trois cens huit Vers la cinquantiéme année de son âge : pour un Sylphe amoureux, ce n'est pas être avare de Rimes ; aussi Critique, qui avoit dicté ces deux Vers à Boileau,*

Bienheureux Scudéri, dont la fertile plume,
Peut tous les mois sans peine enfanter un volume,

Crut les faire de nouveau chez Réminiscence, & s'écria:

Ah ! Bienheureux Clinquant, dont la plume fertile,
Peut sans peine au besoin faire un Acte inutile.

 Critique s'aplaudit encore bien davantage d'avoir fait ces Vers, quand elle entendit que la premiére & la seconde Scène du second Acte étoient une seconde exposition, qui seule eût suffi pour l'intelligence de la Piéce ; mais elle garda un profond silence pendant la composition. Par les contorsions & les figures de Clinquant, elle jugea qu'il alloit acoucher d'un nouveau chef-d'œuvre. Bongoût en atendoit avec impatience la lecture, quand le Sylphe la satisfit, ne pensant qu'à se satisfaire lui-même, & la Féé Bel-Esprit,

qui

qui présidoit à la composition de ce *Drame*.

Quoi ! ce n'est que cela, dit Critique, quand il eut fini de lire ? Toujours du Maffei ? Vous le voïez, lui répondit Bongoût ; vous venez d'entendre avec moi Mérope Italienne ; le second Acte represente une Mere plongée dans la tristesse la plus profonde, de ce qu'elle n'aprend plus de nouvelles de son fils, & qui craint que le Tyran ne l'ait fait mourir. Eurisés, Confident de la Reine, soupçonne que le meurtrier que l'on a presenté à Polifonte est celui qui a tué Egiste. Le Tyran, qui paroît instruit de l'amour du peuple pour le sang de ses anciens Rois, charge Isméne de dire à Mérope, qu'il ne peut modérer la violence de son amour, & qu'il veut l'épouser sans plus de retardement. Il ajoûte, qu'il veut bien à la priére de la Reine, faire grace au criminel. Pendant qu'Isméne fait cette confidence à Mérope, Eurisés vient lui aprendre que son Fils n'a point été tué par ce jeune Étranger, que l'on avoit soupçonné d'en être le meurtrier. Egiste, dit-il, déguisé en Esclave doit être couvert d'habits convenables à cet état ; & celui qui a eu le malheur d'être tué, étoit habillé magnifiquement, & avoit de très-beaux bijoux. Il prouve ce qu'il avance par une bague du meurtrier qu'il presente à la Reine, qui la reconnoît pour celle qu'elle avoit confiée au Gouververneur de son Fils, pour la lui donner, & conclut qu'Egiste est mort.

Pour le coup, dit Critique, Clinquant est original dans cet Acte; il n'a rien pris de tout cela. Il passe sur ce meurtrier que l'on conduit sans raison au Palais, & qu'on eût dû tout de suite mener au petit Châtelet de Messéne, comme on eût fait à Paris en semblable ocasion. Cela s'apelle chercher à faire une reconnoissance, & non la préparer avec art.

On voit bien, dit Bongoût, que j'ai eu peu de part à cet Ouvrage. Voïez dans Amasis & Gustave, que vous venez de voir représenter, voïez comme le fils inconnu de la Reine se trouve à la Cour du Tyran dans l'une & dans l'autre de ces Piéces; ce n'est point le hazard qui l'y conduit. L'Egiste d'Amasis ne tuë point un homme inutile, simplement pour être introduit au Palais comme meurtrier, & produire des Scènes; c'est du Fils du Tyran dont il triomphe, & vient ensuite se donner lui-même au Tyran pour son propre fils, qu'il n'avoit jamais vû; se saisissant d'une Lettre, & de tout ce qu'avoit le Fils véritable pour se faire reconnoître de son pere. Avec quel art, poursuivit-elle, Gustave ne s'introduit-il pas dans le Palais de Christierne? Le Tyran avoit mis à prix la tête de ce Prince; il se presente lui-même comme le meurtrier de Gustave, & vient demander la ré-
com-

compense de son crime. Mais voïons, ajoûta Bongoût, voïons en quoi vous trouvez Clinquant original en cet Acte. Ce n'est pas sans doute dans la Scène où Mérope soupçonne sans le moindre fondement que le Meurtrier qu'on lui presente vient de tuer son Fils, & s'intéresse ensuite à la vie de cet Etranger, jusqu'à demander sa grace ; cela ne peut passer pour neuf, pour avoir passé du premier Acte de la Piéce Italienne dans le second de la Piéce Françaife. Il est vrai, répondit Critique : mais ce qu'on ne peut refuser à Clinquant, c'est d'avoir imaginé cette Armure qu'on vient aporter sur le Théâtre ; cette invention n'est dans aucune des Piéces que vous venez de me citer, & que nous venons de voir. Dans la Mérope de Maffei, c'est une bague ; dans Amasis, c'est une épée ; ici c'est une Armure : admirez-vous la gradation. Cela ne s'apelle pas traduire.

Bongoût éclata, & aplaudit à cette ironie ; au moins, dit-elle, il fait sa Mérope d'une prévoïance sans pareille, il l'a fait agir comme une mere, qui envoïant son fils en nourrice, lui feroit emporter avec lui un habit tout fait pour le jour de ses nôces. Mais en récompense, poursuivit Critique, la conduite de Narbas est bien peu d'un homme de son âge ; il enleve le Fils de Mérope de son berceau, pour le dérober à la fureur de Po-
lifon-

lifonte, il fe déguife, change de nom, & conduit ce Prince infortuné dans des déferts, pour ne pas être reconnu; cela eft parfaitement bien: mais quelle imprudence d'emporter avec lui l'Armure du feu Roi, qui trouvée entre les mains d'un Avanturier, pouvoit le faire reconnoître fi aifément, & conduire à Polifonte qui avoit par tout des Emiffaires pour le découvrir? Car enfin cette Armure devoit être d'un prix confidérable; encore toléreroit-on cette imprudence impardonnable, fi elle étoit bonne à quelque chofe: mais à quoi fert-elle? à faire croire à Mérope, quinze ans après, que c'eft fon Fils que l'on vient de tuer. Une bague du feu Roi eût produit le même effet, & épargné au pauvre Egifte la peine de porter fur fon dos un Cafque & une Armure très-pefante pendant plus de cent lieuës qu'il fit feul à pié pour venir à Meffène: il n'avoit pas mis cette Armure, il auroit été arrêté avec & conduit en cet équipage devant Mérope. D'ailleurs s'il en eût été revêtu, Euriclès n'eût pas peint Egifte à la Reine comme un miférable: voïez ce qu'il en dit,

C'eft un de ces Mortels du Ciel abandonnés,
Nourris dans la baffeffe, aux travaux condannés,
Un malheureux fans nom, fi l'on croit l'aparence.

Il portoit donc cet Armure sur son dos & dans un havre-sac. Que je plains ce Héros! que Clinquant ne voulut pas donner pour un voleur, à l'exemple de Maffei, & cela, par compassion pour ce Prince. Que le sort qu'il lui fait est bien plus doux! pour un simple nom deshonorant que Maffei lui donne, Clinquant le plonge dans une misére parfaite, réelle & des plus indignes d'un jeune Prince. Qu'à regret je le vois voïager dans ses propres Etats, comme un gueux chargé de sa besace. Il n'eût pas plus couté à l'imprudent Narbas de Clinquant, d'enlever le cheval du feu Roi, il ne les eut pas plus trahi que son habit, & ils eussent voïagé plus commodément.

Il est vrai, dit Bongoût; mais avez-vous remarqué ces Vers, que Mérope dit à l'Envoïé du Tyran?

Si Polifonte est Roi, je veux que sa puissance
Laisse à mon desespoir le soin de ma vengeance;
Qu'il régne, qu'il posséde, & mes biens, & mon rang,
Tout l'honneur que je veux, c'est de venger mon
   Sang,
Ma main est à ce prix; allez, qu'il s'y prépare.

Oui, répond Critique, je les ai très-bien remarqués; & me suis même rapellé en même-tems ceux-ci que dit Nitocris dans Amaſis, en demandant auſſi au Tyran de punir elle-même le meurtrier de ſon Fils : ce qui fait la même ſituation,

Si tu veux qu'aujourd'hui je te donne ma main,
Rapelle ce cruel, dont la noire furie,
Triomphe inſolemment d'une ſi belle vie.
Conſens de l'immoler aux mânes de mon Fils ;
Je ne réſiſte plus, je t'épouſe à ce prix.

Les beaux Eſprits ſe rencontrent, comme vous voïez, continua-t'elle : mais avez-vous fait vous-même atention à ces deux Vers qui finiſſent le ſecond Acte de Mérope Françaiſe ?

Quand on a tout perdu, quand on n'a plus d'eſpoir,
La vie eſt un opprobre, & la mort un devoir.

J'imagine qu'on pourroit les adreſſer à Clinquant, en les retournant ainſi :

De créer du nouveau, quand on n'a plus d'eſpoir,
Rimer eſt une oprobre, & ſe taire un devoir.

Comme les ſituations les plus frapantes, ſont celles qui nous reviennent le plus ſouvent à l'eſprit ; pendant la compoſition de ſon troi-

troisiéme Acte, Clinquant oublia en partie la Mérope Italienne ; & Réminiscence lui rapella confusément le troisiéme & le quatriéme Acte d'Amasis : il en avoit sans doute été frapé à la représentation qu'il venoit de voir. Une Mere prête à massacrer son propre Fils, croïant venger sa mort, lui parut un coup de Théâtre triomphant.

Bongoût commença à trembler qu'il ne fît un bon Acte avec tant de secours ; mais elle se rassura quand elle vit que Clinquant, embarrassé de la façon dont il s'y prendroit pour empêcher la mort d'Egiste, rapella Narbas du fond des déserts, & le fit comme tomber du Ciel, pour arrêter la main de la Reine. On peut dire que le hazard le conduisit-là bien à propos. Sans être introduit par personne, un Etranger entre-t'il ainsi dans les Apartemens les plus secrets des Palais des Rois ? & s'écrie-t'il comme chez le plus simple Bourgeois : *Y a-t'il là quelqu'un ? Que je parle à Madame.* Puisque sa présence étoit nécessaire, & que sans lui finissoit la Tragédie, il devoit au moins arriver en ancien Courtisan, tel qu'il étoit.

Que ce coup de Théâtre est ménagé avec bien plus d'art dans Amasis ! c'est le Tyran qui arrête la main de la Reine, & sauve lui-même son plus grand ennemi, croïant sauver son propre Fils. Quoique maître du Palais,

pouvant

pouvant par conféquent fe trouver à cet événement avec plus de raifon que Narbas, il y eft cependant encore conduit par un autre motif. Averti du deffein que la Reine avoit formé de tuer l'affaffin de fon Fils, le Tyran, pour fauver celui qu'il croit être fon fang, cherche Nitocris, & la furprend au moment qu'elle alloit porter un coup fi funefte pour elle. Son Fils voïant qu'il doit fa vie au Tyran, & qu'il a manqué d'être maffacré par fa propre Mere, dit ces beaux Vers:

O Ciel! quelle eft la main par qui j'allois périr!
O Ciel! quelle eft la main qui vient me fecourir!

Ce que j'admire, fur-tout dans cet Acte merveilleux de Clinquant, dit la Critique, c'eft cette Armure qui fe trouve par tout; on fe feroit bien paffé de la revoir. Pour moi, repartit Bongoût, je fuis charmée qu'elle reparoiffe; elle porte avec elle un caractére de fingularité qui répand un ridicule admirable dans toutes les Scènes où elle fe trouve. Jufques-ici Mérope s'eft intéreffée pour Egifte, jufqu'à croire quelquefois qu'il étoit fon Fils, fur de fimples conjectures les plus frivoles du monde; comme la conformité d'âge, &c. On en peut juger par ces Vers que Mérope dit à Iſménie, au fujet du jeune Inconnu qu'elle vient d'interroger,

Te le dirai-je? hélas, tandis qu'il m'a parlé,
Sa voix m'atendrissoit, tout mon cœur s'est troublé,
Cresfonte... ô Ciel... j'ai crû... que j'en rougis de
      honte!
Oüi, j'ai crû démêler quelques traits de Cresfonte.
Jeux cruels du hazard, en qui me montrez-vous
Une si fausse image, & des raports si doux?
Affreux ressouvenir, quel vain songe m'abuse?

   Qui croiroit que Mérope, après avoir découvert dans cet Etranger des raports si doux, & tant de ressemblance avec Cresfonte, au moment qu'Egiste lui dit, en parlant de l'Armure en question,

Elle est à moi. . . . .
. . . . Je vous jure,
Par vous, par ce cher Fils, par vos divins Aïeux,
Que mon Pere, en mes mains, mit ce don précieux.

Qui croiroit, dis-je, qu'après cette nouvelle découverte si intéressante pour Mérope, sans presque y faire atention, elle s'obstine à vouloir poignarder ce jeune homme, parce qu'il lui dit que Policlette est son pere. Comment ne soupçonnoit-elle pas que Narbas pouvoit fort bien avoir changé de nom en changeant
                           d'habit

d'habit & d'état ? Il le devoit même, pour la sûreté du jeune Prince, & lui cacher à lui-même sa naissance. Une véritable mere eut du moins différé une mort que tant de circonstances l'obligeoient à suspendre, & eût envoïé chercher secretement Policlette, ou tout au moins eût fait retirer de la riviére le cadavre de celui que l'on disoit être son Fils, pour éclaircir ses doutes; sans cette circonstance même elle auroit dû le faire. Mais Narbas qui étoit derriére la tapisserie devoit venir arrêter son poignard; par conséquent elle devoit le porter contre le sein de son Fils, pour produire un coup de Théâtre si charmant. Puisque Narbas venoit de si loin pour cela; & pour cela seul, il y auroit eû de l'injustice à lui ôter le plus bel endroit de son rôle.

Cet Acte fini, l'infatigable Clinquant songea au quatriéme. Réminiscence lui envoïa une bouteille de cette eau enchanteresse dont j'ai dit les propriétés, pour lui donner des forces nouvelles, & de quoi finir son Ouvrage, dans le goût qu'il l'avoit commencé. Mille traits frapans viennent tout-d'un-coup se présenter à son esprit; il fait lui-même avec complaisance la revûë de toutes ses richesses, & le voilà créateur en second du coup de Théâtre heureux du quatriéme Acte de Gustave. Il s'agite, il rêve, & écrit enfin cette

Scène qui se passe entre Mérope, Polifonte & Egiste.

MÉROPE.

Remplissez vos sermens, songez à me vanger.
Qu'à mes mains, à moi seule, on laisse la victime.

POLIFONTE.

La voici devant vous... Votre intérêt m'anime.
Vengez-vous, baignez-vous au sang du criminel,
Et sur son corps sanglant je vous méne à l'Autel.
- - - - - - - - - - -
- - - - - - - - - - -
- - - - - - - - - - -

POLIFONTE, *ordonnant à ses Soldats de tuer Egiste.*

Qu'il meure.

MÉROPE.

Il est...

POLIFONTE.

Frappez.

MÉROPE,

ET DE SA FILLE MÉROPE. 411

MÉROPE, *arrêtant le cuop.*

Barbare ! il est mon fils.

... à Egiste.) Tu l'es, & le Ciel que j'atteste,
Ce Ciel qui t'a formé dans un sein si funeste,
Et qui trop tard, hélas ! a dessillé mes yeux,
Te remet dans mes bras pour nous perdre tous deux.

Elle se jette aux genoux du Tyran, qui s'obstine à vouloir la perte d'Egiste.

Commencez donc par m'arracher la vie ;
Aïez pitié des pleurs dont mes yeux sont noïés.
Que vous faut-il de plus ? Mérope est à vos piés.

EGISTE.

O Reine, levez vous.

Cette Scène ne fut pas plûtôt finie, que Clinquant la lut avec enthousiasme, & *Rapsaudie* se mit à la coudre. Critique ne pût s'empêcher de rire de cet assemblage, & fit remarquer à Bongoût que cette situation étoit dans Gustave. Une tendre mere, poursuivit-elle, y demande également la mort de son

Fils au Tyran Chriſtierne, & la Scène eſt encore plus frapante. Le Tyran ſoupçonne le jeune Etranger d'être fils de la Reine, & ne l'introduit en ſa préſence que pour que le trouble de Léonor l'inſtruiſe de ce ſecret important.

Léonor le verra, s'il eſt ſon fils ; ami,
La nature jamais ne s'explique à demi,
Bientôt la vérité ſe verra confirmée
Dans les regards ſurpris d'une mere allarmée.
Pour me nommer Guſtave, elle n'a qu'à frémir.

Léonor arrive, ce qui donne lieu à cette Scène, ſur laquelle Clinquant a fait celle que l'on vient de lire.

LEONOR.

Décerne au criminel un prix qui lui ſoit dû,
Que du Monſtre à mes yeux tout le ſang répandu
Prouve. . .

CHRISTIERNE.

Hé bien, j'y conſens, qu'il coule en ta préſence ;
Tu vas voir ſi le crime ici ſe récompenſe,
Si je ſuis ſi coupable aux yeux de l'Univers.

Guſtave

ET DE SA FILLE MÉROPE. 413

Guſtave entre.

Rodolphe, paroiſſez. Tiens, regarde ſes fers,
Eſt-ce-là donc un prix digne de tes reproches?
Qu'il meure! & qu'à jamais ce coup nous rende amis!
Qu'on l'immole. Frappez...

LEONOR.

Arrête.

CHRISTIERNE.

Ah! c'eſt ton fils.

- -

LEONOR *à ſon Fils.*

O ſang d'un cher époux! fils d'un malheureux pere,
Dans quel état le ſort te rend-il à ta mere!

Enſuite, après une Scène qui a encore pû ſervir de modèle à celle de Poliſonte & d'Egiſte dans le cinquiéme Acte de Mérope, arrive la Princeſſe Adélaïde, qui ſe jette aux piés de Chriſtierne, pour demander la grace de Guſtave. Celui-ci la relevant fiérement, lui dit:

Adélaïde aux piés du bourreau de Sténon!

S 3

Ce qui est l' » O Reine, levez-vous, d'Egiste.

Bongoût commença à voir que Mérope, enrichie de tant d'ornemens étrangers, seroit aplaudie en quelques endroits ; cela l'affligeoit. Consolez-vous, lui dit Critique, le Public ne sera pas dupe ; il sçaura distinguer le foible mérite de traduire, de celui de créer, & Clinquant ne sera pas assez vain pour tirer vanité des aplaudissemens qu'on donnera à Maffei, à Amasis & à Gustave, qu'on ne manquera pas d'apeller par leur nom. Pour cette fois la Fée se trompa : elle ignoroit sans doute la puissance d'Argentine.

Quoi ! vous vous affligez toujours, ajouta-t'elle ; & ne voïez-vous pas que pour une beauté étrangére, cet Acte fourmille de défauts qui lui sont propres. Dès la première Scène le Tyran Polifonte fait cette confidence à Erox, en parlant des misérables qu'il avoit envoïés par tout pour massacrer Egiste.

Leur conducteur n'est plus, ma juste défiance
A pris soin d'effacer dans son sang dangereux
De ce secret d'Etat les vestiges honteux.

Puisqu'il avoit fait assassiner par crainte celui à qui il avoit fait part de ce secret, pourquoi le communique-t'il ici à un autre sans nécessité ? Cela est bien peu du caractére d'un Tyran, qui dit ailleurs :

...J'ai

... J'ai trop d'ennemis, & trop d'expérience,
Pour laisser le hazard arbitre de mon sort.

Un Tyran soupçonneux ne fait de confidences que celles qu'il ne peut s'empêcher de faire ; & celle qu'il fait ici à Erox, n'est précisément que pour instruire le Parterre de sa conduite passée, à l'égard d'un malheureux. Cette raison n'est pas suffisante pour autoriser une semblable imprudence.

Pour le dernier Acte, poursuivit Critique à Bongoût, je ne suis pas curieuse de l'entendre ; je vois d'ici le dénouëment. Clinquant n'est pas homme à en créer un neuf & inatendu ; il va suivre sans façon celui qui se présente de lui-même. Je gagerois que le Tyran Polifonte périra par la main d'Egiste, qui sans doute le massacrera aux piés des Autels d'un coup de la hache dont on doit fraper la victime : il le faut bien, puisqu'il est sans armes. Je suis si accoutumée à ces sortes de dénouëmens, qu'ils m'ennuïent à la mort.

Bongoût se rendit aux remontrances de Critique, & retourna au Parnasse, persuadée que Clinquant, privé de ses faveurs & de celles d'Imagination, ne produiroit que des Scènes fort communes ; elle ne se trompoit pas. Comment commence ce cinquiéme Acte ? par une Scène de pure déclamation entre Narbas & Egiſte : arrive enſuite le Tyran qui vient répéter à ce jeune Prince, préciſément ce qu'il lui a déja dit au quatriéme Acte ; je me trompe, il fait une ſottiſe de plus ; il confie entre les mains de Narbas & d'Euriclès, ſes deux plus cruels ennemis, le jeune Egiſte,

Vous, Narbas, Euriclès, je le laiſſe en vos mains.

Il eſt vrai qu'il les brave, & les avertit de prendre garde à eux. Mais dans une conjoncture ſi délicate, devoit-il faire une ſemblable rodomontade ? Mérope revient encore, par ordre du Tyran, répéter la même choſe à Egiſte ; & ils partent enſemble pour le Temple.

Narbas demeure avec Euriclès pour deviſer enſemble ; & ces deux bons Iſraëlites, qu'Egiſte avoit qualifiés en ſortant du nom de ſes triſtes amis, regardent par une fenêtre les combats qui ſe donnent dans la cour du Château ; & ſans s'y rendre, pour apuïer le parti de leur Maître, ils ſe contentent de dire entr'eux :

EURICLES.

Entendez-vous ces cris dans les airs élancés?
- - - - - - - - - - - -
- - Ecou-

� — — — — — — — — — — Ecoutons,
— — — — — — — — — — — —

Le bruit croit, il redouble, il vient comme un tonnerre.

NARBAS.

J'entens de tous côtés les cris des combatans,
Les sons de la trompette, & les voix des mourans,
Du Palais de Mérope on enfonce la porte,
Ah ! ne voïez-vous pas cette cruelle escorte,
Qui court, qui se dissipe, & qui va loin de nous?

NARBAS.

Va-t'elle du Tyran servir l'affreux couroux?

EURICLES.

Autant que mes regards au loin peuvent s'étendre,
On se mêle, on combat.

NARBAS.

Quel sang va-t'on répandre?

Descendez, lâches, & vous le verrez, se seroit sans doute écrié Critique, si elle eût encore été là ; mais il falloit ce Dialogue pour rem-

remplir la Scène, qui seroit demeurée vuide sans cette inutilité. Pendant qu'Egiste fait des siennes au Temple, arrive enfin Isménie: on se doute bien que c'est un récit pompeux qu'elle vient faire ; soixante & quatre Vers sufisent à peine pour rendre tout ce qui s'est passé, pendant qu'Euriclès & Narbas en ont seulement debité une trentaine, sans compter le tems qu'il a fallu à Mérope & à Egiste pour aller au Temple, & à Isménie pour en revenir ; il faut que l'action ait été terriblement prompte & vive. Enfin, comme on l'attend sans doute, Mérope revient triomphante avec son Fils qu'elle fait reconnoître au peuple ; & cette Piéce incomparable de l'Illustre Clinquant, finit par un coup de tonnerre.

Je suis un Auteur digne de foi, & non pas de ces Historiens Romanesques, qui écrivent dans leurs Cabinets des événemens dont ils sont fort mal instruits ; je ressemble à Mr. Norberg, j'ai été témoin oculaire, & je puis assurer que le coup de tonnerre est ce qui a fait le plus de bruit aux représentations de Mérope.

Ce Poëme charmant fini, Clinquant but un coup, prit congé de Réminiscence son ancienne amie, & lui promit de la revenir voir.

Bel-Esprit, fiére de voir enfin entre les mains de son Eléve un Ouvrage si parfait, le conduisit au Conseil Souverain des Fées du premier ordre, pour en faire une lecture générale. Mérope, d'une voix unanime, fut jugée digne de l'immortalité, & portée au *Temple de Thalie*, dont Clinquant est devenu le *principal Ministre*. Les Mortels destinés à charger leur mémoire des sottises des autres, ne portérent pas d'abord un jugement fort favorable de cette Piéce si vantée; ils l'aprirent cependant. Tremblans pour son succès, ils mirent tout leur art en usage; & regrettant les momens qu'ils employoient à l'étude d'une Tragédie, dont l'expérience leur avoit fait sentir la foiblesse, ils alloient pour la seconde fois la rendre à Clinquant, & l'abandonner à son mauvais sort, quand *Intrigante* parut tout-à-coup au milieu de cette auguste Assemblée.

» Rassurez-vous, timides Mortels, leur dit
» cette Fée; je sçai que sans mes secours Mé-
» rope

» .... *Etoit venduë aux sifflets aguerris*.

» *De tous les Etourneaux des Caffés de Paris.*

» Mais elle triomphera: je veux voir ce Par-
» terre si fier, si redoutable, élever jusqu'au
» Ciel cette Piéce, que vous tremblez d'ex-
» poser à ses yeux; laissez-moi le soin de la
» Porte, & paroissez sur la Scène.

A ces mots vous eussiez vû la joïe & l'assurance s'emparer de tous les cœurs : on promet de faire des merveilles ; & tandis que l'on s'y difpofe, Intrigante court difpofer *Cabale* à la feconder : c'eft, comme l'on fçait, la plus inconftante, la plus legére de toutes les Fées, & la plus capable de faire un coup de main. Cette capricieufe veut fe mêler de tout ; elle a toujours un parti tout prêt à l'apuïer ; un rien la décide en faveur du bien ou du mal, un coup de vent, un peu de prévention en font l'affaire : outrée dans fa façon de défendre ceux qu'elle protége, elle agit encore avec plus de fureur & d'impétuofité contre ceux en faveur defquels le hazard ne lui a pas parlé. Elle porte tout à l'excès ; un coup de fon caprice vous éléve tout-d'un coup au Ciel, ou vous abaiffe en auffi peu de tems au centre de la terre.

Arrive enfin le jour redoutable; Mérope paroît fur la Scène, elle parle, Bel-Efprit aplaudit, Cabale bat des mains ; fait plus, demande Clinquant à haute voix. Il ofe fe montrer, tandis que Bongoût confufe fe retire, rougiffant pour le Sylphe d'un triomphe fi peu mérité, & va pleurer avec Imagination fur le Parnaffe la honte du Théâtre Français, qu'elle abandonna aux brigues de Bel-Efprit, d'Intrigante & de Cabale, trouvant indigne d'elle de s'abaiffer à faire fa cour à ces Fées les plus méprifables de toutes, & en même-tems les plus redoutables.

Méro-

ET DE SA FILLE MÉROPE. 421

Mérope cependant, malgré tant de Puissances, commençoit déja à perdre de sa premiére splendeur, quand la Fée intéressée conseilla à son ami Clinquant de retirer sa Fille, pour irriter par son absence la curiosité du Public, imitant par-là les ruses d'une *Coquette* qui refuse ses faveurs à un Amant trop indifférent, pour lui en faire mieux sentir le prix, & rallumer ses desirs éteints dans une longue joüissance.

Bel-Esprit, qui tenoit toujours Intrigante & Cabale en haleine & à sa solde, pendant cet interrégne fit agir son armée d'observation, pour nuire à toutes les nouveautés, & préparer par-là à Mérope un retour plus triomphant.

Enfin cette *Idole* d'un Parterre aveugle ou séduit, reparut après un an d'atente, & reparut toujours la même ; c'est-à-dire, toujours soutenuë de Cabale son plus ferme apui. On crie par tout *miracle* ; le peuple, de tout tems superstitieux, acourt, & croit en voir en éfet ; peu-à-peu cependant le charme cesse, & Mérope disparoît. Cabale la redemande ; elle revient sur ses pas, & quitte enfin, malgré elle, un Théâtre où Bongoût, quelque jour de retour, lui fera païer bien cher les hommages achetés qu'elle y a reçus, & la punira en Reine légitime qui rentre dans ses Etats, après en avoir été bannie par des sujets ingrats,

qui

qui ont couronné sa Rivale pour un tems.

Mérope ne demeura pas pour cela dans l'obscurité; Clinquant, qui ne se contente pas toujours des fumées d'une gloire passagére, en disposa. Ainsi cette jeune & belle Reine, dont tout Paris avoit été idolâtre, fut venduë inhumainement par son pere au plus offrant, & livrée pour cent loüis. Chacun en a pour son argent, qu'il regrette aussi-tôt qu'il a parcouru les charmes de Mérope.

Clinquant, en Sylphe ami de l'éclat, ne voulut pas que sa Fille parût en public comme une misérable; pour cet éfet, il lui donna deux habits, & fit la même galanterie aux gens de sa suite. On croit du moins que c'est ce que veut nous faire savoir l'Auteur des belles gravûres qui embellissent Mérope, en habillant cette Reine à la Françaife dans la premiére Planche, & à la Romaine ou à la Grecque dans la seconde. Egiste lui-même, le pauvre Egiste, avoit encore un habit de relais avec son armure. Il le faut bien, puisqu'il est peint deux fois dans la même Piéce sous deux habits différens. Le Graveur, par une fine critique, n'a-t'il pas voulu faire remarquer à Clinquant le ridicule de sa Mérope, en la faisant changer aussi souvent d'habit que de caractére ? Dans le premier Acte, ne veut-il pas la peindre comme la Nitocris d'Amasis, qu'elle représente assez souvent ?

Ce

ET DE SA FILLE MÉROPE. 423

Ce que j'admire sur-tout de merveilleux dans des Eſtampes qui répondent parfaitement à l'Ouvrage qu'elles décorent, c'eſt que pendant le cours de deux Actes, il croiſſe une barbe admirable à Narbas, qui n'en a point dans la premiére Planche. Que c'eſt bien faire le caractére de ce Vieillard, qui agit d'abord, comme on l'a vû, avec l'imprudence d'un jeune homme, & finit par un trait de lâcheté, en regardant ſes Amis & ſes Concitoïens ſe battre, comme un bon vieux qui n'eſt plus bon à rien !

Critique, qui avoit aſſiſté avec Bongoût à la naiſſance de Mérope dans les Jardins de Réminiſcence, voulut la voir avec tous ces nouveaux ornemens. Elle admira l'impreſſion, les gravûres; Clinquant même lui parut aſſez bien peint; elle l'examina quelque-tems avec attention, & écrivit ces Vers au bas de ſon Portrait :

Veux-tu connoître cet Ouvrage ?

Jette les yeux ſur l'Ouvrier;

D'un coup d'œil, du Poëme entier,

Tu voix le bizarre aſſemblage;

Regarde cet Auteur parfait......

Sous cette belle chévelure.....

La

La maigreur qui le défigure,
De sa Mérope est le Portrait :
Tout ce merveilleux qui l'enchante,
Cher Lecteur, n'est pas plus à lui
Que cette Perruque naissante
Que l'Art lui fit du Poil d'autrui.

ADIEUX

ADIEUX
DE MONSIEUR
DE VOLTAIRE
AUX MUSES.

Ù suis-je, justes Dieux, & qu'est-ce que
je voi!
Me trompai-je? Mérope! Ah, Mérope!
(*a*) est-ce toi?
Oüi, c'est toi. Quel démon dans mes bras te raméne?
Le sort a-t'il trahi Voltaire & Melpomène?
Une secrette horreur se répand dans mon sein.
Lisons. De Prônevers je reconnois la main.
Des Hérauts de ma gloire il est le Coryphée.
C'est lui qui dans Paris m'élevant un trophée,
Et de mes vils rivaux affrontant le couroux,
Crie à tous les humains: Prophanes, à genoux.
O honte de la France! O douleur de l'Europe!
Un comique Sénat a dédaigné Mérope!
Mérope, des objets de terreur, de pitié,

Le

(*a*) Tragédie de M. de Voltaire, que les Comédiens
Français ont refusée en 1738. parce qu'elle ressembloit
trop à *Amasis*, Tragédie de M. de la Grange.

Le plus beau que ma plume ait jamais copié;
Elle que de compas, de prismes entourée,
Ma Muse avec Newton forgea dans l'Empirée,
Et qui de mille traits, par Laverne choisis,
Devoit avec la Grange accabler Amasis.

Mais parlez, grands Docteurs. Quelles autres merveilles (*b*)
Ont fasciné vos yeux & séduit vos oreilles?
Vous rebutez Mérope! Helas! il est trop vrai;
Il n'est plus de bon sens & de goût qu'à Cirey.
Tandis que la science illustre l'Angleterre,
L'ignorance abrutit le reste de la terre.
Et voilà donc, ingrats, le prix de mes bienfaits?
Vous, enrichis des dons que mon Art vous a faits,
Vous, qui n'ignorez pas ce qu'avant moi vous fûtes,
Vous, que plus d'une fois ont soutenu (*c*) mes chûtes,
Pensez-vous qu'en son cœur dévorant cet affront,
Voltaire à vos dédains offre un stupide front?

Toi, dont mes chants pompeux, mes accords pleins de charmes,
Ont enlevé l'esprit, quand j'épargnois tes larmes,
Toi, pour qui tant de fois mes Vers éblouïssans
Ont sous un tas de mots (*d*) écrasé le bon sens,
Imbécile Public, pourras-tu sans colère

Voir

(*b*) *Maximien*, peut-être.
(*c*) Il y a telle Tragédie de M. de Voltaire, dont le succès manqué a valu aux Comédiens des sommes considérables.
(*d*) M. de Voltaire sçait se rendre justice. *Voïez* le commencement de l'Epitre Dédicatoire d'*Alzire*.

AUX MUSES.

Voir la Scène arrachée à son Dieu tutelaire ?
Pourras-tu, renonçant aux fruits de mes loisirs,
Voir périr à la fois ma gloire & tes plaisirs ?
C'est toi, dans mon couroux, c'est toi que je reclame.
Va porter au Théâtre & le fer & la flâme.
Vien, je t'y conduirai. Que les Comédiens
Sachent quels sont sur eux & mes droits & les tiens.
Montrons-leur ce qu'ils sont; & que s'ils ont un Maître,
C'est toi, c'est un Auteur tel que moi qui dois l'être.

Quoi, Spectateurs hardis seulement à sifler,
Quand je vole au combat, vous semblez reculer ;
Et rebelle à l'Arrêt, que mon dépit enfante,
Chacun rougit de honte ou pâlit d'épouvente !
C'en est trop..... Contre tous il suffit de ma main.
Je déclare la guerre à tout le genre-humain!
Mais je ne prétens point prophaner mon épée,
Qui dans le sang encor n'a point été trempée.
Je vais, mortels, je vais vous porter d'autres coups,
Moins dangereux pour moi, plus funestes pour vous.
Vous savez de quels traits, dans mes fureurs Tragiques,
S'arment de mon cerveau les fougues énergiques.
Loin que, comme un enfant, (e) je répande des pleurs,
C'est vous que je ferai pleurer de mes douleurs.

(e) *An si quis atro dente me petiverit,*
Inultus ut flebo puer ?
HOR. Od. VI. Lib. V.

Il faut que ma vengeance, il faut que vos tortures
Aillent semer l'éfroi chez les races futures.

Vous, par qui j'ai vaincu Desmarêts & Pradon,
Doctes filles du Ciel.... Attendez.... Ah! pardon.
Moi, je prostituerois vos caresses chéries!...
Je veux, au lieu de vous, invoquer les Furies.
Noires Filles d'Enfer, affreuses Déïtez,
Embrasez mon esprit des feux que vous portez.
Accourez; prêtez-moi la peau de la Chimére,
Et des pinceaux trempez dans le fiel de Cerbére.....
On vient; la terre tremble, elle s'ouvre & mes yeux
Pénétrent tout à coup l'horreur des sombres lieux.
De plaintives clameurs leurs voûtes retentissent.
Sous mon corps frémissant mes pas s'apesantissent.
Je décends au séjour de la damnation,
Par un pur mouvement de gravitation;
Incertain, dans ce lieu de trouble & de martire,
Si j'atire l'Enfer, ou si l'Enfer m'atire.
Mais, quoiqu'il en puisse être, à tort je frissonnois,
Ma terreur se dissipe & je me reconnois.
J'arrive; me voici sur le Mont de Sisyphe,
Assis dans le fauteüil du ténébreux Pontife.
Oüi, c'est ici qu'habile à décider de tout,
Je bâtis l'Uranie, & le Temple du Goût,
Et tous ces Monumens de grotesque structure,
Où l'Art victorieux massacre la Nature,
Du noir Tyran des Morts, Ministres tout-puissans,
Paroissez, & servez la fureur que je sens...
On m'obéït. Je vois aporter par Mégére.
Des plumes de harpie, & du suc de vipére.

AUX MUSES.

Alecton, pour Bureau me dreſſe à peu de frais,
Sur quatre piés de Sphinx (*f*) deux planches de ciprès.
Des Monſters de l'Enfer l'élite m'environne.
L'Opinion m'encenſe, & l'Orgueil me couronne.
Je ſens d'un feu ſoudain boüillonner mes eſprits.
C'eſt à toi, Tiſiphone; allons, dicte, j'écris.
Mais tâche d'égaler, en vengeant mon outrage,
Le ſuplice au forfait, ta fureur à ma rage.
Remplis de ton poiſon mon génie & mes Vers,
Et ſouviens-toi ſur-tout que c'eſt moi que tu ſers.
Que dis-je! En quelle erreur la haine enchantereſſe
Va-t'elle de mes ſens précipiter l'yvreſſe?
Si je ſuis offenſé par quelque malheureux,
Eſt-ce donc les punir que d'écrire contr'eux?
Qu'importe qu'en mes Vers ma rage les déchire,
S'ils ont dans leur douleur le plaiſir de les lire?
Non, ne leur forgeons point des tourmens ſuperflus.
Je les punirai mieux ; je ne rimerai plus.
Aſſez pour un vain nom, pour un or périſſable,
J'ai daigné prodiguer ma veine intariſſable
A des flots d'ignorans, de traîtres & d'ingrats,
Qui traitoient mes concerts de ſublime fatras.
O ſiécle ténébreux! ô France infortunée!
Moi-même je frémis de votre deſtinée.
Mais mon honneur flétri m'impoſe cette loi.
Vous ne méritez pas un Rimeur tel que moi.
Vous oſez m'avilir; mais pour votre ſuplice,

(*f*) Alluſion à l'*Oedipe* de M. de Voltaire.
Ce monſtre à voix humaine, aigle, femme, lion,

Il faut à votre tour que je vous avilisse.
Je vous prive des jeux qui vous ont illustrés.
Rentrés dans le cahos dont je vous ai tirés.
Ainsi, lorsque Phébus, sortant de la Balance,
Va porter au Chévreau les raïons qu'il nous lance,
Le Lapon est plongé, par l'Astre qui le fuit,
Dans les froides horreurs d'une profonde nuit.

Entreprise frivole ! inutile espérance !
Comment de mes écrits priverai-je la France ;
De ces écrits heureux, vainement décriés,
Et que mon avarice a trop multipliés ?
Tu chasses toutefois une idée importune,
Cher Houdart ; je pourrai partager ta fortune.
Si ton nom, si tes Vers périrent avec toi,
Périsse aussi mon nom & mes Vers avec moi ;
Et soïons tous les deux, avec la même audace,
L'exemple des revers du monde & du Parnasse.

Mais avant ce malheur, où tend mon désespoir,
Mérope, qu'en mes mains je rougis de revoir,
Mérope digne objet de ma plus tendre estime,
Sois d'un *Virginius* l'héroïque victime.
Irois-tu, par la presse exposée au grand jour,
Instruire de ta honte & la Ville & la Cour ?
Va, péris par le feu.... C'en est fait, & la flâme,
T'embrasant à mes yeux, dévore aussi mon ame.
Mais un espoir soutient mon courage affoibli.
Tu brûles, & je vois mon destin acompli.
Ton sort, ton triste sort rapelle à ma pensée
L'horrible catastrophe à ton pere annoncée.

AUX MUSES.

Je n'avois que quinze ans. Ma curiosité
Osa de l'avenir sonder l'obscurité,
Et j'allai consulter une antique Sybille.
Elle m'envisagea quelque-tems immobile ;
Et de sa sombre voix l'organe foudroyant
Me lança jusqu'au cœur cet Arrêt effrayant.
*Scipion doit souvent punir ta frénésie,
Et jamais Scipion ne causera ta mort ;* (g)
*Mais si l'on peut guérir ta hideuse phtisie,
Prends garde que Vulcain ne termine ton sort.*
La Sybille a dit vrai. Le destin de Mérope
Eclairant ma raison, remplit mon horoscope.
Un sinistre avenir ne me fait plus trembler,
Et c'est sans doute ainsi que je devois brûler.

La nuit a trop long-tems assiégé ma paupiere.
Mes yeux, enfin mes yeux s'ouvrent à la lumiere.
Je renonce aux humains par l'erreur abrutis.
Je quitte les Rimeurs dans la fange engloutis.
Prosélite nouveau de la Philosophie,
Comme Empédocle, (h) il faut que je me déïfie.
Après avoir traité tant de sujets divers,
Il me manquoit l'honneur d'arranger l'Univers.
Dans ce gouffre infernal, que la nuit envelope,

(g) *Hunc neque dira venena, neque hosticus aufe-
ret ensis.*
     Hor. Sat. XI. Lib. I.
(h) . . . . . *Deus immortalis haberi
Dum cupit Empedocles, ardentem frigidus Ætnam
Insiluit. Sit jus, liceatque perire Poëtis.*
     Id. Art. Poët.

Je puis avec succès dresser un telescope,
Et du fond de l'abyme où j'éclipse Pluton,
Parcourir l'Empirée à côté de Newton;
Dussé je, dans l'essor de ma course rapide,
M'égarer & me perdre avec lui dans le vuide.

Déesses, dont jadis l'aspect me fut si doux,
Adieu, Muses, je romps tout commerce avec vous,
Ingrats Comédiens, spectateurs indociles,
Fastidieux Lecteurs, Critiques imbéciles,
Vous ne me verrez plus, par de bruïans écrits,
Briguer votre suffrage ou braver vos mépris.
Tragicomique honneur, gloire ignominieuse,
Vous n'infecterez plus mon ame ambitieuse.
D'un plus noble transport, mon esprit agité,
Combat pour la lumiere & pour la vérité.
Je fuis de l'Hélicon la carriere insensée,
Et je laisse la Scène en proie à la Chaussée.

Fin du Tome XII.

www.ingramcontent.com/pod-product-compliance
Lightning Source LLC
Chambersburg PA
CBHW050907230426
43666CB00010B/2060